바르게 준비하고 바르게 드리는

대표기도 대백과

*

대표기도 대백과

*

개정판1쇄-2017년 3월 31일

*

지은이- 윤정한

펴낸이- 채주희

펴낸곳- 엘맨출판사

　　　　서울특별시 마포구 신수동 448-6

　　　　TEL ;02-323-4060, 02-6401-7004

　　　　FAX:02-323-6416

　　　　E-mail:elman1985@hanmail.net

홈페이지-www.elman.kr

출판등록- 제 10호-1562(1985.10.29.)

ISBN-978-89-5515-597-6　03230

값 14,800원

바르게 준비하고 바르게 드리는

대표기도 대백과

윤정한 지음

좋은 책으로 하나님의 사람을 만들어 가는 **엘 맨**

이로쿼이족(Iroquois)의 인디언 기도

밤과 낮을 쉬지 않고 운항하는 어머니 대지에게
고마움을 전합니다.
다른 별에는 없는 온갖 거름을 지닌 부드러운 흙에게
고마움을 전합니다.
우리 마음도 그렇게 되게 하소서.

해를 향하고 서서 빛을 변화시키는 이파리들과,
머리카락처럼 섬세한 뿌리를 지닌 식물에게 고마움을 전합니다.
그들은 비바람 속에 묵묵히 서서 작은 열매들을 매달고
물결처럼 춤을 춥니다.
우리 마음도 그렇게 되게 하소서.

하늘을 쏘는 칼새와 새벽의 말 없는 올빼미의 날개를
지탱해 주는 공기에게 고마움을 전합니다.
그리고 우리 노래의 호흡이 되어 주고
맑은 정신을 가져다주는 바람에게 우리 마음도 그렇게 되게 하소서.

우리의 형제자매인 야생 동물들에게 고마움을 전합니다.
그들은 우리에게 자연의 비밀과 자유와 여러 길들을 보여 주고,
그들의 젖을 우리에게 나눠 줍니다.

그들은 스스로 완전하며 용감하고 늘 깨어 있습니다.
우리 마음도 그렇게 되게 하소서.

물에게 고마움을 전합니다.
구름과 호수와 강과 얼음산에게도.
그들은 머물렀다가도 또 여행하면서 우리 모두의 몸을 지나
소금의 바다로 흘러갑니다.
우리 마음도 그렇게 되게 하소서.

눈부신 빛으로 나무 둥치들과 안개를 통과해
곰과 뱀들이 잠자는 동굴을 덥혀 주고,
우리를 잠에서 깨어나게 하는 태양에게 고마움을 전합니다.
우리 마음도 그렇게 되게 하소서.

수억의 별들,
아니 그것보다 더 많은 별들을 담고 모든 힘과
생각을 초월해 있으면서 우리 안에 있는 위대한 하늘,
할아버지인 우주 공간에게 고마움을 전합니다.
우리 마음도 그렇게 되게 하소서.

하나님과의 사귐을 위하여

성경은 우리에게 쉬지 말고 기도하라고 말씀합니다. 이 책은 지금까지 막연하게 '기도'라는 이름으로 우리가 해 왔던 전반적인 모습들을 검토하고, 반성하고, 새로운 방향 전환을 통하여 우리 삶 자체가 기도가 되도록 하기 위한 작은 길을 내려고 만들어졌습니다.

그러나 중요한 것은, 우리 각자가 생활해 온 환경과 삶의 모습들이 천차만별이었기에, 지금 시작하고자 하는 하나님과의 교제에 있어 우리가 하나님께 기대하고 요구하는 모습들도 각각 차이가 분명히 존재한다는 사실입니다.

하나님의 인도하심은 사람에 따라, 그 사람이 이해할 수 있는 모습으로 다가가는 것은 사실입니다. 그러나 중요한 것은, 우리들이 하나님과의 교제를 통해서 이루고자 하시는 모습이 있다는 것입니다. 그리고 그 최종 모습은 누구에게나 동일하다는 것입니다.

하나님께서 각자에게 맞춰 다가오신다고 해서 하나님을 자기 보기에 좋을 대로, 내 마음이 끌리는 대로, 내게 맞추어서 조정하려는 의도로는 하나님을 느낄 수도 없고, 알 수도 없으며, 그럴 자격도 없습니다.

그러기에 하나님과의 교제를 새롭게 시작하고자 하는 이 자리에서, 과연 하나님과의 교제를 통하여 하나님은 우리를 어디로 인도하기를 원하시는가? 그리고 하나님께서 우리에게 음성을 들려주시는 의도는 무엇인가를 분명히 아는 것이 반드시 선행되어야 할 것입니다.

여기에 소개하는 기도에 대한 지식이나, 기도문을 작성하는 방법, 그리고 기도의 예문들을 통하여 하나님께로 온전히 나가며, 바르게 기도함으로 하나님과의 관계를 회복하고, 하나님으로부터 은혜 받고, 응답 받고, 인도하심을 받는 귀한 도구로 사용되었으면 하는 마음 간절합니다.

제2부 기도문 작성법

제3부 각종 대표기도문

제4부 성경으로 배우는 대표기도

"오직 여호와를 앙망하는 자는 새 힘을 얻으리니

독수리가 날개치며 올라감 같을 것이요

달음박질하여도 곤비하지 아니하겠고

걸어가도 피곤하지 아니하리로다."

이사야 40:31

제1부

이렇게 기도하라

I. 기도란 무엇인가?

1. 기도의 심리학적 기원

모든 인간은 진, 선, 미 그리고 부, 위대한 지혜, 세계의 평화를 추구한다. 인간은 누구나 이와 같은 갈망에 참여할 뿐 아니라 본성 또는 신적 선물인 기도에 의해서 이 욕구를 충족시킨다. 인간은 자신의 욕망을 채우기 위해서 기도의 충동을 느끼고, 기도 속에 거하고, 신을 향하여 침묵하고, 하늘의 힘과 땅의 힘을 향하여 기도하고, 그 능력 안에 거하기를 원한다. 이것은 인간 의식의 역사와 모든 인간의 삶에서 가장 원초적인 동시에 보편적 사건이다. 기도는 인간 존재의 토대이고 근원적 존재와 연결해 주는 도구이다.

근본적으로 기도는 영혼의 가장 깊은 필요와 높은 지복(至福)에서 나왔고, 나중에 그것의 사용이 정기적으로 행하는 의식이 되었다. 기도는 원래 불행하거나 행복한 영혼의 비공식적 언어였다. 그러나 나중에 기도는 정화, 희생, 의식의 행렬, 춤, 축성의 복잡한 의식의 한 부분과 분리될 수 없게 되었다.

1) 타일러(Edward Burnett Tylor)

영국의 문화인류학자인 타일러는 진화 심리학적 입장에서 원시문화를 비교 연구함으로 인류 문화 발전 양상을 밝혔다. 그는 종교의 본질과 기원을 영적 존재에 대한 신념에 있다고 생각했다. 무엇보다 그는 현대의 기도 이론가로 높이 평가받고 있다.

19세기 다윈이 생물학적 진화의 실마리를 찾기 위해 동물을 탐구했다면, 타일러는 초기 진화의 단계에서 인류의 생존을 위해서 종교를 연구했다. 그는 기도가 그런 생존을 위한 하나의 방법이라고 생각했다. 그리고 그는 생존을 위한 기도 안에서 인류의 원초적 종교가 평가될 수 있다고 믿었다. 타일러는 이런 종교를 애니미즘이라고 불렀고, 세계는 영적 존재로 충만해 있다고 했다. 따라서 영적 존재로 가득 찬 세계 속에서 인간이 생존하기 위해 가장 필요한 도구는 기도라고 보았다.

2) 프레이즈(James George Frazer)

프레이즈는 '황금가지'(The Golden Bough, 1890-1915)의 저자

로 유명하다. 이 책은 고대 아리아인의 수목숭배에서 중요시된 떡갈나무의 기생목(寄生木)에서 유래한 황금가지란 말을 따서 책 이름을 붙였다. 황금가지는 신화와 종교에 관한 방대한 자료를 분석하여 인류 정신 발전을 기술한 고전이다. 이 책은 신화학, 민속학, 고전학 등 많은 전문적인 분야의 연구에 활용되었을 뿐 아니라 신화와 종교의 기원을 이해하기 위한 기초적인 입문서로 평가되었다. 프레이저는 인류문화의 발전을 마술의 시대에서 시작해서 종교의 시대로 진화하고, 마지막에 과학의 시대에 의해 절정에 이른다고 한다.

마술이 자연의 힘을 조절하는 것에 실패하면서 종교적 시대가 도래했다. 이때 인류는 세계를 지배하는 초인간적 존재에게 자신들이 원하는 것을 기도와 희생을 통해 간구하기 시작한다. 그러나 초인적 존재에게 드린 기도가 응답되지 않으면 종교는 과학에 의해 대체되고만다. 이 때 과학은 우주의 힘을 통제할 수 있는 믿을 만한 유일한 수단으로서 과학이다. 따라서 프레이즈에게 기도는 인류가 진화하는 과정에 세계 속의 문제를 해결하는 방편이었다.

3) 프로이드(Sigmund Freud)

프로이드는 종교의 기원이 인간의 정신병적 성(psychosextual)의 발달과 깊은 관계가 있다고 생각했다. 그리고 사회속의 종교의 발생은 소년이 그의 어머니에 대한 성적 욕망과 아버지에 대한 적개심의 발달로 인한 개인의 오이디푸스 컴플렉스(Oedipus complex)의 등장과 궤를 같이 한다.

어느 날 소년이 질투 때문에 지배자인 아버지를 죽여 그의 살을 먹은 후 그의 아내인 어머니를 범한다. 이러한 행동에 대한 큰 죄의식 때문에 아버지에 대한 속죄로서 토템인 동물을 택하여 그것을 예배한다. 신으로 그의 아버지를 숭배하게 된 것이 기도를 포함해서 모든 종교가 발생하게 된 배경이라고 한다. 특히 그는 '환영의 미래'(The Future of an Illusion)에서 공식적 기도는 신경증적 훈련으로 집착성 또는 강박증과 다르지 않다고 했다.

4) 제임스(William James)

제임스는 과학적 사고가 팽배한 시대에 종교 경험의 중요성을 강조한 학자이다. 그는 생물학 또는 심리학이 인간 행동을 분명하게 설명할 수 있다고 확실하게 믿었다. 그는 에딘버러 대학에서 '자연 종교'에 대해서 발표했는데, 이것이 1902년에 '종교경험의 다양성'이란 책으로 출판되었다. 이 책 19강에서 종교의 가장 기본적 요소를 희생제의, 신앙고백, 그리고 기도라고 하였다. 그는 현대과학은 기도에 대해 부정적인 견해를 가지고 있음을 잘 인식하면서, 기도가 단지 가뭄과 폭풍 같은 자연현상을 바꾸려는 시도가 아닌, 신적 힘과 더불어 내적 교제와 대화의 의미로 사용된다면 기도는 과학적 비판을 벗어날 수 있다고 생각했다.

첫째, 그는 종교의 핵심으로서 기도는 하나님과 자유로운 만남에 있다고 했다. 둘째, 기도는 하나님과 자유로운 대화인 원초적 형태로부터 점점 기계적 형식과 제의의 한 형태로 퇴보되었다고 생각했다. 셋째, 그는 마술, 토속적 경건, 강한 참회기도, 중보의 기도, 희생적 제의(祭儀) 등과 연계된 고차원적 제의적 기도를 높이 평가하지 않았다. 넷째, 기도는 하나님과의 살아 있는 교제로서, 기도의 즉각성을 우선시 했다. 다섯째, 그는 예언적 기도를 성경적 복음적 기도라고 했고, 관상기도를 신비적 기도로 칭하면서, 신비적 기도는 성경적 기도가 아니라고 했다.

기도의 이해를 몇 가지로 정리하면 다음과 같다.

첫째, 기도의 본질을 발견하기 위해서는 가장 원초적, 미개적, 그리고 초기형태의 기도를 발견해야 된다. 둘째, 가장 원초적, 미개적, 그리고 초기 형태의 기도는 부족사회 속에서 발견되며, 이들 문화로부터 선사 시대의 문화를 이해할 수 있다. 셋째, 원초적 정신은 본질적으로 유아의 특징과 비슷하다. 넷째, 기도는 원초적 형태에서 진화되어 높은 형태의 기도로 발전한다. 다섯째, 종교와 마술은 현대과학이 이루어낸 위대한 성공에 비추어 볼 때 잘못 인도된 원시과학의 노력일 뿐이다. 여섯째, 인간행동의 연구가 인간존재의 연구보다 인간의 경험을 더 잘 설명해 준다는 것이다.

따라서 기도는 종교의 필수적 요소이고, 기도는 살아 있는 종교이다. 그리고, 기도는 인간 존재를 변화시키는 효과가 있으며, 기도를 통해 인간은 다른 사람을 이해하고 인내하는 방법을 배운다. 또한 기도는 긍정적 변화를 일으키는 힘이다.

2. 기도의 일반적 정의

1) 기도는 우주적 현상이다.

기독교만이 기도가 있는 것이 아니다. 이 땅에 존재하는 모든 종교는 그 나름의 기도가 있다. 기도는 신화 속에도 있어 왔고, 꿈과 계시, 그리고 비극 속에도 기도는 있다. 기도는 인류의 시작과 함께 출발했고, 역사의 고비마다 인간과 함께했다. 심지어 공산주의자들도 레닌에게 기도했다. 기도는 인간 존재의 본질과 사회적 차원을 조화·균형·결합시켜 왔다. 따라서 기도는 보편적 현상으로 이해할 수 있다. 기도의 역사적 또는 신화론적 기원들은 씨앗 속에 나무가 있는 것과 같이 본질적으로 중요하다.

2) 기도는 의사소통과 행동이다.

일반적으로 기도를 신과의 의사소통이라고 정의한다. 기도가 신 또는 영적 존재와 인간의 소통이라는 견해는 인류의 역사 가운데 대부분의 종교에서 찾아 볼 수 있다. 소통으로서 기도는 말을 통해서 한다. 기도는 말이지만 말 이상이다. 그것은 말이지만 행동하는 특별한 말이다. 그리고 존재의 깊이와 높이에서 말하는 특별한 종류의 행동이다. 많은 세월 동안 기도는 단지 하나님을 찬양하고 기쁘게 하는 말이었다. 천사와 영에게 메시지를 보내는 것이었고, 자비로운 신적 힘을 의지하고 맡기는 행위였다. 기도하는 것은 역시 행동하는 것이다.

3) 기도는 영적인 동시에 본능적이다.

기도는 심장과 간장뿐 아니라 머리에서 나온다. 우리가 기도할 때 우리는 기도 안에 있다. 우리가 영적 존재와 소통할 때 영적 존재와 교제 가운데 있다. 그러나 기도는 되어가는 상태요, 역동적 움직임이요, 영적 영역 안으로 들어가는 것이다.

3. 일반적 기도의 유형

1) 기원기도

기도에 대한 가장 원초적이고 가장 보편적인 동기는 결핍으로부터의 요청이다. 하일러는 기도의 최초의 형태가 도움의 요청이라는 것을 알아냈다. 공포는 기원기도를 하는데 동기를 부여할 수 있다. 병 또한 기도를 부추긴다. 즉 무엇을 바라는 것이 기도의 목적이라면, 아플 때 자신의 영혼을 전부 다 바쳐서 회복을 바라지 않는 사람이 어디

있겠는가? 그리고 좀더 조잡한 욕망 때문에 기도를 하게 되기도 한다. 기원기도는 가장 문제성 있는 유형인데, 그것은 부분적으로 기원기도가 매우 이기적일 수 있기 때문이다. 기도에 관한 대부분의 연구들은 기원기도에 관심을 두고 있다.

2) 중재기도

기원기도의 특별한 유형은 다른 사람의 욕구를 위한 기도, 즉 다른 사람의 이익을 위한 조정이나 중재이다. 감정이입을 느낄 수 있는 인간의 능력 때문에, 다른 사람, 특히 우리가 돌보는 사람의 욕구가 자기 자신의 것처럼 아주 피부에 와 닿게 느껴질 수도 있다. 기도에 대해 설명하기 위해서 예수는 한밤중에 허기진 친구의 방문을 받은 사람에 대해서 말했다. 그 주인은 이웃 친구의 집으로 가서 친구에게 줄 음식을 요청했는데, 이것은 분명히 자기 자신의 욕구를 위한 것은 아니었다. 중재기도는 다른 사람의 영적, 심리적, 물질적인 이익을 위한 것일 수도 있지만, 일반적으로 건강이나 치유를 위한 기도를 한다.

3) 감사와 찬미

우리가 표현하는 정서와 갈망은 강력하고도 설득력 있는 기도의 뿌리가 된다. 아마도 감사의 감정은 기도에서 가장 많이 볼 수 있는 표현일 것이다. 우리는 삶의 필수적 요소나 기쁨이 풍족하게 주어진다고 느낄 때, 그것을 가능케 했던 성스러운 근원에 대해 감사를 표현하고자 할 것이다.

감사기도는 보통 부모가 아동에게 가르치는 기도 중 첫 번째 유형이다. 그러나 우리가 욕구를 느끼기 때문에, 혹은 그렇게 하도록 배워왔기 때문에 감사의 기도를 드리는 것은 아닐까 생각할 수 있을 것이다. 이것은 명백하게 인간이 갖고 있는 기능이 조화되어 있다는 것을 설명해준다. 우리는 감정을 행위로 표출할 뿐만 아니라, 우리의 행위는 감정에 영향을 주기도 한다. 우리는 감사를 드리는 습관을 발전시키기 때문에 자신의 재능에 대해서도 감사를 느낄 가능성이 더욱 많다.

감사기도가 기원기도와 중재기도에 따른 응답과 다른 축복으로부터 솟아나올 수 있는 것처럼 감사기도는 숭배와 찬미의 기도로 일반화 될 수 있다. 감사기도는 개인이 받은 것에 초점을 맞추지만, 창조, 질서, 미 등의 신성한 원천을 지각하게 될 때 개인은 경외와 놀라움으로 감명을 받게 될 것이다. 이때 신이나 신적 존재는 찬미되고 존중되며 숭배받을 대상이 된다.

4) 고백, 헌신, 친교

사람들이 자신의 단점과 나쁜 짓으로 인해서 스스로 신으로부터 소외된 존재로 여길 때, 그들은 죄를 회개하고 고백함으로써, 그리고 용서를 구함으로써 사이가 어그러진 것을 만회하려고 노력할 것이다.

이러한 형태의 기도는 각 개인의 신학 혹은 전통에 따라 달라질 것이다. 정화의식 혹은 세례는 고백이나 회개기도가 표출된 형태라고 볼 수 있다. 고백을 하든지 안하든지, 신자는 자신을 신에게 헌신하려는 욕구를 강하게 느낄지도 모른다. 헌신의 기도는 "제가 있지 않습니까? 저를 보내주십시오"라는 이사야의 반응을 예로 들 수 있다.

좀더 차원 높은 형태의 기도는 친교의 기도이다. 이 기도에서는 단지 신과의 관계를 체험하고, 신에 대해서 알고, 신에게 알려지고, 신적 존재 앞에 나서는 것 등만을 원하게 된다. 사실상 기도에서는 기도하는 사람이 어떤 것을 추구하지만, 그 동기는 순수하고 영적이다.

5) 명상

명상은 동양의 종교, 특히 힌두교의 요가나 선불교에서 가장 두드러진다. 여기에서의 수련은 감각적이거나 언어적인 것들, 예를 들면 콧속의 숨이라든가 촛불의 불꽃 혹은 기하학적인 디자인(만달라), 반복적으로 말하거나 생각할 수 있는 종교의 중요한 단어나 어구(만트라) 등에 관심을 기울여서 육체적인 긴장을 풀 것을 요구한다. 명상은 유대교(특히 하시딤의 전통)과 이슬람교(수피즘)에서도 나타난다. 명상은 또 가톨릭의 신비주의적 전통의 주요한 구성요소를 이루며, 좀더 일반적인 관점에서 보면 모든 가톨릭 교단과 헌신적인 일반 신도들이 행하는 내적 기도의 수련과 사실상 동일시된다.

6) 객관적 기도와 주관적 기도

종교심리학자인 제임스 프래트는 객관적인 기도와 주관적인 기도를 구분하였다. 객관적인 기도는 개인의 종교적 헌신의 대상, 즉 신성한 타자에 초점을 맞추는 반면, 주관적인 기도는 그 초점이 주로 기도를 하는 사람을 향한다. 자기중심적이거나 혹은 적어도 개인중심적인 욕구는 주관적인 기도를 불러일으키며, 여기에는 기원기도나 중재기도 형태가 그 전형을 이룬다.

*참고문헌
리챠드 D. 카흐, 메리 조 매도우, 차준식 옮김(1993), 종교심리학, 민족사,
윌리암 제임스, 김재영 역(2000), 종교적 경험의 다양성, 한길사,
윤주병(1986), 종교심리학, 서광사.

4. 기독교의 기도

이방종교나 미신에 있어서 기도의 개념과 성경적인 맥락에서 보는 기도의 개념은 질적으로 차이가 있다. 이방종교나 마술에 있어서는 기도하는 자가 능력이 있는 자이고, 기도하는 자의 능력 여하에 따라서 그 기도가 효력이 있을 수도 있고 효력이 없을 수도 있는 것이다. 가령 마술사라고 하는 사람이 마술을 할 때 주술을 외우게 되는데, 그 마술사가 능력이 있어야 기도, 즉 주문은 효력이 있다.

그러나 마술의 특징은 인간이 주인이 되고 신적 존재는 인간의 노예가 되는 것이다. 이것은 인간의 의지를 충족시키기 위해서 신적인 능력을 자유자재로 끌어다 쓰는 것처럼 생각할 수 있다. 그렇게 되면 하나님은 아라비안 나이트의 이상한 램프에 나오는 거인하고 다를 바 없는 존재가 되고만다. 즉 인간의 의지에 종속된 하나님이 되고만다.

그러나 성경적인 기도의 근본적 자세는 인간이 먼저 하나님께 대하여 청구권을 행사하는 것이 아니다. 우리가 기도라고 하면 청구권을 행사하는 일, 말하자면 어린아이가 졸라대는 일과 같이 생각한다. 예수님의 말씀은 아버지를 믿는 어린아이와 같은 심정으로 하나님께 위임하라는 뜻이다. 어린아이가 부모에게 자신을 전적으로 맡기고 아무 흉허물 없이 믿는 마음으로 내놓듯이, 우리 자신을 전적으로 있는 그대로 드러내라는 것이다.

성경적인 기도는 인간의 의지가 우선하는 것이 아니라 하나님의 의지, 즉 신적 의지가 우선하는 것이다. 인간의 의지는 신적인 의지에 종속되는 것이고, 하나님의 뜻에 인간이 복종하게 되어 있는 것이 성경적인 기도의 의미이다. 우리가 이것을 뒤집어 놓는 경우가 흔히 있는데, 이것은 주술적인 위험성이 있다.

마술은 인간의 의지에 따라서 신적인 능력을 빌어다가 하고 싶은 것을 다 하는 것이다. 그러한 의미에서 본다면 과학과 마술은 상통한다. 그래서 하이데거는 과학기술은 형이상학의 완성이라고 한다. 기도와 마술, 형이상학과 과학기술을 비교해 볼 때, 기도는 결코 마술일 수도 없고, 형이상학일 수도 없고, 과학기술일 수도 없다. 마술, 형이상학, 과학기술의 공통적인 특징은 인간의 의지이다. 그러나 기도는 인간의 뜻대로 하는 것이 아니다. 그래서 성경적인 기도와 이방종교나 마술에 있어서 기도의 개념은 완전히 다르다.

기도는 하나님께서 먼저 말씀하시고 행하심에 대한 인간의 응답이다. 그러므로 진정한 기도는 하나님이 인간에게 베푸시는 은혜에 감사하며 순종하는 것이다.

칼 바르트(K. Barth)는 타락한 인간은 하나님의 심판을 받는 것이 당연하지만, 하나님께서는 은총을 베푸셔서 그리스도 안에서 선택하시고, 자신과 영적 교제를 나누게 하셨다고 했다. 그러므로 기도는 은총의 질서를 보여주시는 독특한 표지이며, 또한 하나님의 사랑에 대하여 복종을 나타내는 것이다. 그리고 기도는 하나님의 선택에 대한 확증이며, 또한 은총이라는 것이다.

존 웨슬리(J. Wesley)는 기도는 기독교 생활의 열쇠라고 했다. 그 까닭은 성도의 생활의 본질은 하나님과 함께 살아 움직이는 관계이며, 그 관계를 유지하기 위한 제도화된 수단이기 때문이라고 했다. 기도는 확실히 하나님께 가까이 나아가는 가장 중요한 수단이다.

에밀 브룬너(E. Brunner)는 "우리가 스스로 우리와 교제를 나누시는 하나님께 향함으로써 세상으로부터 물러나는 것"이라고 말했다. 즉, 기도는 하나님과 교제하는 것이므로, 세상과는 멀어지고 하나님과는 가까워지게 하는 것이다.

기도는 신앙 행위에 대한 기본적인 요소로서, 인간의 욕구 표현이나 하나님을 강제로 움직이려는 수단이 될 수 없다. 어디까지나 기도는 말씀의 선포, 성례전의 집행, 성도의 교제와 함께 하나님의 구원의 행위를 드러내는 요소이다. 또한 신자의 기도는 하나님께 예배를 드리는 데 있어서 매우 중요한 한 부분을 차지하고 있다. 신자의 바른 기도 생활은 하나님께 바르게 예배하는 생활이 되기 때문이다.

1) 구약성경에서의 기도

성경에서 기도는 하나님과 그를 믿는 신자와의 교제(사귐)와 대화를 의미한다. 하나님은 신자(자녀)가 기도에 의해 하나님께 가까이 하고, 하나님을 알며, 하나님의 피조자로서 자신을 스스로 알도록 해주셨다. 기도는 하나님의 긍휼하심에 의해 성립되고, 인간 측에서는 부르짖음으로써 드려진다(시 130:1, 눅 18:1~8 기타). 이 부르짖음에서 통회, 간구, 변명, 감사, 찬송이 나오게 된다.

구약시대 기도의 사람으로서는 아브라함(창 20:17), 야곱(창 32:26~31), 모세(민 11:2), 여호수아(수 10:12), 한나(삼상 1:12), 사무엘(삼상 12:18), 다윗(시 51편), 엘리야(왕상 17:1), 엘리사(왕하 6:17),

다니엘(단 6:10) 등이 있다. 또한 예루살렘 성전은 '기도의 집'으로 불리고(사 56:7), 희생제사도 기도의 의미를 포함한 행위였다.

구약성경에서 기도는 하나님이 어떤 분이신가에 대한 지식 이상의 것에 근거하고 있다. 또한 기도는 인간의 한계에 대한 인식에 근거하고 있는 것이다. 실제로 모든 인간은 전적으로 하나님을 의존하고 있다. 궁극적으로 삶의 모든 문제는 하나님의 선하심과 은혜에 달려 있는 것이다. 기도는 주님을 의존하는 마음에서 흘러나오며 그 마음을 표현하는 것이다.

구약에 기도로 번역된 히브리어 중 가장 일반적인 것은 명사 '테필라 תְּפִלָּה'(삼하 7:27, 왕상 8:28, 대하 6:40)로서, 이 말은 시편 17, 86, 90, 102, 142편의 제목으로도 되어 있다. 이 동사형 '팔랄 פָּלַל'(palal; 창 20:7, 민 11:2, 신 9:20)은 '기도한다'로 번역되어 나타난다. 이 말은 '중재한다, 사이에 들어간다, 재판한다, 중보한다'를 의미하고, 본래는 하나님께 예배 드리기 위해 '몸을 베어 자기를 희생 제물로 함'을 의미한다(왕상 18:28, 호 7:14 참조).

2) 신약성경에서의 기도

예수님은 친히 기도로써 끊임없이 하나님과 교제하심을 보여주고 있다. 세례 받으신 때(눅 3:21), 12사도를 부르신 때(눅 6:12,13), 베드로의 고백(눅 9:18), 변화하신 때(눅 9:28,29), 더구나 겟세마네의

기도(막 14:32-42), 십자가상에서까지(막 15:34, 46) 기도하신 것 등
이다. 예수님은 또한 기도의 모범을 가르쳐 주셨다(눅 11:2-4). 사도
들은 기도의 사람으로서 기도를 권하고 강조하고 있다(행 3:1, 롬
12:12, 벧전 4:7). 성령의 역사(일하심)에 의해(롬 8:14-16), 신앙으
로의 기도(약 1:6-8), 중보의 기도(빌 1:4, 7), 감사의 기도(살전 1:2)
등이 사도들의 기도의 현저한 특징이다.

신약에서는 히브리어 '테필라 תְּפִלָּה'의 역어로 쓴 명사 '프로슈케
προςευχή'와, '팔랄 פָּלַל'의 역어로 쓴 동사 '프로슈코마이'
(προσεύχομαι, 마 23:14, 막 12:40, 행 10:9 등)가 가장 일반적인
것으로서, 하나님께 드리는 기도의 경우에 한정되어 사용되었다. '프
로슈코마이'(προσεύχομαι)는 '프로스'(pros, ~를 향하여)와 '유
코마이'에서 유래했으며, '기도하다, 간청하다'를 의미한다. 그리고
명사 '데에시스'(δέησις, 눅 1:13)와 동사 '데오마이'(δέομαι,
행 10:2)는 '의뢰한다, 원한다(사람으로부터 사람에게)'의 의미를 가
지고 있다.

'유코마이(εὔχομαι)'는 하나님을 부르는 것을 나타내는 가장 포
괄적인 용어이다. 이 단어는 '묻다, 기도하다, 서약하다, 맹세하다'를
의미한다. 신약성경에서 유코마이는 ① 약 5:16에서 마술적 작용은
배제되며, 치유뿐만 아니라 죄 용서를 위한 기도를 시사한다. ② 고후
13:7, 9에서 바울은 고린도 교인들이 그릇 행하지 않고 향상을 보이
게 해 달라고 기도한다. ③ 행 26:29에서 그의 정중한 바람도 그가

"하나님께"라는 말을 첨가할 때 기도가 된다. 오직 하나님만이 아그립바와 그의 청중들을 회개시킬 수 있다.

3) 디모데전서 2:1의 간구, 기도, 도고, 감사에 대하여

① '간구'로 번역된 '데이세이스'(deisis)는 에베소서 6:18의 "성령 안에서 기도한다"는 뜻과 누가복음 2:37에서 안나가 "금식하며 기도하였다" 할 때도 사용된 용어이다. 이것은 특별한 내용으로 간청하는 의미가 있는 것이다.

② '기도'는 '프로슈카스'(proseukas)로, "내 집은 기도하는 집이라"(막 11:17) 하셨을 때와, 예수님이 "밤이 새도록 기도하셨다"(눅 6:12) 하셨을 때와, 사도들이 "전혀 기도하기를 힘썼다"(행 2:42) 할 때도 사용된 점으로 보아, 보편적이고 전체적인 기도를 의미한다.

③ '도고'로 번역된 '엔튜케이스'(enteukeis)는 디모데전서 4:5의 "말씀과 기도로 거룩하여진다"고 하셨을 때도 함께 쓰여진 용어이다. 이것은 "높은 이에게 올리는 탄원과 진정의 뜻"이 있다. 따라서 "어려움을 당한 다른 사람을 위하여 대신 기도해 주는 것"으로 이해할 수 있다.

④ '감사'는 '유카리스티아스'(eukaristas)로, 야고보서 5:15의 '믿음의 기도'란 용어에도 사용되었다. 믿음의 기도이면 반드시 감사가 따라야 할 것이다(빌 4:6). 그리고 이 뜻에는 '맹세'와 '서약'의 의미도 있다.

Ⅱ. 기도의 육하원칙

1. 누가 누구에게 하는가?

일반적으로 기도는 누구나 할 수 있는 것처럼 생각한다. 그러나 기독교적 참된 기도는 누구나 할 수 있는 것이 아니다. 왜냐하면 창조주 하나님과 인간 사이에는 타락으로 말미암아 죄의 담이 가로막혀 있기 때문이다. 그렇다면 누가 하나님께 기도할 수 있는가?

바울은 "그리스도 예수께서 하나님의 우편에 계시며, 우리를 위해 간구하시는 자"라고 말하고 있다. 죄로 더러워진 인간은 감히 하나님께 기도할 수 없기 때문에, 우리의 구속 주이신 예수 그리스도께서 대신 기도해 주신다는 말씀이다. 따라서 기독교에 있어서 효력 있는 기도의 주체는 오직 우리의 구속 주이신 예수 그리스도 한 분 뿐이시다.

거룩하신 하나님은 성자이신 예수 그리스도의 기도만 효력 있게 하신다. 그렇다고 성도들은 하나님께 기도할 수 없다는 말은 물론 아니다. 어디까지나 성도들은 기도의 직접적인 주체가 될 수는 없지만, 예수 그리스도의 공로에 의존하여 그리스도의 이름으로 기도할 수 있는 것이다. 다만 성도들이 독자적으로 그리스도를 통하지 아니하고 하나님께 효과 있는 기도를 드릴 수 없다는 말이다.

소요리문답에서 "기도는 그리스도의 이름으로……"라고 명시하고 있다. 물론 예수님께서도 제자들에게 "너희가 내 이름으로 아무것도 구하지 아니하였으나 구하라 그리하면 받으리니"(요 16:24)라고 말씀하셨다. 여기에서 "내 이름으로"란 말은 '예수님의 공로와 신분'이란 의미를 포함하고 있다. 따라서 예수님의 공로와 신분이 아니면 도저히 어느 누구도 기도할 수 없음을 말해 준다. 뿐만 아니라, 죄로 인한 우리의 연약성 때문에 우리의 기도를 성령(그리스도의 영)께서 도우셔서 간구해 주시는 것이다. 그러므로 하나님께 드리는 기도의 직접적인 주체는 우리의 구속 주이신 그리스도이시다.

그리고 기도는 전능하신 하나님 아버지께 드리는 것이다. 물론 삼위의 구별 없이 성부, 성자, 성령, 삼위일체의 하나님께 기도를 드린다. 우리가 하나님께 기도를 드린다는 것은, 하나님은 전능자라는 전제 아래서 가능하다. 우주와 만물을 지으시고 주관하시며 섭리하시는 전능자 하나님만이 효과 있는 기도의 응답자가 되실 수 있기 때문이다. 우리가 드리는 찬송과 감사, 자백, 간구의 기도를 전능하신 하나님 외에는 받으실 분이 없다. 다른 어느 피조물도 우리의 기도를 받는 대상이 될 수 없다.

또한 하나님께서는 아들의 기도만을 들어주신다. 요한복음 17장에서, 예수님은 하나님을 아버지로, 자신을 아들로 호칭하면서 기도하셨다. 아버지 하나님이 기도의 대상이 되시는 것은 "내 것은 다 아버지의 것이요 아버지의 것은 내 것이온데"(요 17:10)라는 말씀에서 이해할 수 있다. 아버지의 것과 아들의 것이 따로 있는 것이 아니고, 아버지의 것이 곧 아들의 것이기 때문에, 하나님의 아들 예수 그리스도와 연합이 되어 양자의 명분을 얻은 성도가 아버지 되신 하나님께 예수의 이름으로 기도를 드리는 것은 너무도 당연한 것이다. 그러므로 우리의 기도를 받으시는 분은 전능하신 아버지 하나님이시다.

2. 왜 기도하는가?

칼빈은 기도해야 하는 이유가 기도하는 자에게 유익이 있기 때문이고, 그 유익은 하나님 편에서의 변화에 있는 것이 아니라 기도하는 인간의 편에서 변화가 생기기 때문이라고 하였다. 기도의 의미는 하나님의 뜻을 변경시키는 것이 아니라, 기도를 통하여 이루어질 하나님의 뜻이 나타날 때, 우리에게 감사의 마음이 일어나도록 하는 것이며, 하나님의 뜻에 우리의 뜻을 복종시키는 것이다.

세상에 사는 우리는 부족한 것이 많이 있다. 나에게 부족한 것을 이미 전지전능하신 하나님은 다 알고 계신다(마 6:8). 그래서 우리는 하나님께 그 부족함을 채워 주시기를 구하는 것이다. 마태복음 7:7에는, "구하라 그러면 너희에게 주실 것이요 찾으라 그러면 찾을 것이요 문을 두드리라 그러면 너희에게 열릴 것이니 구하는 이마다 얻을 것이요 찾는 이가 찾을 것이요 두드리는 이에게 열릴 것이니라"고 말씀하신다.

기도하는 구체적인 목적은 다음과 같다.

1) 하나님을 영화롭게 하기 위하여

그리스도인들이 기도하는 가장 중요한 목적 중의 첫째는 하나님의 놀라운 영광을 높여 드리기 위해서이다.

소요리문답 "문1) 사람의 제일 되는 목적은 무엇입니까? 답) 사람의 제일 되는 목적은 하나님을 영화롭게 하는 것과 영원토록 그를 즐거워하는 것입니다."라고 하였다. 그리고 요한복음 14:13에, "너희가 내 이름으로 무엇을 구하든지 내가 행하리니 이는 아버지로 하여금 아들로 말미암아 영광을 받으시게 하려 함이라"고 하였다. 기도는 중보자이신 예수 그리스도를 통하여 우리의 기도가 응답될 때, 하나님의 이름이 높아지며 영광을 받으시기 때문이다. 진정한 의미에서 하나님을 찬양하기를 원하고, 그의 주권의 위엄과 전능하심을 인정하며 경배하기를 원한다면 기도할 수밖에 없는 것이다.

2) 죄 용서함을 받기 위하여

우리가 많은 잘못과 결점을 가진 죄인이라 할지라도 기도로 고백하고 은혜의 보좌 앞으로 나아가면 사죄의 은총이 주어진다. "자기의 죄를 숨기는 자는 형통하지 못하나 죄를 자복하고 버리는 자는 불쌍히 여김을 받으리라"(잠 28:13)고 하셨고, "또 만일 우리가 우리 죄를 자백하면 그는 미쁘시고 의로우사 우리 죄를 사하시며 우리를 모든 불의에서 깨끗하게 하실 것이요"(요일 1:9)라고 하셨다. 그러므로 기도하지 않는 것 자체가 죄가 되는 것이다(삼상 12:23). 우리는 우리의 죄를 용서하시는 하나님께 죄를 자복하고, 기도하지 않는 죄를 범하지 않기 위해서도 기도해야 한다.

3) 시험을 이기기 위하여

사탄이 "우는 사자와 같이 두루 다니며 삼킬 자를 찾나니"(벧전 5:8)라고 하였다. 그래서 예수님은 "시험에 들지 않도록 기도하라" 또는 "깨어 기도하라"고 당부하셨다. 우리가 시험에 들지 않게 늘 깨어 기도해야 하는 것은, 하나님과의 사귐을 통하여 마귀의 간교한 장난에 빠지지 않기 위해서이다. 시험에 들지 않는다는 것은 사단과의 영적 전쟁에서 승리하기 위함인 것이다. 하나님의 나라를 사모하며 살아가는 그리스도인들은 선한 싸움을 싸우는 영적인 군사들이며, 궁극적으로 "우리의 싸움은 혈과 육을 상대하는 것이 아니요 통치자들과 권세들과 이 어둠의 세상 주관자들과 하늘에 있는 악의 영들을 상대"(엡 6:17)하는 것이다.

"아무것도 염려하지 말고 오직 모든 일에 기도와 간구로 너희 구할 것을 감사함으로 하나님께 아뢰라 그리하면 모든 지각에 뛰어난 하나님의 평강이 그리스도 예수 안에서 너희 마음과 생각을 지키시리라" (빌 4:6,7)고 하셨다. 영적인 싸움에서 승리할 수 있는 비결은 이미 사탄을 이기신 예수 그리스도의 능력을 힘입는 방법, 즉 성령의 충만을 받아야만 하는 것이다. 그리고 하나님께서 우리의 마음과 생각을 지켜주시기를 간구하며, 닥쳐오는 시험과 유혹을 극복할 힘을 얻기 위해 기도해야 한다. 우리가 늘 기도와 말씀으로 무장하고, 그것을 우리의 전쟁 무기로 삼을 때, 모든 죄악의 유혹을 물리치기에 적합한 자들이 될 수 있으며, 사단의 공격을 물리칠 수 있는 내적 능력을 받게 될 것이다.

4) 신앙의 성장을 위하여

"우리가 다 하나님의 아들을 믿는 것과 아는 일에 하나가 되어 온전한 사람을 이루어 그리스도의 장성한 분량이 충만한 데까지 이르리니"(엡 4:13)라고 하였다. 회개하고 죄의 용서함을 받아 거듭난 성도는 갓난아이가 자라듯이 점점 자라나 그리스도 예수 안에서 장성하여야 한다. 이것을 "성화"(거룩하게 됨)라고 한다. 성화의 과정에 필수적인 것은 기도이다.

"너희는 내 안에 거하라 나도 너희 안에 거하리라 가지가 포도나무에 붙어 있지 아니하면 절로 과실을 맺을 수 없음 같이… 나를 떠나서는 너희가 아무것도 할 수 없음이라"(요 15:4,5). 우리가 거룩한 생애를 살려고 하면 가지가 자라고 열매를 맺기 위하여 원체(元體)에 붙어야 하는 것처럼, 우리는 그리스도께 의존해야 한다. 예수를 떠나서는 아무 생명도 없다. 신령한 생명이 우리의 마음 가운데 생기는 것도 하나님께로부터 나오는 생명과 능력으로 말미암는 것이고, 영적으로 자라나는 것도 하나님의 은혜와 능력으로 되는 것이다. 이 능력과 생명을 받고 성장하는 길은 기도이다. 우리는 기도를 통하여 하나님께로부터 이 능력을 받을 수 있다.

5) 하나님의 도우심을 위하여

기도하는 심령은 하나님의 인도하심을 받게 된다. 왜냐하면 기도는 하나님을 나의 편으로 끌어 오는 것이 아니라, 기도를 통하여 하나님이 살아서 역사하시는 은혜의 자리를 향하여 내가 찾아가는 것이기 때문이다. "네가 만일 하나님을 부지런히 구하며 전능하신 이에게 빌고 또 청결하고 정직하면 정녕 너를 돌아보시고 네 의로운 집으로 형통하게 하실 것이라"(욥 8:5, 6)고 하셨다. 또한 하나님은 언제나 기도하는 영혼을 푸른 초장에 누이시며 쉴 만한 물가로 인도하여 주신다.

우리는 기도함으로 하나님을 더욱 신뢰하게 되며, 하나님과의 관계가 더욱 친밀하게 되고, 우리의 형편과 처지, 생각과 느낌을 솔직하게 고할 수 있게 된다. 슬픔이나 근심, 또는 원하지 않는 질병으로 쓰러졌을 때, 어떤 슬픔과 고통 중에서나, 앞길이 캄캄하고 장래가 암담하게 보일 때, 또 우리가 무기력하고 외로움을 느낄 때, 우리는 약속을 지키시는 하나님의 사랑을 확신하며 도우심을 바라면서 기도한다.

3. 무엇을 구하는가?

일반적으로 기도는 나의 소원을 이루기 위해서 비는 것을 의미한다. "지성(至誠)이면 감천(感天)"이라고, 열심히 오랫동안, 그리고 정성을 다하여 기도하면 응답받는 것처럼 생각하는 사람들도 있다. 그러나 기독교의 기도는 예수님께서는 마태복음 6장에서 제자들에게 가르쳐 주신 기도를 통하여 잘 알 수 있다.

1) 하나님의 뜻을 구한다.

예수께서 겟세마네 동산에서 "나의 원대로 마옵시고 아버지의 원대로 하옵소서"(마 26:39)라고 기도하셨고, 제자들에게 가르친 기도 내용 중에도 "뜻이 하늘에서 이룬 것같이 땅에서도 이루어지이다"(마 6:10)라고 하셨다. 기도의 진정한 목적은 우리가 원하는 것을 하나님께로부터 받아내는 데 있는 것이 아니라, 하나님께서 우리에게 주시기를 원하는 것만으로 만족하도록 우리를 만드는 데 있다. 그러므로 우리는 나 자신의 뜻대로 구하지 말고 주님의 뜻대로 구해야 한다.

로마서 8:7에, "육신의 생각은 하나님과 원수가 되나니 이는 하나님의 법에 굴복치 아니할 뿐 아니라 할 수도 없음이라. 육신에 있는 자들은 하나님을 기쁘시게 할 수 없느니라."고 하였다. 하나님은 자기의 기쁘신 뜻을 위하여 우리로 하여금 하나님의 뜻을 구하게 해 주시는 것이다. 그래서 모든 일이 하나님의 뜻대로 되는 줄 우리로 알게 하시는 것이다.

우리는 성경에서 인간들의 기도를 통하여 하나님께서 뜻을 돌이키셨다는 기록을 자주 보게 된다. 백성을 위한 모세의 기도, 히스기야의 기도, 다윗의 기도의 경우이다. 그러나 이 모든 것이 하나님의 뜻대로 이루신 것임을 명심하여야 한다.

2) 하나님의 약속을 구한다.

하나님의 약속은 성경이 가르치는 기도의 내용이다. 구약시대에 야곱, 모세, 다윗, 히스기야 등 유명한 선지자들의 기도가 모두 하나님의 약속들을 구하고 있다. 또한 예수님께서 가르치신 기도 내용이 모두 하나님의 약속에 근거하고 있다. 예수님께서 "너희는 먼저 그의 나라와 그의 의를 구하라"(마 6:33)고 하셨다. 하나님의 거룩한 영광, 천국의 내림(來臨), 뜻이 땅에서 이루어짐, 일용할 양식을 주심, 죄의 용서, 악에서 구출하심 등을 구하는 것은 바로 하나님의 나라와 하나님의 의를 구하는 것이며, 이 모든 것들은 하나님이 우리에게 약속하신 것들이다.

따라서 기도는 인간이 하지만 근본적으로는 하나님께서 약속하시고 성취하시는 과정에서 우리로 하여금 하나님의 약속을 구하게 만드시는 것이다. 그래서 하나님께서는 성도가 마땅히 빌 바를 알지 못하는 것을 성령을 통해 말할 수 없는 탄식으로 기도하게 하신다(롬 8:26). 그러므로 바른 기도는 하나님의 뜻에 의하여 이미 약속된 것들을 오늘 우리에게도 이루어 주실 것으로 믿고, 기도의 내용으로 삼는 것이다.

3) 하나님의 능력을 구한다.

하나님께서는 반드시 약속을 지키시는 분이므로, 말씀대로 살아가는 자녀들에게는 믿어지는 영적인 믿음을 주시고, 그 믿음으로 구할 때 반드시 응답해 주신다. 우리가 말씀대로 행할 때 하나님의 말씀이 살아 역사하여 아름다운 열매를 맺게 된다. 이런 믿음의 열매를 맺기 위하여 우리는 하나님의 은혜와 능력을 구하여야 한다.

우리는 내 힘으로 지금까지 살아온 것 같이 오해하고 착각하고 있지만, 사실은 하나님의 은혜와 능력으로 우리가 살고 있는 것이다. 마가복음 9:23에 "예수께서 이르시되 할 수 있거든이 무슨 말이냐 믿는 자에게는 능히 하지 못할 일이 없느니라"고 하셨다. 이 말씀은 믿음 안에서 하나님의 능력을 주신다는 의미이다. 믿음으로 기도하면 하나님께서는 능력을 우리들에게 주신다. 기도는 우리가 하나님의 능력을 받을 수 있는 통로이기 때문에, 우리가 기도할 때 하나님은 우리에게 능력을 주신다.

4. 언제 기도하는가?

1) 항상 기도해야 한다.

"쉬지 말고 기도하라."(살전 5:17)

"모든 기도와 간구로 하되 무시로 성령 안에서 기도하고 이를 위하여 깨어 구하기를 항상 힘쓰며 여러 성도를 위하여 구하고"(엡 6:18)

"기도를 항상 힘쓰고 기도에 감사함으로 깨어 있으라."(골 4:12)

2) 아침에 기도해야 한다.

"여호와여 아침에 주께서 나의 소리를 들으시리니 아침에 내가 주께 기도하고 바라리이다."(시 5:3)

"여호와여 오직 주께 내가 부르짖었사오니 아침에 나의 기도가 주의 앞에 달하리이다."(시 88:13)

"아침에 나로 주의 인자한 말씀을 듣게 하소서. 내가 주를 의뢰함

이니이다. 나의 다닐 길을 알게 하소서. 내가 내 영혼을 주께 받듦이니이다."(시 143:8)

3) 밤중에 기도해야 한다.

"여호와여 내가 밤에 주의 이름을 기억하고 주의 법을 지켰나이다."(시 119:55)

"내가 주의 의로운 규례를 인하여 밤중에 일어나 주께 감사하리이다."(시 119:62)

"이 때에 예수께서 기도하시러 산으로 가사 밤이 새도록 하나님께 기도하시고"(눅 6:12)

4) 밤낮으로 기도해야 한다.

"오 내 구원의 주 하나님이여, 내가 주님 앞에서 밤낮으로 부르짖었나이다"(시 88:1).

"나의 밤낮 간구하는 가운데 쉬지 않고 너를 생각하여 청결한 양심으로 조상적부터 섬겨오는 하나님께 감사하고, 네 눈물을 생각하여 너 보기를 원함은 내 기쁨이 가득하게 하려 함이니."(딤후 1:3~4)

5) 규칙적으로 기도해야 한다.

"저녁과 아침과 정오에 내가 기도하며 큰 소리로 부르짖으리니, 그

리하면 그분께서 내 음성을 들으시리라."(시 55:17)

"다니엘이 이 조서에 어인이 찍힌 것을 알고도 자기 집에 돌아가서는 그 방의 예루살렘으로 향하여 열린 창에서 전에 행하던 대로 하루 세 번씩 무릎을 꿇고 기도하며 그 하나님께 감사하였더라."(단 6:10).

"제구시 기도 시간에 베드로와 요한이 성전에 올라갈새."(행 3:1)

"이튿날 저희가 행하여 성에 가까이 갔을 그 때에 베드로가 기도하려고 지붕에 올라가니 시간은 제육시더라."(행 10:9)

6) 매일 기도해야 한다.

"오 주여, 나에게 긍휼을 베푸소서. 내가 매일 주께 부르짖나이다."
(시 86:3)

5. 어디에서 기도하는가?

우리가 기도하기 가장 좋은 장소는 어디일까? 하늘은 하나님의 보좌요, 땅은 곧 하나님의 발등상이다(시 66:1, 마 5:35). 하나님은 어디나 계시고, 아무리 시끄러운 곳에서도 우리의 기도를 들으실 수 있다. 성경에 나타난 기도의 장소들을 볼 때 믿음의 조상들은 장소를 가리지 않고 어느 곳에서나 기도드렸다는 사실을 엿볼 수가 있다.

기도하기가 힘든 장소란 원칙적으로 있을 수가 없다. 왜냐하면, 하나님은 어느 곳에서나 존재하시고 역사하시는 분이기 때문이다. 어느 장소에서 기도드려도 하나님은 그곳에서 우리의 기도를 들으시고 응답하신다. 이것을 우리는 기도의 보편성(Universality of prayer)이라고 부른다.

성경에 나타난 기도의 장소는 다음과 같다.
① 성전(대하 20:9, 스 10:1, 눅 2:37, 마 21:13, 사 53:7, 행 3:1, 행 22:17)
② 산(출 17:9, 눅 6:12, 9:28~29, 마 14:23)
③ 광야(마 4:1~2)
④ 강가(창 32:24, 눅 3:21)
⑤ 바닷가(행 21:5)
⑥ 지붕(행 10:9)
⑦ 집(행 9:11, 행 10:30, 행 12:2, 단 6:10)
⑧ 골방(마 6:6)
⑨ 망대(합 2:1)
⑩ 구덩이(애 3:55)
⑪ 감옥(행 16:24)
⑫ 기도처(행 16:16)
⑬ 한적한 곳(막 1:35, 눅 5:16)
⑭ 은밀한 곳(마 6:6, 마 6:18)

우리가 기도하기 좋은 장소가 어디인가? 우리가 기도할 장소를 선정할 때에는 약간의 주의를 기울여야 한다. 사람은 주변 환경의 영향을 많이 받기 때문이다. 너무 시끄러운 곳에서는 마음이 집중이 되지 않고, 너무 조용한 곳에서는 무서운 생각이 엄습하기도 한다. 기도하는 사람의 마음을 혼란시키거나 짓누르는 장소는 기도하기에 적합하지 않다. 학생시절에 밤에 뒷산에 올라가서 기도를 하는데, 그곳은 공동묘지가 있는 곳이었다. 공동묘지를 생각하니 귀신이 떠오르고, 기도가 되지 않았다. 교회에서 기도하는 것과 요란한 극장 앞의 상점이나 등골에 식은땀이 흐르게 하는 음침한 골짜기에서 기도하는 것은 분명히 다르다.

성령의 역사가 있는 반면 악령의 방해하는 역사도 함께 있으므로, 기도하는 사람의 영적 능력에 따라 교회의 기도실 같은 곳에서부터 기도하기 시작하여 한 단계씩 장소를 옮기는 지혜가 필요할 것이다.

6. 어떻게 기도해야 하는가?

주님은 우리에게 "구하라 그러면 너희에게 주어질 것이요, 찾으라 그러면 너희가 발견할 것이요, 두드리라 그러면 너희에게 열릴 것이니, 구하는 이마다 받을 것이요, 찾는 이가 발견할 것이며, 두드리는 이에게 열릴 것이니라"(마 7:7~8)고 하셨다. 그러므로 우리는 기도할 때에 다음의 말씀을 의지하고 기도해야 할 것이다.

1) 믿음으로 기도해야 한다.

"그러므로 내가 너희에게 말하노니, 너희가 무엇을 소원하든지, 기도할 때에 받는 줄로 믿으라, 그리하면 얻게 되리라"(막 11:24). "너희가 내 안에 거하고, 내 말들이 너희 안에 거하면, 원하는 바를 구하라, 너희에게 이루어지리라"(요 15:7).

2) 감사와 간구로 기도해야 한다.

"아무것도 염려하지 말고 오직 모든 일에 기도와 간구로 너희 요청할 것을 감사함으로 하나님께 아뢰라. … 나의 하나님께서 그리스도 예수님에 의하여 영광 가운데서 그분의 부요하심에 따라 너희의 모든 필요를 공급하시리라"(빌 4:6,19).

3) 하나님이 들으시는 줄 알고 기도해야 한다.

"우리가 무엇을 구하든지 그분께서 들으시는 줄을 안즉, 우리가 그분께 구하여 청원한 것들을 얻는 줄로 아느니라. 어떤 사람이 자기 형제가 사망에 이르지 아니하는 죄를 짓는 것을 보면, 그는 구할 것이요, 그분께서는 사망에 이르지 아니하는 죄를 짓는 자들을 위하여 그에게 생명을 주시리라. 사망에 이르는 죄가 있나니 나는 그가 이에 대하여 기도하라고 말하지 않노라"(요일 5:14,15).

4) 성령님의 인도하심을 받아 기도해야 한다.

"이와 같이 성령님께서도 우리의 연약함을 돕고 계시나니, 우리가 마땅히 기도할 바를 알지 못하나, 성령님께서 말할 수 없는 신음으로 친히 우리를 위하여 중보하시느니라. 마음들을 살피시는 분께서 성령님의 생각이 무엇인지 아시나니, 이는 그분께서 하나님의 뜻대로 성도들을 위하여 중보하심이니라"(롬 8:26,27).

5) 하나님은 보상자이심을 믿고 기도해야 한다.

"또한 그분께서 자신을 부지런히 찾는 자들에게 보상하시는 분이심을 믿어야 함이니라"(히 11:6).

6) 꾸준히 지속적으로 기도해야 한다.

누가복음 18:1~8에서는 지속적으로 요구한 과부가 응답을 얻었다.

7) 겸손하게 기도해야 한다.

"내 이름으로 불리는 내 백성이 겸손해지고 기도하며 내 얼굴을 찾고"(대하 7:14).

Ⅲ. 기도의 유형

1. 기도의 형태에 의한 분류

1) 개인기도

개인기도란 개인이 개별적으로 하나님께 기도하는 사적인 기도를 말한다. 개인마다 가지고 있는 자신의 문제를 하나님께 고백하면서 그 해결을 위한 응답을 요청하는 것이 주된 내용이 되는데, 성경에 나오는 많은 인물들이 이 같은 개인 기도를 드리고 있다.

아브라함(창 18:32), 야곱(창 32:26), 모세(신 9:18), 엘리야(약 5:17) 등이 그러하였고, 예수 그리스도 우리 주님께서도 새벽 미명에 일어나 한적한 곳으로 가서 기도하셨으며(막 1:35), 저물녘 홀로 산으로 기도하러 가시기도 하셨다(막 6:46~47, 눅 5:16, 눅 9:18, 눅 22:41 등).

개인기도의 장점은 언제 어디서나 드릴 수 있으며, 격식이나 남의 견해를 신경을 쓸 필요가 전혀 없이 자기만의 은밀한 마음속 고통이나 소원을 아룀으로써 하나님을 아버지로서 인격적으로 만나게 되고, 그로 말미암아 평안을 구할 수 있다.

2) 회중기도(공동기도)

한 가지 또는 몇 가지 제목을 내어 놓고 여러 성도들이 모여서 그 문제를 중점적으로 해결 받고자 드리는 기도를 말한다. 일반적으로 온 교회 교우들이 같이 기도문을 공동으로 작성하여 함께 낭송하는 경우가 많다. 초대 교회에서 베드로와 요한 사도가 제사장들과 장로들에게 붙잡혀 위협을 당하고 돌아왔을 때, 온 교우들이 한마음으로 하나님께 소리 높여 기도했는데(행 4:24-31), 모든 참석자들이 하나의 기도 주제를 가지고 드리는 기도를 말한다.

3) 대표기도(공적기도)

대표기도는 문자 그대로 기도하는 무리를 대표로 해서 한 사람의 기도자가 행하는 기도를 뜻한다. 개인이 혼자 하는 사적인 기도와 달리 모든 기도자들의 공동의 관심사를 공개적으로 표명하여 행하는 공적인 기도이기 때문에, 그만큼 적절한 주의와 정성을 기울여야만 한다.

출애굽 한 백성들이 모세를 대하여 원망하여 마실 것을 달라고 조르자, 그들을 대신하여 모세가 여호와께 부르짖어 구함으로 쓴 물을 달게 해서 마시게 했다는 말씀(출 15:24)이나, 제사장들이 백성을 위하여 기도하였다(대하 30:27)는 말씀들은 대표기도를 뜻하는데, 이러한 대표기도는 성경에서 많이 묘사되고 있다.

4) 윤번기도

윤번기도란 3~4명의 기도자를 세워서 기도할 내용을 사전에 분담하여, 각 기도자가 맡은 분야를 집중적으로 기도하게 하는 것을 말한다. 예들 들어, 3명의 기도자를 선택하여, 한 사람은 국가를 위하여, 다른 한 사람은 통일을 위하여, 남은 한 사람은 민족을 위하여 기도하도록 하는 것인데, 그 장점으로는 기도의 내용이 풍부해지고, 여럿이 서로 기도를 분담함으로써 협동심이 생기며, 처음으로 기도하는 사람이 긴장감이나 압박감을 느끼지 않고 가벼운 마음으로 할 수 있으며, 여러 가지 기도 내용을 알차게 마련할 수 있는 효과가 있다. 다만 기도 제목이 뚜렷해야 하고, 내용을 분담할 때 중복되거나 누락이 없어야 되며, 시간이 통일되도록 주의해야 한다.

5) 중보기도

중보기도란 남을 위해 기도해 주는 것을 뜻한다. 곧 자기 자신이나 다른 사람을 위해 하나님께 기도해달라고 부탁해서 그에 응해 드리는 기도를 의미한다. 중보나 중재라는 말은 양편의 중간에서 쌍방을 위해 조정하고 타협하여 보다 나은 선을 추구해 나가는데 흔히 쓰이고 있다. 이 중보기도는 "이와 같이 성령도 우리 연약함을 도우시나니 우리가 마땅히 빌 바를 알지 못하나 오직 성령이 말할 수 없는 탄식으로 우리를 위하여 친히 간구하시며, 마음을 감찰하시는 이가 성령의 생각을 아시나니 이는 성령이 하나님의 뜻대로 성도를 위하여 간구하신다"(롬 8:26-27)는 말씀을 통해 분명히 우리에게 제시해 주고 있다.

이러한 중보기도에는 죄의 용서와 성령을 받고 복음을 전파하기를 비는 내용이 주를 이룬다. 엄밀하게 말해서 개인기도나 회중기도나 대표기도나 윤번기도가 다른 사람이나 기관, 단체, 교회를 위해 비는 내용이 포함될 때는 중보기도에 속한다고 할 수 있다.

그러나 최근에는 인간으로서 중보기도는 가하지 않다는 견해도 있다. 그 이유는 우리에게 중보자는 예수 그리스도밖에 없기 때문이다. 그러므로 중보기도라는 것은 도고로서, '다른 사람을 위한 기도' 라고 하는 것이 옳을 것이다.

2. 기도의 형식에 의한 분류

1) 소리 내어 하는 기도

대개의 경우 기도한다고 할 때는 흔히 발음기도로 하게 되는데, 소리를 발하여 분명하고 똑바로 하나님께 아뢰는 경우를 말한다. 이때에 주의할 것은 자신의 소리가 너무 커서 다른 사람들의 기도를 방해하지 않도록 해야 할 것이다.

2) 속으로 하는 기도

소리를 밖으로 내지 않고 침묵 속에서 마음속으로 하나님께 드리는 묵상의 기도이다. 사무엘 선지자의 어머니 한나가 기도하는 동안 "속으로 말하매 입술만 움직이고 음성은 들리지 않았다"(삼상 1:13)고 하였는데, 이와 같이 조용히 홀로 입술을 움직이되 소리가 나지 않는 경우도 묵상기도에 속한다. 이 기도는 때와 장소를 가리지 않고 할 수 있는 장점이 있는 반면, 간혹 주위의 소란으로 정신을 팔 때도 있어 기도의 초점이 산만해지는 것을 주의해야 한다.

3) 큰 소리로 하는 기도

보통 설교 후에나 부흥회와 사경회 때, 구역 예배 또는 산기도시 통성으로 기도하는 시간을 갖게 되는데, 그 특징은 같은 시간에 모두가 동일한 기도 제목으로, 제한된 시간 내에 끝맺게 되는 점이다. 큰 소리로 함께 기도를 하면 기도하는 힘이 생기고, 부르짖어 기도할 때 하나가 되어 하나님께서 함께하심을 느낄 수 있다.

4) 찬송으로 하는 기도

찬송은 곡조가 있는 기도가 된다. 혼자서 조용히 찬송을 하며 마음으로 가사를 기도로 드리게 되는 것이다. 시편은 거의가 다 찬송기도 형식으로 되어 있으며, 그 밖에도 드보라(삿 4:5~23)와 모세의 누이 미리암(출 15:27)이 부르는 찬송 형식의 기도가 있다.

5) 방언으로 하는 기도

방언기도는 방언으로 하는 기도를 뜻한다. 방언이 성령의 은사임에는 분명하지만, 다른 사람에게 미치는 영향을 고려해야 하고, 또한 자신이 방언을 하는 것을 우월하게 생각하는 것은 잘못된 것이므로 주의해야 한다. 바울 사도는 교회의 덕과 질서를 세우기 위해 특별히 주의할 것을 환기시키고 있다(행 10:46, 고전 14:19, 19, 23~25).

3. 기도의 내용에 의한 분류

1) 감사의 기도

기도는 하나님께로부터 무엇을 받은데 대한 감사의 표시이기도 하다. 감사는 헬라어로 유카리스테오(eukaristeo)로서 사도 바울은 "범사에 우리 주 예수 그리스도의 이름으로 항상 아버지 하나님께 감사한다"고 고백하고 있다. 우리들도 매사에 함께하시고 돌보아 주시는 하나님의 은혜를 깨닫고 감사하는 기도를 드릴 수 있어야 할 것이다.

2) 고백의 기도

모든 기도자는 감사와 찬양과 간구에 앞서 죄의 용서를 비는 기도를 해야 한다. 이 회개는 기도의 대상자인 하나님과 기도자와의 정당한 관계를 먼저 확립하는 것이 중요한 내용이 된다. 하나님 앞에서 모든 피조물은 죄인이기에, 죄의 문제를 해결하였을 때 화해된 자로 설 수 있게 된다. 하나님은 모든 제사보다도 상한 심령이나 통회하는 마음을 사랑하신다고 했기 때문에, 죄를 용서받기 위해 기도해야 한다. 우리가 우리의 죄를 깨닫고 용서받기를 원한다면, 죄의 깊은 원인과 동기를 알 수 있도록 주께 간구할 때 성령께서 우리를 도우셔서 죄가 생각나게 하시고 깨닫게 된다. 마치 우리가 부모에게 잘못을 사과하고 나면 곧 모든 것이 본래대로 잘되어 가듯, 우리는 하나님께 회개의 기도를 드려야 한다.

진실한 회개의 기도는 우리의 삶을 주님께 맡긴다는 것이므로, 주님은 우리를 새롭게 해 주신다. "하나님이 이를 더듬어 내지 아니 하셨으리이까? 대저 주는 마음의 비밀을 아시나이다"라는 말씀처럼, 하나님은 우리의 모든 것을 아시는 고로, 우리가 회개하고 자백할 때 우리의 마음에 평안이 찾아온다.

3) 소원의 기도

성경에서 기도를 가르쳐 사용하는 단어는 주로 소원을 나타내는 뜻을 갖고 있다. 특히 간구의 기도는 주로 무엇을 필요로 하는 상태, 또는 부족한 상태에서 무엇을 요구하며 간청하는 행동의 기도이다. 바울은 "오직 모든 일에 기도와 간구로 너희 구할 것을 감사함으로 하나님께 아뢰라"고 했듯이, 믿음으로 구하면 이루어 주심을 믿고 구하는 기도이다.

4) 하나님과 교제로서의 기도

우리의 기도는 '말할 수 없는 분을 침묵으로써 경외하는 것'이 아니다. 우리는 죄인이지만 살아 계신 하나님과 교제를 나눌 수 있다. 왜냐하면 그는 우리를 구원하시기 위해서 예수 그리스도를 통해 우리에게 손을 내미셨기 때문이다. 우리가 예수님의 이름으로 하나님께로 나아가면, 사랑을 가지신 하나님은 우리에게 다가오시는 것이다. 그러므로 기도는 '그리스도' 안에서 하나님과 인간이 나누는 완전한 교제를 표현한 것이라고 할 수 있다.

5) 금식하는 기도

금식기도는 음식물을 섭취하지 않으면서 기도하는 것으로, 바리새인들이 즐겨 하였다. 성경에서 금식은 종교적 실천행위나 훈련을 의미한다. 사람이 음식을 먹는다는 것은 본능적이요, 생명을 보존하기 위한 하나의 필요한 방법이다. 그런데 사람이 금식한다는 것은 자신의 몸과 생명까지도 희생한다는 행동의 표출이다. 따라서 금식기도는 음식을 먹지 아니하면서라도 하나님과 대화를 나누어야겠다는 기도의 필요성과 긴박성을 나타내 보이는 신앙적 의미가 내포된다. 금식은 하나님께서 섭리 중에 명령하실 때와, 우리의 영혼이 필요성을 느낄 때에 행하는 의무이다. 예수님께서도 공생활을 시작하시기 전 40일을 밤낮 금식 기도하셨고(마 4:1), 모세도(출 34:28), 에스라도(스 10:6) 바울도 사흘 동안 식음을 전폐했다(행 9:9).

4. 기도의 자세에 의한 분류

1) 일어서서 하는 기도

자리에서 일어선다는 것은 대상에 대한 경의(敬意)를 표하는 자세이다. 법정에서 판사가 들어오면 모든 죄수들과 방청석에 있는 사람들은 일어선다. 훌륭한 음악을 연주했을 때 청중들은 모두 일어서서 박수를 친다. 이 모두 경의를 표하는 자세이다. 이스라엘 백성들은 하나님 앞에 기도할 때 대개 일어서서 기도했다(마 6:5, 눅 18:11). 우리가 예배시간에 찬송을 부르면서 자리에 일어서는 것처럼 기도할 때도 일어설 수 있다.

2) 무릎 꿇고 하는 기도

서서 기도하는 것이 통상적이고 의식적인 기도라면, 무릎을 꿇는 것은 죄의 용서를 비는 자세라 할 수 있다. 예수님이 겟세마네 동산에서 무릎 꿇고 기도하셨고(눅 22:41), 스데반 집사도 순교할 때 무릎을 꿇고 크게 하나님을 불러 기도했다(행 7:60). 바울도 무릎 꿇고 기도했고(행 20:36, 엡 3:15), 에스라는 속옷과 겉옷을 찢고 무릎을 꿇고 하나님을 향하여 손을 들고 회개의 기도를 드렸다(스 9:5). 무릎을 꿇고 기도하는 것은 간절한 마음과 애통하는 마음을 나타내는 자세이다.

3) 엎드려 하는 기도

특별히 간절한 기도는 무릎을 꿇을 뿐 아니라 땅에 엎드려 기도하는 것이다. 엘리야는 머리를 무릎 사이에 넣고 기도했고(왕상 18:42), 예수님도 겟세마네 동산에서 무릎을 꿇고 기도하시다가 나중에는 얼굴을 땅에 대시고 엎드려 기도하셨다(마 26:39). 이것은 마음의 간절함을 보여주는 자세이다.

4) 손을 들고 하는 기도

이스라엘이 아말렉과 싸울 때 모세는 지팡이를 든 손을 들고 기도했고(출 17:1), 솔로몬이 성전을 봉헌할 때(왕상 8:22) 손을 들고 기도했다. 목사님들이 축도할 때 손을 들어 기도하는 것이 바로 이런 경우인데, 바울은 디모데에게 "이러므로 각처에서 남자들이 분노와 다툼이 없이 거룩한 손을 들어 기도하기를 원하노라"(딤전 2:8)고 하였다. 손을 드는 것은 하나님의 능력을 구하는 것이며, 영광을 돌려 드리는 기도의 자세이다.

5. 기타 특별한 기도의 유형

1) 새벽 기도

새벽기도는 주님께서 허락하신 하루를 시작하기 전 첫 시간을 하나님 앞에 드리는 기도이다. 하루를 시작하게 하심을 감사하며, 경건하고 보람찬 하루를 위해서 자신과 가정과 교회와 국가를 위해서 기도하는 것이다. 성경에 보면 예수님께서도 이른 새벽에 기도하셨다. "새벽 오히려 미명에 예수께서 나가 한적한 곳으로 가사 거기서 기도하더니"(막 1:35).

2) 철야 기도

철야 기도는 기도하기에 알맞은 밤에 깨어서 하나님과 대화하며 간구하는 것이다. 욥기서에서 하나님은 "사람이 침상에서 졸며 깊이 잠들 때에나 꿈에나 밤의 이상 중에 사람의 귀를 여시고 인치듯 교훈하신다(욥 33:15~16)"고 하셨다. 밤에 드리는 기도를 통해서 더욱 하나님의 뜻과 계시를 체험할 수 있다. 예수님께서는 12제자를 선택하시기 전 날 밤에 철야 기도를 하셨고(눅 6:12), 십자가를 지시기 전날 밤에도 철야 기도를 하셨다(마 26:39~46). 즉 중대한 결정을 앞두고 밤을 새워 기도하셨던 것이다. 철야 기도에 있어서 주의할 점은 분명한 목적과 제목을 가지고 기도하되 건강 상태나, 가정 사정, 생활의 형편들을 충분히 고려해야 할 것이다.

3) 산상 기도

산 기도는 일상적인 생활에서 벗어나 식어진 신앙이나 절실한 문제를 해결하기 위하여 산에서 드리는 기도이므로 집중력이 있어야 한다. 성경에서 보면 예수님께서도 산에서 기도하셨다. "예수께서 기도하시러 산으로 가사 밤이 새도록 기도하시고(눅 6:12~13)." 산 기도를 하기 위해서 기도원 선택이나 장소 선택은 가급적 교역자와 상의하는 것이 좋으며, 신비적인 체험을 목적으로 해서는 안 된다. 자칫하면 사탄의 시험에 들기 쉽기 때문이다.

4) 안수 기도

성직자가 성도의 몸에 손을 얹든지 만지면서 하는 기도로서 더욱 풍성한 은혜와 영적인 힘을 주기 위하여 하는 기도이다. 성경에는 다음과 같은 경우에 안수했다고 증거하고 있다. 안수기도는 복을 빌 때(마 18:13~15, 창 27:1~21, 창 48:8~22), 성직을 위임할 때(신 34:9,

행 6:6), 성령을 받기 위해 (마 8:14~17, 행 9:17~18), 병 낫기를 위해(마 8:3, 막 8:23, 눅 4:40)이며, 안수 기도는 받는 이에게 믿음이 있어야 하고, 안수하는 이에게 능력이 있어야 하며, 하나님의 섭리적인 응답이 있어야 한다. 안수 받을 때 주의할 점은 준비 기도를 한 후에 간절한 마음과 믿음을 가지고 안수에 임해야 한다.

5) 방언 기도

방언이란 희랍어의 "혀"와 "말하다"의 합성어로 "혀로 말하다"라는 뜻이 있다. 다시 말하면 성령을 받아 황홀한 상태에 빠져서 자기의 언어가 아닌 말로 기도하는 것을 말한다. 방언에 대하여 바울은 알아들을 수 없는 말이라 하며(고전 14:9), 그 결과 방언하는 자를 정신이상자로 간주하기 쉽다고 보았다(고전 14:23). 사도행전에 나타난 누가의 견해는 방언을 황홀한 상태에서의 증언이라는데 중점을 두고, 방언을 예언된 영적 운동의 발현이라고 생각했다(행 2:13, 3:24~25). 그러므로 방언기도는 원칙적으로 통역자가 없는 한 예배에서는 사용을 금하고 있다.

6) 예언 기도

예언이란 하나님께서 우리 인간에게 주시는 말이라고 할 수 있다. 이 예언은 성경 기자들에게 주신 예언과(벧후 1:21) 신자들에게 주시는 예언(고전 12:10)으로 나눌 수 있다. 전자는 성경의 완성을 위해 특별 계시로서 주어진 특수 예언이고, 후자는 성경이 완성된 이후에 신자들의 바른 신앙생활을 지도하기 위해 주시는 은사적 예언이다. 예언의 목적은 교회에 유익을 주고, 성도들의 믿음을 굳게 훈련시키며, 권면하고, 환란과 핍박 중에 있는 성도들을 격려하고 위로하는 데 있다(고전 14:3). 예언 기도에 있어서 주의할 점은, 성경에서 말씀하시는 목적에 어긋나지 않아야 한다. 또한 예언을 사욕의 도구로 사용하거나 미신적이고 점치는 식의 예언은 사탄의 역사라는 것을 분명히 알아야 한다. 모든 예언은 성령의 감동에 의해서 되어져야만 옳은 것이다.

7) 침묵 기도(沈默祈禱, silence prayer)

침묵이란 사색(명상)에 빠지는 것이 아니다. 침묵은 초자연적인 믿음이 세워지는 자연적인 기초이다. 침묵과 기도의 관계는 그리스도인의 순종과 사랑의 관계와 같다. 그리고 하나님께 귀를 기울이는 데는 의지가 필요하다. 들으려는 의지와 순종하려는 의지는 불가분의 관계에 있다. 우리는 하나님께서 우리 마음에 말씀하실 것을 기대해야 한다는 것이다.

침묵기도는 그리스 정교의 사제들의 헤지키아(hesychia; 고요함, 휴식, 평화)라 부르는 기도 생활에서 연연한다. 우리는 어떤 말도 필요치 않고 침묵으로 기도하는 때가 있다. 또 기도할 때 몇 가지 어려움이 있다. 정신 집중을 하기 어렵고, 또 무슨 기도를 드려야 할지 잘 모른다. 그리고 즉각적인 기도의 반응이나 만족감을 느끼지 못한다. 여기에 필요한 것이 침묵이다.

하나님은 주로 성경을 통해 우리에게 말씀하신다. 필요에 따라 환경을 통해서, 또 사람을 통해서도 말씀하신다. 또한 우리 안에 계신 성령님을 통해서도 말씀하신다(요 14:26). 성령님이 들려주시는 주님의 음성을 듣기 위해 침묵하는 법을 배워야 한다. 왜냐하면 주님의 음성은 세미하기 때문이다.

대부분의 성도들이 기도는 많이 하면서도 주님의 음성에 귀를 기울이지 않는다. 주님께 자기 할 말만 열심히 하지만, 주님의 음성을 듣지 못한다. 기도는 주님과의 교통이다. 그런데 간구의 단계로 끝나는 것이다. 침묵기도는 주님께서 우리 안에 말씀하시도록 마음을 잠잠케 하고, 우리를 향해 말씀하시는 음성을 듣는 단계로 나아가는 것을 말한다. 주님의 세미한 음성은 인간의 육성은 아니지만, 그 뜻과 의미를 우리의 영으로 직감할 수 있다. 처음에는 내 자아의 소리인지, 사탄의 속삭임인지, 주님의 음성인지 잘 구분되지 않는다. 그래서 훈련이 필요하다.

침묵기도는 내 안의 모든 생각과 감정이 잠잠해지는 것이다. 모든 의식적인 활동을 멈추고, 내 안의 모든 소리가 사라지는 것을 말한다. 그리고 주님의 눈으로 나를 바라보고, 나를 향한 주님의 음성을 듣는 것이다. 가톨릭에서는 이것을 관상기도라고 한다. 침묵기도는 하나님의 임재를 기억하고 인정하는 한 가지 방법이다. 그리고 우리로 하여금 서로 연합하며, 그리스도의 몸의 지체로서 자신의 역할을 알게 하는 것이다. 또한 침묵기도는 우리가 하는 말과 그 말을 하는 방식에 대한 인식보다는 하나님의 임재에 대한 계속적인 인식이 가능한 상태로 우리를 자연스럽게 이끌어서 우리의 믿음과 하나님을 사랑하는 능력을 키우는데 도움이 된다.

침묵기도를 잘하려면 기도를 방해하는 사소한 잡념이나 생각들은 과감히 떨쳐 버려야 한다. 그러나 때로는 그런 잡념이 하나님이 요구하시는 어떤 기도제목의 단서가 있을 수도 있고, 주님과의 관계 속에 무언가 해결되지 않은 걸림돌일 수도 있다. 중요한 것은 주님께 계속 집중하는 것이다. 그리고 사탄의 방해를 과감하게 물리쳐야 한다. 사탄은 우리가 기도하며 주님과 깊은 교제에 들어가는 것을 결코 원하지 않는다. 이 때 물러서지 말고 강하고 단호하게 예수 이름으로 물리쳐야만 깊은 기도의 단계로 들어갈 수 있다.

8) 관상기도(觀想祈禱, contemplative prayer)

관상(觀想)이란 '마음의 상을 바라본다'는 뜻이다. 곧 조용히 눈을 감고 호흡을 가라앉히며, 마음속에서 여러 가지 생각, 영상, 정서들이 흘러들어오는 것들을 글자 그대로 바라보는 것을 의미한다. 관상은 영어로 contemplation이다. 영어 앞 단어인 con은 '함께' '강하게' 라는 뜻이고, 뒤의 temple은 '관찰하기로 표시된 특별한 장소' '성전'

등의 뜻이다. 이 단어의 뜻은 '주의를 기울여 집중적으로 바라보고 관조하기 위한 구별된 지역이나 장소'를 의미한다. 그리하여 관상을 통해 그 대상과 일치가 이루어진 상태를 의미한다. 관상기도는 가톨릭에서 묵상 기도가 발전한 상태의 기도를 말한다.

사람에게는 추리력(이해력)과 상상력이 있다. 이 두 가지의 능력은 어떤 사람이나 사물을 보다 더 잘 알기 위해 사용된다. 추리력은 보다 더 논리적이고 추상적인 것으로서, 어떤 사건이나 행동의 논리적 연계성으로 주의 깊게 생각하고, 하나씩 하나씩 결론을 끌어내는 것이다. 이에 반해 상상력은 보다 구체적이며 선천적인 것이다. 보다 독특한 것으로서 한 사건이나 상황을 전체성 안에서 구체적으로 보며, 실제 체험의 느낌을 중요하게 여긴다.

묵상은 하나님의 계시를 더 잘 알기 위해 추리력 또는 이해력을 사용하는 방법임에 비해, 관상은 똑같은 목표에 이르기 위해 상상력을 사용한다. 어떤 사람은 추리나 이해로써, 또 어떤 사람은 상상력으로써 도움을 받는다. 즉, 묵상기도는 성경을 생각하고 이해하려는 노력으로 기도하는 것이라면, 관상기도는 주관적으로 성경의 신비적인 체험을 추구하는 경향이 되기 쉽다.

9) 묵상과 명상 기도(默想, 冥想祈禱, meditation)

① 묵상기도

묵상은 흔히 하나님 안에서의 쉼, 혹은 그분을 사랑의 눈으로 바라보고 있는 것, 또는 지식을 초월하는 지혜이신 하나님에게 몰두하는 것을 의미한다. 그러므로 묵상은 명상에서의 사색과 이성을 초월한다. 묵상은 기본적으로 기도이자 순수한 믿음에서 오는 경험이며, 하나님과의 신비한 하나 됨의 체험을 추구하는 것이다. 즉, 하나님의 임재 앞에서 평안과 안식을 누리고, 지금, 여기서 나와 함께하시는 하나님의 임재에 대한 인식과 의지 안에서 하나님의 사랑하시는 눈으로 세상을 보며 살아가는 열린 자세를 말한다.

나아가서 그리스도를 믿는 신앙인이라면 예수를 만나지 않은 상태를 묵상이라고 할 수 없다. 왜냐하면 내가 만나는 예수는 말씀하시는 분이고 살아 계신 분이며, 항상 나에게 말씀하시고 나와 함께 계시는 분이기 때문에, 지금 실제로 예수와의 진실한 만남이 이루어질 때 묵상이라고 할 수 있다.

구약성경에서 묵상의 의미는 단순히 하나님의 말씀을 마음속에서 생각하고 되새기는 것보다, 입술로 읊조리며 소리를 내면서 반복해서 말씀을 되새기는 것에 가깝다(시 1:2). 하나님의 말씀이 네 입술에서 떠나지 않도록 밤낮으로 그 법을 묵상하는 것(수 1:8)은 마치 소나 양들이 풀을 뜯어먹고 나서 풀밭 위에 앉아 눈을 지그시 감으며 되새김질하는 모습으로 비유되고 있다. 이것은 비록 암시적이지만 되새김질하는 것을 묵상하는 것으로 볼 수 있다. 그리고 라틴어 meditatio는 '묵상, 명상, 심사숙고, 궁리, 훈련, 예습, 연습, 습관, 시도' 등의 의미가 있으며, 어떤 내용을 기억하거나 또는 암송하는 것으로, 매우 다양한 의미로 쓰이고 있다.

중세 초까지 묵상의 주된 재료는 성경이었으며, 묵상은 생각이 아니라 읽은 말씀을 조용히 중얼거리며 기도하는 과정을 의미하였다. 베네딕트는 묵상에 대하여 말하기를 "묵상은 말씀을 읽고, 읽은 것을 되뇌이고 웅얼거리고 다니는 것이며, 되씹고 읊는 것이요, 정신에 붙박아두고 마음속에 새기는 것이다."라고 하였다. 어거스틴 역시 "당신이 만일 듣거나 읽는다면 그것을 먹는 것이다. 만일 당신이 묵상을 한다면 방금 들었거나 읽은 것을 되새김질 하는 것이다."라고 하였다.

중세 후기에 이르면서 묵상의 재료는 성경에서 교부들의 문헌과 다른 영성 서적으로 확대되기 시작하였고, 그 후로는 영적 독서를 묵상과 기도를 위한 준비를 넘어서 독립적인 영성수련으로 간주하기 시작하였다. 이와 같은 경향은 주로 예수회에 의해서 강화되고 발전되어 왔다.

묵상기도는 하나님과 예수 그리스도, 그리고 하나님의 말씀을 숙고하기 위하여 사람의 추리, 기억, 상상, 성찰 등 사고를 통하여 기도하는 것으로, 중세 초기까지는 성경말씀을 통한 묵상이 지배적이었으나, 이후 다양한 소재를 통한 묵상과 다양한 형태의 묵상방법들이 실천되었다. 예수님께서도 자주 구약과 시편을 인용하여 기도하셨으며, 이처럼 성경말씀을 읽고 기도하는 전통은 유대교와 초기 그리스도교 교회, 그리고 사막의 교부들이 전통을 이어왔으며, 그 후 수도회 생활에 있어서도 성경말씀을 묵상하는 일은 기도와 수행의 기본이었다. 묵상을 통한 기도는 마음의 이미지와 사고와 감정을 뛰어 넘어 하나님과의 온전한 연합을 인식하며, 그리스도에게 우리 자신을 개방하는 것이다. 따라서 머리로 하는 기도가 아니라 가슴(마음)으로 하는 기도이며, 하나님께 관심을 집중하고 하나님의 말씀을 따르는 것을 말한다.

② 명상기도

명상(冥想)에서 명(冥)은 어둠을 뜻한다. 명상은 자신 안의 어둠에 들어가 자신 안의 가식된 자아(假我)를 털어내고 진실한 자아(眞我)를 찾아가는 과정, 즉 스스로 자기 자신을 들여다보는 가운데, 거기서 어떤 깨달음을 추구하는 것을 말한다. 명상은 '나'란 진정으로 '내가 아님'을 의식하는 것이고, 관찰과 반성의 범주를 넘는, 설명할 수 없는, 알려지지 않은 '나'에 대한 일깨움이라고 본다. 명상은 연역(演繹)을 통해 실존에 이르는 것이 아니고, 우리의 자유로운 인격적 실체가 실존적 심원(深原)에서 하나님의 신비를 폭넓게 받아들이는 직관적 인식을 통하여 현실화하는 것이다. 따라서 명상기도는 신비 합일, 즉 하나님과 인간이 하나가 되는 것을 말한다. 이것은 앎과 사랑에 있어서 마음과 뜻의 완전한 동일에서 뿐만 아니라, 모든 앎과 사랑을 초월하는 완전한 영적 교통 속에서 하나님과 완전한 하나 됨을 말한다.

명상은 명상하는 자를 피동적 상태로 놓고 제삼의 영이 그를 지배하게 하는 일종의 정신 수련이다. 동양종교에서 명상은 "합일"이다. 곧, 인간의 영과 귀신의 영을 나란히 대등한 위치에 두고 둘이 합일한다고 가르친다. 물론 그들은 그 때 합일하는 것은 귀신의 영이라고 부르지 않고 천사, 또는 신적 존재, 신령 등등의 이름으로 부른다.

명상은 하나님 안에 있는 나의 생명을 통해서, 또는 신약 성경이 말하는 "자녀됨"을 통해서 하나님을 종교적으로 이해하려는 것이다. 명상은 우리 안에 감추어진 하나님의 신비의 창조 사업을 일깨우는 계몽이며, 하나님께서 창조적이며 역동적으로 우리의 일상생활에 개입하신다는 것을 확신하게 해주는 직관적 인식이라고 본다. 즉, 하나님과의 하나 됨에 의하여 우리 자신의 무(無)와 하나님의 실재에 대한 실존적 인식을 체험하고, 하나님의 지혜와 깨달음의 선물을 통하여 하나님에 대한 우리의 사랑을 각별한 배려로써 길러 주시고 완성시키고자 우리 영혼 안에서 작용하시는 성령의 활동이라고 본다.

만일 동양적 명상의 개념을 기독교가 그대로 가져와 인간과 하나님의 영을 대등한 입장으로 보고, 성령과 합일 내지 교통하는 시간으로 본다면, 그것은 주의 성령과 인간의 영을 대등한 위치로 두려는 인간의 교만이 거기 숨어 있는 것이다. 그러므로 명상은 그리스도 없이,

하나님 없이, 성령의 비추임 없이 하는 자아성찰에 지나지 않는다. 그러므로 명상은 엄밀한 의미에서 기도가 아니다. 또한 명상은 묵상(默想)과도 다르다. 묵상은 성경말씀을 되새김하면서 소화하는 과정을 말한다. 그러나 명상은 오로지 자아만을 상대로 하며, 자아만을 추구하므로 자아가 중심이 되는 것이다.

IV. 기도의 실천

1. 기도의 단계

성경에는 직접 혹은 간접적으로 기도의 수준을 말하는 부분들이 많다. 복음서에도 이방인의 기도, 바리새인의 기도, 세리의 기도, 과부의 기도, 제자들의 기도, 그리고 예수님의 마가의 다락방과 겟세마네 동산의 기도 등 여러 다른 수준의 기도가 소개되고 있다. 여기에서는 마태복음 6장에 나타난 기도의 4단계를 살펴보고자 한다.

1) 육신적 소원의 단계

마태복음 6:32에 "이것은 이방인들이 구하는 것이라"고 하신 말씀은, 개인적으로 어떤 문제가 있거나, 무슨 육신적인 소원이 있을 때 기도하는 것을 가리킨다.

우리도 문제가 있을 때마다 기도로 해결하려는 신앙 자세가 필요하다. 그러나 이 단계의 기도는 대체로 그 목표가 육신적인 영역을 벗어나지 못한다. 하나님의 뜻을 살피거나 묻는 것보다는, 약속의 말씀을 자신의 이기적인 목적을 성취하기 위해 힘쓰며, 감사와 찬양보다 간구하는 것이 주를 이루고, 기도의 범위 역시 나의 이해관계에서 크게 벗어나지 못한다. 그러나 "지성이면 감천"이라는 속담처럼, 인간 공로에 기초를 둔 이방종교의 습관대로 기도하는 것이다.

그래도 하나님께서는 만나주시고 응답을 주시며, 이러한 과정을 통하여 신앙 훈련의 도구로 삼으신다. 그래서 문제를 허락하시고 그 문제를 통해서 기도하게 하신다. 그러한 경험을 통하여 믿음을 주시고, 기도하는 사람으로 훈련시키시며, 하나님의 살아 계심과, 우리를 사랑하시는 것을 깨닫게 해 주신다.

2) 의무적 윤리 단계

고린도전서 9:16~17에, "내가 복음을 전할지라도 자랑할 것이 없음은 내가 부득불 할 일임이라 만일 복음을 전하지 아니하면 내게 화가 있을 것임이로라 내가 내 임의로 이것을 행하면 상을 얻으려니와 임의로 아니한다 할지라도 나는 직분을 맡았노라"고 했다. 이 말씀은 전도에 대한 말씀지만, 하나님께 대한 의무적인 단계를 보여주는 구절이다.

기도의 윤리단계란 하나님 앞과 사람 앞에서 기도해야 할 의무와 책임을 인식하고 기도하는 단계를 말한다. 신앙인으로서 기도를 해야 한다는 의무와 책임을 느끼며, 이제는 기도하는 사람으로 살 것을 다짐하는 단계이다. 전에는 문제가 있어야 기도했는데, 이제는 의무와 책임을 인식하여 스스로 기도하게 되는 단계이다.

3) 말씀 중심의 단계

골로새서 4:12에, "저가 항상 너희를 위하여 애써 기도하여 너희로 하나님의 모든 뜻 가운데서 완전하고 확신 있게 서기를 구하나니"라고 했다. 기도의 말씀단계는 자기중심적인 기도가 아니라 하나님 중심으로 말씀을 의지하여 기도하는 단계이다.

과거에는 나의 기도를 하나님이 들어 달라고, 하나님을 움직이려는 기도였으나, 이제는 내가 하나님의 도구로 쓰임을 받기 위하여 하나님의 뜻을 구하는 기도를 드리는 단계이다. 이 단계는 이미 나에게 필요하신 것은 하나님께서 모두 준비하셨고, 허락하신 것을 깨닫기 때문에 믿고 감사하며 드리는 기도의 단계이다.

이 단계의 특징은 먼저 하나님께서 말씀을 깨닫게 하심을 통해 진리의 위대성을 발견하고, 자기의 뜻을 바람이 실패의 원인이며, 심히 부끄러운 일임을 깨닫게 된다.

4) 성령의 도우심의 단계

빌립보서 1:8에, "내가 예수 그리스도의 심장으로 너희 무리를 어떻게 사모하는지 하나님이 내 증인이시니라"고 하였다. 이 단계는 삼위일체 하나님이 항상 우리와 함께하시는 것을 경험하며, 그리스도와 하나 됨을 경험하는 단계이다. 육신 중심에서 벗어나 성령을 따라 그리스도의 마음으로 기도하는 삶을 가리킨다. 즉 성령께 붙들려서 기도하는 단계이며, 비로소 하나님의 마음과 그리스도의 심장과 성령의 능력으로 기도함이 무엇인지 실감하게 된다. 이제는 하나님과 일대일로 교통하며, 기도가 일상의 삶이 되는 것이다.

이 단계는 하나님의 크신 사랑과 그리스도의 희생을 깊이 묵상하며, 생명 단계에 들어가는 단계이다. 나의 생명을 드리지 않고 하나님의 생명 속에 거할 수 없기 때문이다. 즉, 예수님과 한 몸, 한마음, 한 뜻, 한 힘이 되어 기도하는 삶을 사는 것이다.

2. 기도의 요건

성도들이 구속 주이신 예수 그리스도의 이름으로 하나님께 기도를 드림에 있어서 반드시 갖추어야 할 요건들이 있다.

1) 하나님과 화목해야 한다.

마가복음 11:25에, "서서 기도할 때에 아무에게나 혐의가 있거든 용서하라 그리하여야 하늘에 계신 너희 아버지도 너희 허물을 사하여 주시리라" 하셨다.

타락으로 인하여 하나님과 원수된 상태에서의 인간의 기도가 절대 효력이 있을 수 없다. 따라서 우리의 기도가 효력 있는 기도가 되기 위해서는 하나님과의 화목이 무엇보다도 중요한 요건이 된다. 그런데 죄로 말미암아 더러워진 인간이 어떻게 거룩하신 하나님과 화목할 수 있겠는가? 이러한 요건을 구비하지 못한 인간들이 어떻게 기도를 드릴 수 있단 말인가? 그렇기 때문에 우리의 구속 주이신 예수 그리스도께서 죄의 대가를 지불하시고 하나님과의 화목을 이루어 주셨다. 그러므로 성도가 하나님과 화목을 이룬 사실은 그리스도를 떠나서는 절대로 생각할 수 없는 것이다.

예수님의 기도 중에 "아버지께서 내 안에 내가 아버지 안에 있는 것같이 저희도 하나가 되어 우리 안에 있게 하사"(요 17:21)라고 말씀하고 있다. 즉 우리 성도가 하나님과 화목을 이루는 방법은, 하나님과 예수님이 하나가 되시고, 다음으로 예수님과 우리 성도가 하나가 되는 방법으로 이루어진다는 의미가 된다. 즉 예수님만을 통하여 하나님과 우리가 화목을 이룰 수 있다는 것이다. 이렇게 하나님과의 화목이 이루어져야 기도의 첫째 요건이 갖추어진다.

2) 그리스도와 연합해야 한다.

그리스도와의 연합은 하나님과의 화목의 범주 속에 포함이 된다. 우리가 그리스도의 지체가 되었을 때 효과 있는 기도를 드릴 수 있기 때문에, 우리는 하나님과의 화목을 필요로 하는 것이다.

우리가 그리스도의 지체가 되었다는 것은 하나님의 아들이 되었다는 의미이다. 예수님께서 "너희 중에 누가 아들이 떡을 달라 하면 돌을 주며 생선을 달라 하면 뱀을 줄 사람이 있겠느냐"(마 7:9~10)고 하신 말씀은, 바로 하나님의 아들 예수 그리스도와 신령한 연합을 이루어 자녀의 명분을 얻은 자들의 기도를 들어주신다는 약속이기도 하다. 그러므로 우리는 하나님께 온전한 기도를 하기 위하여 그리스도와의 온전한 연합을 이루어야 한다.

3) 믿음의 확신이 있어야 한다.

마가복음 11:24에, "내가 너희에게 말하노니 무엇이든지 기도하고 구하는 것은 받은 줄로 믿으라 그리하면 너희에게 그대로 되리라"고 하셨다.

기도는 의심하지 않고 믿음으로 해야 한다는 조건이 나타나 있다. 야고보의 교훈대로 오직 믿음으로 구하고 조금도 의심하지 말아야 한다. 그렇지 않으면 기도를 듣지 않으신다. 그럼 무엇을 믿어야 하는가? 먼저 하나님 앞에 있다는 것을 믿고, 다음은 나의 기도를 들으심을 믿어야 한다. 그리고 하나님은 기도를 능히 이루어 주실 줄 믿어야 한다.

4) 하나님의 뜻을 구해야 한다.

마태복음 26:39에, "내 아버지여 만일 할 만하시거든 이 잔을 내게서 지나가게 하옵소서 그러나 나의 원대로 마옵시고 아버지의 원대로 하옵소서"라고 하였다. 이 기도의 모범에서 내 뜻을 죽이고 아버지의 뜻대로 기도해야 한다는 것을 발견할 수 있다. 우리가 하나님께 무엇을 구하든지 들어주신다는 것은 기도의 가능성을 뜻한다. 그러나 하나님의 뜻대로 구해야 들어주신다는 것은 기도의 범위를 가르쳐 주시는 말씀이다. 이 두 가지 조건이 맞아야 기도의 응답이 이루어진다. 그러기 위해서 하나님의 뜻인 성경을 토대로 기도해야 하며, 하나님의 뜻대로 우리 속에서 우러나게 하시는 기도의 성령의 도우심을 받아야 한다.

5) 성령의 도우심을 받아야 한다.

성경 곳곳에 성령으로 기도하라는 교훈이 많다(유 20, 엡 6:18, 롬 8:26). 하나님은 성령으로 감동된 기도를 기쁘게 받으신다. 우리가 흔히 '기도줄을 잡았다'는 말을 하는데, 그것은 세상 잡념이 제거되고, 마음이 성령의 감동하심으로 드려지는 기도를 말한다. '성령께서 탄식하시며 간구하신다' 는 말씀은, 성령의 직접적인 기도가 아니라, 우리 속에서 기도의 소원을 일으키신다는 것을 의미하는 것이다.

그러므로 우리 속에서 성령의 소원대로 기도하면, 그 기도는 가치 있고 능력 있는 기도라고 할 수 있다. 그러기 위해서 무엇보다 내 뜻을 내려놓고, 성령님께 우리의 생각과 마음을 맡기므로 마음속에서 우러나오는 기도를 드려야 한다.

6) 예수의 이름으로 해야 한다.

요한복음 14:13에, "너희가 내 이름으로 무엇을 구하든지 시행하리니"라고 하셨고, 14절에 "내 이름으로 무엇이든지 내게 구하면 내가 시행하리라"고 하셨다. 하나님과 우리 사이의 중보자는 오직 예수 그리스도 한 분 외에는 없다. 그 중보에 의해 아버지께서는 우리의 기도를 쉽게 들어주시고, 예수님의 기도처럼 들어주신다. 성도들 간에도 서로를 위해서 기도를 할 수 있지만, 이것은 자기 공로에 의한 것이 아니고, 온전히 예수 이름으로 기도하는 것이요, 하나님께 하는 것이지 사람에게 하는 것은 더욱 아니다.

그런데 가톨릭 역사에 죽은 베드로나 마리아나 자기가 존경하는 인물들에게 기도했는데, 성경은 그런 기도를 가르친 적도 어떤 암시조차 한 바도 없다. 오직 예수 이름으로 기도해야 한다.

3. 기도의 형식

우리가 기도를 어떤 형식으로 드려야 하는가? 기도하는데 무슨 형식이 필요한가? 기도는 우리가 인격의 하나님을 대하는 것으로, 기도 자체가 경배요 예절이기 때문에 예의를 갖추는 것이 필요하다. 그것을 형식이라고 할 수 있다.

1) 찬양과 감사를 드린다.

시편 149:1에, "할렐루야 새 노래로 여호와께 노래하며 성도의 회중에서 찬양할지어다"라고 했다. 우리가 기도의 첫 머리에서 하나님을 찬양하는 기도를 해야 하는데, 예를 들면 거룩하신 하나님의 이름을 찬양하고, 그 은혜를 찬양하고, 그의 섭리를 찬양해야 한다.

하나님의 이름에는 모두 귀한 의미가 들어 있어서, 그 이름을 찬양함은 곧 그의 아름다운 은혜를 찬양함과 같다. 예를 들면, '엘로힘'은 '위엄, 권위, 창조, 통치, 숭고, 존귀의 하나님'이시라는 의미이다. '여호와'는 '영원히 스스로 계시는 자, 영원히 변치 않으시는 자'라는 뜻이다. 그러므로 하나님이라는 그 이름 자체가 찬양의 제목이 된다. 성경에서 하나님을 찬양할 때 쓰인 제목들을 보면, 하나님의 은혜, 하나님의 공의로우신 통치, 하나님의 존귀하신 이름, 하나님의 능력, 하나님의 정의, 하나님의 구원, 하나님의 기사, 하나님의 계명, 하나님의 인자와 성실, 하나님의 솜씨, 하나님의 장엄하신 행사, 하나님의 영광과 영화로우심, 하나님의 긍휼 등이 있다.

그리고 열왕기상 8:23의 솔로몬의 기도를 보면, "이스라엘의 하나님 여호와여, 상천하지에 주와 같은 신이 없나이다"라고 기도를 시작한다. 그러므로 기도의 첫머리에 '높고 위대하신 하나님', 혹은 '천지와 만물을 창조하시고 섭리하시는 우리들의 영광의 하나님', 혹은 '죄인을 사랑하사 독생자를 보내시고 성령으로 불러 주신 아버지 하나님,' 이런 식의 용어로 하나님을 찬양하며 기도를 시작하고, 또 그런 내용으로 감사하는 기도를 드릴 수 있다. 그리고 구원의 은혜에 감사하고, 기도 응답에 감사하고, 보호와 인도에 대해 감사하고, 직분자로 불러주심에 대해서도 감사할 수 있다.

2) 죄를 고백한다.

느헤미야 1:5-7에, "가로되 하늘의 하나님 여호와 크고 두려우신 하나님이여 주를 사랑하고 주의 계명을 지키는 자에게 언약을 지키며 긍휼을 베푸시는 주여 간구하나이다. 이제 종이 주의 종 이스라엘 자손을 위하여 주야로 기도하오며 이스라엘 자손의 주 앞에 범죄함을 자복하오니, 나와 나의 아비집이 범죄하여 주를 향하여 심히 악을 행하여 주의 종 모세에게 주께서 명하신 계명과 율례와 규례를 지키지 아니하였나이다"라고 기도하였다. 느헤미야의 기도에서 먼저 하나님을 찬양한 다음에 이스라엘 백성들의 죄악을 고백하고 있다. 그러므로 기도할 때, 하나님의 크신 은혜를 받고도 감사할 줄 모르고, 세상에 살면서 자기 멋대로 행동하며 범죄했던 것들을 고백하며 회개해야 한다.

공중기도에 있어서 죄의 고백은, 그 내용이 모두가 공감할 수 있는 내용이어야 한다. 즉, 모두가 범할 수 있는 잘못들을 고백해야 하고, 개인적인 것은 하지 않는 것이 좋다. 우리의 기도가 회중을 대표한 기도인지, 개인 기도인지 분명히 구해야 한다.

3) 간구의 기도를 드린다.

에베소서 3:14-19에 바울의 기도가 나와 있다. "내가 하늘과 땅에 있는 각 족속에게 이름을 주신 아버지 앞에 무릎을 꿇고 비노니, 그 영광의 풍성을 따라 그의 성령으로 말미암아 너희 속사람을 능력으로 강건하게 하옵시며, 믿음으로 말미암아 그리스도께서 너희 마음에 계시게 하옵시고, 너희가 사랑 가운데서 뿌리가 박히고 터가 굳어져서 능히 모든 성도와 함께 지식에 넘치는 그리스도의 사랑을 알아 그 넓이와 길이와 높이와 깊이가 어떠함을 깨달아 하나님의 모든 충만하신 것으로 너희에게 충만하게 하시기를 구하노라. 우리 가운데서 역사하시는 능력대로 우리의 온갖 구하는 것이나 생각하는 것에 더 넘치도록 능히 하실 이에게 교회 안에서와 그리스도 예수 안에서 영광이 대대로 영원무궁하기를 원하노라. 아멘."

간구란 우리의 소원을 하나님 앞에 간절히 아뢰는 기도를 의미한다. 바울의 기도에서 보는 바, 가슴 속에서 뜨겁게 우러나오는 기도여야 한다. 간구의 내용은 여러 가지가 될 수 있다. 개인 영육 간의 삶을 위해, 하나님 나라를 위해, 가정과 교회와 이웃과 나라와 민족, 나아가 세계 선교와 평화를 위해 기도할 수 있다.

예수님께서 "그의 나라와 그의 의를 구하라"고 하신 말씀도 간구이다. 주기도문이 결국 그의 나라와 그의 의를 간구하는 기도의 내용이다. 특히 공중기도에서는 특히 예배와 예배 위원들과 설교자를 위해서 기도해야 한다.

4. 잘못된 기도

1) 외식하는 기도

외식하는 기도란 하나님께 드리는 것이 아니라 자기를 나타내며, 인간이 들으라고 하는 것을 의미한다. 우리는 말 한 마디에도 형식적이고 의례적인 말들을 꾸며서 많이 한다. 어떤 때에는 하나님께 드리는 기도라기보다 회중을 향하여 자기 말의 실력을 자랑하고, 자기 믿음을 과시하기 위하여 많이 노력하기도 한다. 그래서 기도가 아니라 설교가 되기도 한다. 이런 기도는 하나님께 드리는 것이 아니라 인간에게 하는 것이 된다.

하나님이나 예수님을 칭할 때 너무 많은 수식어를 붙이는 경우나, 연기를 하듯 가식적인 목소리로 거룩한 분위기를 조장하는 경우, 그리고 자기를 지나치게 낮추거나 비하하여 본인뿐 아니라 회중들까지 형편없고 쓸모없는 자들로 표현하며, 지나치게 겸손하려 애쓰는 모습이 외식하는 기도가 된다.

2) 중언부언하는 기도

중언부언이란 했던 말을 또다시 되풀이하는 것을 말한다. 하나님에 대한 확실한 믿음을 가지고 기도하는 것이 아니라, 자기감정에 의지하여 심리적인 만족을 우선순위에 두거나, 자기 신념이나 맹목적인 욕구를 가지고 기도할 때 우리는 중언부언하게 된다. 또한 하나님의 뜻을 모르고 내 뜻대로 기도하는 것이 중언부언 기도하는 것이 된다.

3) 교만한 기도

다른 사람들의 허물을 들추어내어서 자기를 높이려는 것이 교만이다. 바리새인은 서서 따로 기도하면서, "하나님이여 나는 다른 사람들 곧 토색, 불의, 간음을 하는 자들과 같지 아니하고 이 세리와도 같지 아니함을 감사하나이다."라고 기도한다. 교만한 자는 다른 사람의 충고나 권면을 멀리 한다. 잠언 16:18에, "교만은 패망의 선봉이요, 거만한 마음은 넘어짐의 앞잡이니라"고 했다. 교만은 기도의 문을 막고, 겸손은 기도의 문을 열게 된다. 교만한 자의 기도는 물리시고 겸손한 자의 기도는 들어주신다. 진정한 기도의 응답은 겸손히 자기를 회개하는 것이다. 언제나 우리는 겸손한 마음으로 자신을 돌아보며 기도해야 할 것이다.

4) 자랑하는 기도

바리새인은 토색하지 않고, 불의를 행치 않고, 간음하지 않고, 자신은 깨끗한 생활을 하였다고 자랑하였다. 거기에 한 술 더 떠서 다른 사람들은 1년에 한 번씩 금식하지만, 자기는 이레에 두 번씩 금식하며 소득의 십일조를 드린다고 자랑한다. 그러한 바리새인들에게 예수님은 '회칠한 무덤 같은 자'들이라고 하신다.

바울은 갈라디아서 6:14에서 "내게는 우리 주 예수 그리스도의 십자가 외에 결코 자랑할 것이 없으니"라고 했다. 자기 자랑을 일삼는 기도는 하나님이 거절하신다. 자신의 부족함을 겸손하게 고백하는 기도를 기뻐 받으신다.

5. 올바른 기도

1) 자원하는 기도

우리가 기도할 때 자원하는 마음을 가진다는 것은 나의 뜻을 모두

포기하고 하나님의 뜻을 선택함을 의미한다. 또한 기도에 있어서 자발성과 창의성은 서로 공존한다. 그러므로 기도는 억지로 하는 것이 아니라 마음에서 원하여 하나님께 엎드리는 자세가 필요하다.

2) 구체적인 기도

하나님은 우리가 듣기 좋게 꾸미고, 길게 하는 것을 원하지 않으신다. 하나님은 구체적이고 분명한 기도를 들으신다. 중언부언 하지 말고 간구할 것을 솔직하게 구하는 것을 원하신다.

3) 적극적인 기도

하나님은 우리가 필요한 모든 것을 다 알고 계신다. 그렇지만 우리는 하나님이 우리에게서 무엇을 원하시는지 잘 모른다. 그래서 우리는 기도할 때마다, 하나님의 주권에 맡기는 기도를 해야 한다. 즉, 구하고(ask), 찾고(seek), 두드리라(knock), 그러면 응답하여 주실 것이다. 이것은 계속해서 간구하는 기도의 적극성을 의미한다.

4) 믿음의 기도

하나님은 두 마음을 품은 자의 기도나, 반신반의하는 마음으로 하는 자의 기도를 결코 듣지 않으신다(약 1:6-8). 믿지 못하고 드리는 기도는 결코 응답받을 수 없다.

6. 기도의 응답

이사야 65:24, "그때에는 그들이 부르기 전에 내가 대답할 것이요 그들이 말을 마치지 아니하였는데도 내가 들으리라."

하나님은 우리가 드리는 기도가 하나님의 뜻에 합당하면 지체하지 않으시고 응답하여 주신다. 오히려 우리의 모든 형편과 처지를 아시기 때문에, 우리의 기도에 대한 응답을 준비하시며, 구하기 전에 주시기도 하신다.

그러나 때로는 거절하시기도 하고, 기다리게도 하신다. 고린도후서 12:7-10에서, 바울은 병이 치유되기를 기도했지만, 하나님께서는 거절하셨다. 나는 원하지만 하나님은 하나님의 계획하심과 때가 있기 때문에 우리를 기다리게도 하신다. 우리는 하나님의 때를 기다려야 하는 것이다.

1) 응답의 유형

① 그래라.
마치 주려고 기다렸다는 듯이, 왜 이제야 달라고 하느냐고 말씀하시듯이 선뜻 응답해 주시는 경우가 있다. 이사야 65:24 "그들이 부르기 전에 내가 응답하겠고, 그들이 말을 마치기 전에 내가 들을 것"이라고 하셨다.

하나님은 히스기야의 기도에 즉각 응답하셨다(왕하 19:14-20:11). 앗수르 군대가 침략해 와 성을 포위하고 있었을 때, 히스기야는 하나님께 기도했고, 하나님은 그의 기도를 즉시 들으셔서 앗수르 군대 185,000명을 하룻밤 사이에 진멸시키셨다. 히스기야가 병이 걸려 죽게 되었을 때, 히스기야는 하나님께 눈물로 애원을 했고, 하나님은 그의 기도를 들으셔서 15년이나 생명을 연장해 주셨다.

② 기다려라.

히브리서 4:16, "그러므로 우리가 긍휼하심을 받고 때를 따라 돕는 은혜를 얻기 위하여 은혜의 보좌 앞에 담대히 나아갈 것이니라."

즉, 하나님은 적당한 때에 도와주신다. 기다리면 지체되지 않고 정녕 이루어 주신다(합 2:3). 또한 기다리도록 하시는 것은, 지금 당장보다는 좀더 후에 주는 것이 더 좋은 것을 아시는 하나님이시기 때문이다.

요셉이 보디발의 집 감옥에서 속히 나오고 싶었지만, 하나님은 술 맡은 관원장이 까마득하게 잊게 하셨다. 만약 그 때 당장 옥에서 나왔다면 어찌되었을까? 옥에서는 풀리겠지만 여전히 노예의 신분을 벗지는 못했을 것이다. 2년을 기다리게 하신 하나님, 가장 적당한 때 술 맡은 관원장을 통해 요셉을 감옥에서 나오게 하시고 애굽의 총리가 되게 하셨다.

③ 안 된다.

때로 하나님은 당신의 뜻에 맞지 않는 기도를 드리게 될 때 "안 된다"하고 거절하신다. 그러나 거절도 역시 응답이다. 하나님은 우리의 소원을 다 들어주시는 요술램프의 거인이나 도깨비 방망이는 아니시다. 인격을 가지시고 당신의 뜻을 펴시는 분이시다. 예수님이 겟세마네 동산에서 "아버지여 이 잔을 내게서 지나가게 하옵소서."라고 기도했으나, 그 기도는 응답되지 않았다.

바울 사도는 육체의 가시(아마도 질병인 것 같음)가 떠나가게 해 달라고 세 차례나 기도했지만 하나님은 거절하시며, "내 은혜가 네게 족하도다"라고 하셨다. 그러나 바울은 거절 속에서 하나님의 더 좋은 길을 발견하게 되었다.

2) 응답되지 않는 이유

롬 8:32 "자기 아들을 아끼지 아니하시고 우리 모든 사람을 위하여 내어주신 이가 어찌 그 아들과 함께 모든 것을 우리에게 은사로 주지 아니하시겠느뇨?"

전지전능 무소부재하신 하나님께서 간구할 때 좋은 것으로 응답하시기를 원하고 계신다. 그럼에도 불구하고 우리의 기도가 응답되지 않는 경우를 체험한다. 그 이유는 무엇일까?

하나님은 죄인의 기도를 들으시지 않으시고(요 9:31), 그들의 기도는 그들의 제물과 같이 하나님 앞에 가증한 것이다(잠 15:8, 21:27). 이사야는 "너희가 많이 기도할지라도 내가 듣지 아니하리니 이는 너희의 손에 피가 가득함이니라"(사 1:15)고 하였다. 예레미야 11:7,8,11에서 기도를 듣지 아니하시는 이유를 "내 목소리를 청종하라 하였으나 그들이 청종치 아니하며 귀를 기울이지도 아니하고 각각 그 악한 마음의 강퍅한 대로 행하였으므로, 그들이 내게 부르짖을지라도 내가 듣지 아니할 것이라"고 하였다. 회개하지 아니하고, 하나님의 뜻을 찾지 않는 잘못된 기도는 하나님께 응답을 얻지 못할 것이다.

① 하나님의 뜻을 거역한 죄가 있을 때

이사야서 59:1~2, "여호와의 손이 짧아 구원치 못하심도 아니요 귀가 둔하여 듣지 못하심도 아니라. 오직 너희 죄악이 너희와 너희를 하나님 사이를 내었고, 너희 죄가 그 얼굴을 가리워서 너희를 듣지 않으시게 함이니라."

하나님의 마음에 합한 사람이었던 다윗도 기도 응답을 받지 못한 경우가 있었다. 밧세바를 통해 낳은 아들이 7일 만에 죽게 되었다. 다윗이 목숨을 걸고 7일 동안 엎으려 금식하며 간절히 기도했지만, 하나님을 거역하고 죄 중에 낳은 아들이기에, 하나님은 그 아들을 치셨다.

이러므로 우리가 범죄하고 하나님께 기도하면 하나님께서 응답하시지 않으신다. 죄는 하나님과 우리 사이를 갈라놓기 때문이다. 죄를 회개해야 하나님께서는 우리의 부르짖는 기도에 응답하신다.

② 불순종으로 하나님을 슬프게 했을 때

모세는 하나님께 신뢰받는 하나님의 종이었다. 그러나 모세의 기도를 하나님이 들어주시지 않은 것이 있다. 이스라엘 백성들은 가데스에 도착했을 때, 물이 없자 모세와 아론을 공박했다.

민수기 20:7~8, "지팡이를 가지고 네 형 아론과 함께 회중을 모으고 그들의 목전에서 너희는 반석에게 명하여 물을 내라 하라 네가 그 반석으로 물을 내게 하여 회중과 그들의 짐승에게 마시울지니라."

모세와 아론은 하나님의 말씀대로 하나님은 영화롭게 하지 않고 "우리가 물을 내랴"라고 말하고는 자기 자신을 드러냈다. 이것은 하나님께 불순종한 행위였고, 하나님을 슬프게 했다. 또한 반석을 명하여 물을 내라고 했는데, 반석을 두 번 쳐 물이 솟나도록 했다. 그 결과로 하나님께서 진노하셨다.

민수기 20:12, "여호와께서 모세와 아론에게 이르시되 너희가 나를 믿지 아니하고 이스라엘 자손의 목전에 나의 거룩함을 나타내지 아니한고로 너희는 이 총회를 내가 그들에게 준 땅으로 인도하여 들이지 못하리라 하시니라."

신명기 3:23-29에는 모세가 가나안 땅에 들어가고 싶어 하나님께 간청하는 모습을 볼 수 있다. 그러나 하나님 앞에 불순종한 모세는 살아서 가나안 땅에 들어가지 못하고 느보산에서 죽음의 시간을 맞이했다. 모세와 같이 위대한 종이라도 하나님의 명령에 불순종했을 때는 기도의 응답을 받지 못한다.

우리는 우리의 삶속에 분명히 하나님의 뜻을 알고 말씀을 깨달았음에도 불구하고 하나님을 정면으로 불순종한다면, 아무리 하나님께 도움을 청하고 부르짖어 기도해도 응답 받지 못한다. 그러므로 우리는 언제나 하나님의 말씀에 귀를 기울이고, 믿고 순종하고 나아갈 때 하나님께서 기도로 응답해 주시는 것이다.

③ 고난당하는 것이 우리 삶에 유익이 될 때

바울은 하나님의 영광을 본 사람이다. 그가 받은 계시가 너무 커서 하나님께서는 바울이 교만해질까봐 사단의 사자, 곧 육신의 가시를 그의 몸에 허락하셨다. 사도 바울은 견디다 못해 하나님께 육신의 가시, 즉 사단의 가시를 떠나가게 해달라고 세 번 간절히 기도했다. 그러나 하나님은 응답하시지 않았다.

고린도후서 12:9~10, "내게 이르시기를 내 은혜가 네게 족하도다. 이는 내 능력이 약한 데서 온전하여짐이라 하신지라. 이러므로 도리어 크게 기뻐함으로, 나의 여러 약한 것들에게 대하여 자랑하리니, 이는 그리스도의 능력으로 내게 머물게 하려 함이라. 그러므로 내가 그리스도를 위하여 약한 것들과 능욕과 궁핍과 핍박과 곤란을 기뻐하노니, 이는 내가 약할 그때에 곧 강함이니라."

하나님께서는 고난이 더 큰 유익을 가져다 줄 때 하나님은 그 고난을 없애 버리지 않으신다.

④ 잘못된 동기로 구할 때

야고보서 4:3, "구하여도 받지 못함은 정욕으로 쓰려고 잘못 구함이니라."

야고보의 어머니가 그 아들 야고보와 요한을 데리고 예수님께 찾아왔다. 그리고는 예수님께 하늘나라에서 자신의 아들들을 예수님의 좌편과 우편에 각각 세워 달라고 간청을 했다. 예수님은 야고보의 어머니의 간청에 응답하지 않으셨다. 탐욕으로 구하는 자는 주님께서 응답하지 않으시기 때문이다. 동기가 바르지 못하면 기도응답이 오지 않는다. 우리가 탐욕이 동기가 되어서 기도하면 응답받지 못한다.

⑤ 믿음으로 구하지 않을 때

야고보서 1:6-8, "오직 믿음으로 구하고 조금도 의심하지 말라 의심하는 자는 바람에 밀려 요동하는 물결 같으니 이런 사람이 무엇이든지 주께 얻기를 생각하지 말라 두 마음을 품어 모든 일에 정함이 없는 자로다."

우리가 기도 응답을 받지 못하는 것은 믿음으로 구하지 않기 때문이다. 환경을 보고 두려워해서도 고난의 폭풍에 난파되어서도 어느 상황이든 믿음으로 기도할 때 응답은 반드시 다가올 것이다.

아브라함이 100세가 되고, 사라의 나이가 90세가 되었음에도 불구하고 하나님이 아들을 주시겠다고 약속하셨다. 말씀 위에 서는 것이 믿음이요, 하나님의 뜻을 기대하는 것이 믿음인 것이다. 그리고 믿음으로 구할 때는 하나님의 능력이 나타날 때까지 마음의 확신과 더불어 인내해야 한다.

렘 33:3 "너는 내게 부르짖으라 내가 네게 응답하겠고 네가 알지 못하는 크고 비밀한 일을 네게 보이리라."

⑥ 더 나은 응답을 위해

엘리야가 로뎀나무 아래서 여호와께 죽기를 구했다. 그러나 하나님은 응답하시지 않았다. 오히려 천사들을 보내어 어루만지게 하시고, 머리맡에 숯불에 구운 떡과 한 병 물을 주시고 먹고 마시게 하셨다. 하나님께서는 엘리야에게 더 좋은 응답을 주시기 위해서 그 목숨을 거두어 달라는 기도를 응답치 않으셨다.

예수님께서도 겟세마네 동산에서 "내 아버지여 만일 할 만하시거든 이 잔을 내게서 지나가게 하옵소서. 그러나 나의 원대로 마옵시고 아버지의 원대로 하옵소서"(마 26:39)라고 기도하셨다. 예수님의 기도가 응답되지 않은 것은 그 때 밖에 없었다. 예수님의 기도가 어떻게 응답 안 될 수가 있는가?

그때 하나님의 뜻은 잔을 옮기지 않는 것이었다. 예수님께서는 그 잔을 마시고 십자가에 못 박혀 비참한 고통을 당하고 돌아가셨지만, 삼일 만에 부활하사 만왕의 왕, 만주의 주가 되시고, 누구든지 예수를 믿으면 구원받을 수 있는 은총의 길을 열어 놓으셨다.

더 위대한 응답과 은총을 위해서 하나님은 아들 예수 그리스도의 기도조차 즉시 응답하지 않으셨다. 우리는 하나님께 기도한 후 응답이 손에 잡히지 않을 때 하나님께서 더 나은 응답을 주시기 위해서 기도 응답을 보류하고 계신다는 것을 알아야 한다.

V. 이렇게 기도하라

누가복음 11:1에 보면, 예수님께서 기도를 마치시자, 제자 중 한 사람이 예수님께 "주여, 요한이 자기 제자들에게 디도를 가르친 것과 같이 우리에게도 가르쳐 주옵소서"라고 청했다. 이 제자의 요청을 듣고 예수님은 제자들에게 친히 기도를 가르쳐 주셨는데, 마태복음 6:9~10에 나와 있다. 이것이 바로 우리가 외우는 '주기도문'이다. 그러므로 주기도문은 우리가 하나님께 드리는 기도의 기본이요 기초라고 할 수 있다.

1. "하늘에 계신 우리 아버지여"

기도는 먼저 우리의 기도를 들으시는 하나님을 부르는 것에서 시작한다. 예수님은 "하늘에 계신 우리 아버지"라고 부른다. 하나님은 하늘에 계신 아버지이시다. 하늘에 계시다는 것은 땅에 계시는 육신의 아버지를 의미하는 것의 반대 개념만이 아니라, 어느 곳에나 존재하시는 전능하신 하나님을 의미한다.

우리가 기도할 때 먼저 '하나님'을 부르는 것은, 우리는 우리가 잘 모르는 존재, 즉 어떤 신이나, 또는 알지 못하는 신에게 기도하는 것이 아니다. 예수님을 하나님의 독생자요 주님으로 고백하는 성도들은 하나님이 아버지가 되신다는 것을 알고, 기도할 때 먼저 아버지께 기도하여야 하는 것이다. 다시 말하면, 우리의 기도를 들으시는 분은 하나님이시라는 사실이다. 우리를 사랑하시고, 우리를 지으신, 우리를 그 누구보다도 더 잘 아시는 분이시기 때문에, 우리의 필요를 아시고, 우리의 간구를 들어주시는 분이시기에, 먼저 하나님을 부르고, 하나님께 기도해야 한다. 따라서 기도할 때에 '사랑하시는 주님'이라고 시작하는 것은 잘못된 기도이다. 언제나 '하나님, 또는 하나님 아버지'라고 시작해야 한다.

2. "이름이 거룩히 여김을 받으시오며"

"하늘에 계신 우리 아버지"를 부른 후에 "이름이 거룩히 여김을 받으시오며"라고 기도한다. 쉽게 말해서 이것은 하나님의 이름이 영광을 받으시기를 원한다는 고백이다. 그러므로 기도할 때 우리의 간구보다도 하나님 아버지의 영광을 구하는 기도가 우선되어야 한다는 것이다.

하나님이 우리에게 요구하시는 것은, 무엇보다 먼저 하나님을 하나님으로 인정하라는 것이다. 우리가 드리는 기도는 나 중심, 우리 가족 중심, 우리 교회, 우리나라 중심일 때가 많다. 하지만 예수님은 먼저 하나님의 영광을 위해 기도하라고 하신다.

설령 내가 사업이 완전히 망하고, 내가 죽을 만큼 아프고, 내가 사랑하는 사람이 세상을 떠나도 하나님은 영광을 받으시기에 합당하다는 고백이다. 그러므로 우리는 모든 것이 하나님의 뜻대로 이루어지는 것이므로, 잘되어도 감사하고, 잘못 되어도 감사하고, 건강해도 감사하고, 아파도 감사해야 하는 것이다. 다시 말하면, 우리의 존재 목적이 하나님을 기쁘시게 해드리기 위함이기에, 모든 것으로 하나님께 영광을 돌려야 하는 것이다. 이것이 예수님이 우리에게 하라고 가르쳐 주신 기도의 첫 번째 내용이다.

3. "나라이 임하옵시며"

"나라이 임하옵시며"는 우리 기도의 우선순위를 가르쳐 주시는 말씀이다. 마태복음 6:33에서 "너희는 먼저 그의 나라와 그의 의를 구하라 그리하면 이 모든 것을 너희에게 더하시리라"고 하셨다. 그러므로 우리가 기도할 때에 먼저 구할 것은 하나님의 나라이다.

하나님의 나라는 우리가 바라는 천국을 의미한다. 나라가 임하라는 것은 하나님이 통치하시고 다스려 주시기를 원하는 것을 의미한다. 하나님이 함께하시고, 친히 다스리시는 나라를 간구하는 것이다. 그리고 우리에게 예수님이 우리와 함께 계시고 다스려 주시기를 원하며, 또한 다시 오셔서 죄로 어그러진 이 땅을 회복시키시고 의로써 다스려 주시기를 간절히 사모해야 하는 것이다. 그리고 하나님의 다스림을 받는다는 의미는 하나님의 말씀에 순종한다는 의미이다. 내 뜻이 아니라 하나님의 뜻대로 사는 것을 의미한다. 나라가 임하게 해달라는 기도는 철저하게 말씀에 순종하게 해달라는 기도라고 할 수 있다.

4. "뜻이 하늘에서 이룬 것 같이 땅에서도 이루어지이다."

하나님 아버지를 향한 마지막 기도는 하나님의 뜻이 이루어지기를 기도하는 것이다. "뜻이 하늘에서 이룬 것같이"라는 의미는 하나님의 영역에서는 이미 하나님의 뜻이 다 이루어졌다는 뜻이다. 다시 말하면, 하나님은 이미 하나님의 뜻을 확정하셨다는 말이다. 그리고 그 뜻은 반드시 이루어지며, 우리는 그 뜻이 이루어지도록 구하여야 한다는 의미가 된다. 우리의 삶은 순간 순간 하나님의 뜻을 이루어가는 삶이다. 그리고 우리의 삶을 통하여 하나님은 그 뜻을 이루시는 것이다.

그러므로 우리가 기도할 때 하나님의 뜻이 우리를 통해서 이루어지도록 기도해야 하는 것이다. 즉, 우리의 작은 순종을 통해서 하나님의 뜻을 이루어 드리는 도구가 되기를 원한다는 것이다.

5. "오늘날 우리에게 일용할 양식을 주옵시고"

먹는 것은 우리의 생명과 직접적인 관계가 있다. 그래서 예수님은 하나님께 일용할 양식을 주시도록 기도하라고 하신 것이다. 이것은 단순히 매일 매일 먹을 음식을 공급해 주시기를 기도하는 것만이 아니다. 출애굽기 16장에 보면, 하나님은 출애굽 한 이스라엘 백성에게 놀라운 방식으로 일용할 양식을 주시는데, 그것은 바로 만나와 메추라기이다. 그리고 고린도전서 10장에 보면, 사도 바울은 이 만나와 메추라기를 신령한 음식, 즉 영적인 양식이라고 설명한다. 그러므로 우리가 하나님께 구할 일용할 양식은 우리의 육신과 영혼을 위한 양식이라는 것이다. 그리고 '일용할 양식'은 넓은 의미에서 이 땅에서 우리가 주님을 위하여 사는데 필요한 모든 것을 포함한다고 볼 수 있다.

일용할 양식을 구하라고 하시는 것은, 만나와 메추라기를 주실 때, 하루 먹을 만큼만 주어졌다는 것을 기억해야 한다. 이것은 우리가 매일의 삶에 하나님을 의지해야 살 수 있다는 것을 알려 주시는 말씀이다. 마태복음 6:25에, "그러므로 내가 너희에게 이르노니 목숨을 위하여 무엇을 먹을까 무엇을 마실까 몸을 위하여 무엇을 입을까 염려하지 말라 목숨이 음식보다 중하지 아니하며 몸이 의복보다 중하지 아니하냐"고 하셨다. 결국 하나님께 일용할 양식을 주시기를 구하는 것은 하나님께 오늘 하루를 살 수 있는 육적인 양식과 영적인 양식인 생명의 떡이신 예수 그리스도를 구해야 하는 것이다.

6. "우리가 우리에게 죄 지은 자를 사하여 준 것 같이 우리 죄를 사하여 주옵시고"

죄의 용서에 대하여 올바른 순서는, 주님이 우리의 죄를 먼저 사해 주시고, 용서받은 우리가 다른 사람을 용서하는 것이 맞을 것이다. 그런데 마태복음 5:24에 보면, "예물을 제단 앞에 두고 먼저 가서 형제와 화목하고 그 후에 와서 예물을 드리라"는 말씀이 있다.

또한 마태복음 16:19에, "내가 천국 열쇠를 네게 주리니 네가 땅에서 무엇이든지 매면 하늘에서도 매일 것이요 네가 땅에서 무엇이든지 풀면 하늘에서도 풀리리라"고 하셨다. 이 말씀들의 특징은 순서가 우리에게 먼저 있음을 보여 준다. 그리고 이것은 순서이기 보다는 동시적인 관계의 형성이라고 볼 수 있다. 결국 진정으로 하나님의 용서를 받고 싶은 사람은 다른 사람의 죄를 용서할 수 있어야 한다는 뜻이다. 하나님께 용서받은 사람은 다른 사람을 용서해 줄 수 있는 능력이 있다. 이것이 기독교의 힘이다. 예수님이 지신 십자가가 상징하는 것도 용서이다. 그리고 우리가 용서할 때 비로소 우리가 자유하게 된다. 그러므로 우리는 하나님 아버지께 용서를 구하는 기도를 드려야 한다.

7. "우리를 시험에 들게 하지 마옵시고
     다만 악에서 구하옵소서."

　예수님이 가르쳐 주신 기도의 마지막 내용은 시험에 들게 하지 말고 악에서 구해달라고 하는 것이다. 이것은 성도의 영혼을 노리는 악한 영들의 공격으로부터 지켜달라는 기도이다. 우리를 노리는 마귀를 너무 두려워할 필요도 없지만 너무 무시해서도 안 된다. 우리는 늘 깨어서 이 악한 존재들의 유혹에 넘어가서 악에 빠지지 않도록 기도해야 한다.

8. "나라와 권세와 영광이 아버지께 영원히 있사옵나이다.
     아멘."

　주기도문의 마지막 부분은 송영이다. "나라와 권세와 영광이 아버지께 영원히 있사옵나이다."라고 고백하는 것이다. 이것은 하나님 나라의 주인이신 하나님에 대한 진정한 찬양이며, 우리 신앙의 고백이기도 한다.

Ⅵ. 성경묵상과 기도

1. 성경묵상과 기도

　묵상(contemplation prayer)이라는 말은 동방종교나 이교도들의 묵상이나 명상과는 근본적으로 다르다. 그들의 묵상이나 명상은 단순히 생각을 비워 아무런 영이나 받아들여, 그 결과로 오는 마음의 평정이나 황홀경 등의 결과에만 관심을 두는 행동이다. 그러나 기독교의 묵상은 그리스도를 중심에 두고, 말씀을 통하여 하나님을 바라보는 것이다. 묵상이란 '자신의 생각을 하나님의 말씀에 집중하는 행위', 즉 성령의 도우심으로 말씀이 자신에게 반영되어 오는 생각을 되새기는 것(reflective thinking)을 의미한다.

　성경묵상의 기도는, 오늘 나에게 가장 중요한 메시지가 무엇인지 알아듣기 위한 것이다. 예수께서는 "성경의 말씀이 오늘 너희가 들은 이 자리에서 이루어졌다"(눅 4:21)고 말씀하셨다. 이 말씀은 성경 말씀을 들을 수 있는 귀를 가지고 있다면, 성경 말씀이 내 속에서 실현될 가능성이 있다는 것을 뜻한다. 묵상기도란 내 속에서 실현시키려고 하시는 하나님의 말씀을 전심전력으로 듣는 것이다.

2. 성경묵상의 이유

1) 기도는 양방통행이다.

말씀은 하나님께서 우리에게 전달하고자 하는 뜻을 담고 있다. 그리고 기도는 주로 우리가 하나님께 우리의 뜻을 전달하는 통로이다. 그렇기 때문에 말씀과 기도는 하나님과 인간을 이어주는 양방통행이라고 할 수 있다. 즉, 말씀과 기도는 하나님과 우리 사이의 쌍방 소통을 가능하게 해준다. 그러므로 말씀을 통해 하나님의 음성을 듣고, 기도를 통해 하나님께 우리의 마음을 전하는 것이다. 기도를 '하나님께 우리의 뜻을 전달하는 통로'라고만 정의하는 것은 잘못이다. 일방적인 기도는 "주시옵소서"라고만 하고 그치는 것이다. 그러나 양방적인 기도는 하나님께 사정을 고하고, 하나님의 음성을 듣는 것이다.

2) 기도는 하나님과의 사귐이다.

주님은 우리와의 만남을 원하신다. 우리가 무엇을 해서 주님을 기쁘게 해드리기 보다는 주님과의 만남을 통한 친밀함을 원하신다. 우리의 삶 속에서 누군가와 그 관계가 깊어지려면 자주 만나야 하고 서로 대화해야 한다. 마찬가지로 우리가 영적으로 자라려면 주님과 만나 대화해야 한다. 그러므로 주님과 나만의 만남의 시간이 필요하다.

사귐은 지속적인 만남이 있어야 한다. 기도는 지속적으로 하나님과 소통함으로써 점점 더 깊은 관계에 이르는 과정이다. 관계가 깊어지면 하나님에 대해 그만큼 더 깊이 알게 되며, 기도 중에 하나님의 음성을 듣게 된다. 정기적이고 계속적인 주님과의 만남을 통해 주님의 인도하심과 주님의 음성을 들을 수 있으며, 주님에 대한 지식과 깨달음이 자라고, 우리의 믿음도 자란다. 주님과의 만남의 시간을 통해 우리의 영이 새로워지고, 그날에 필요한 능력과 지혜로 무장할 수 있다.

3) 기도는 하나님의 음성을 듣는 것이다.

주님과 조용한 시간을 갖기 위해서는 주님과 나만의 장소가 필요하다. 이 시간은 하나님과 만나는 시간이므로 중단되는 방해가 없도록 해야 한다. 누가복음 5:16에, "예수는 물러 가사 한적한 곳에서 기도하시니라."고 하였다. 그리고 시간을 정해서 주님과 만나는 것이 좋다. 우리의 하루가 얼마나 바쁜지 모르지만, '시간이 날 때' 하려면 절대로 시간을 낼 수 없다. 하루의 시간표를 짤 때 주님과의 시간을 넣어 하루 일정표를 만들어야 한다. 다니엘처럼 하루 세 번 정한 시간에 주님을 만나는 자세가 필요하다.

하나님이 음성을 들려주시는 방법은 다양하다.

첫째, 하나님은 때로 또렷한 음성으로 응답하신다. 그러나 그것은 다른 사람에게는 들리지 않고, 마음의 귀로 듣는 것이다. 가끔 꿈속에서 하나님의 음성을 듣는 경우도 있고, 기도 중에 문득 그런 음성을 듣기도 한다.

둘째, 하나님은 주로 깨달음으로 말씀하신다. 어떤 문제를 하나님께 말씀드리고 기다리면, 어느 날 문득 마음에 '이것이구나!' 하고 마음에 확실하게 깨달아지는 것이 있다. 이것도 하나님의 응답이라고 할 수 있다. 그러나 이런 종류의 응답은 영적 분별력이 필요하기도 하다. 때로는 자기의 생각을 하나님의 음성으로 착각하기도 하기 때문이다.

셋째, 하나님은 다른 사람의 말을 통해 말씀하신다. 어거스틴이 구원의 문제를 두고 번민할 때, 바깥에서 놀던 아이들이 "집어 들어 읽어라. 집어 들어 읽어라."는 노래를 부르며 지나갔다. 어거스틴은 그것이 하나님의 음성으로 들렸다. 그래서 옆에 있던 성경책을 펼쳐 들었는데, 그 말씀이 그의 영적 전환점이 되었다고 한다. 이렇게 하나님은 다른 사람들을 통해서도 말씀하신다.

이렇게 하나님은 때로 명료한 음성으로, 때로 깨달음 혹은 확신으로, 또 때로는 다른 사람들의 말을 통해 우리에게 말씀하신다. 그러나 영적 분별력이 없으면 그것이 진정 하나님의 음성인지, 사람의 속삭임인지, 마귀의 속삭임인지 알 수 없다. 따라서 들리는 음성을 분별하기 위해서는 기록된 말씀인 성경이 필요하다. 성경에 기록된 말씀과 들린 음성의 방향이 같다면, 그것은 하나님의 뜻으로 받아들일 수 있다.

3. 성경묵상의 유익

　하나님께서는 성경 말씀을 통해서 우리에게 말씀하신다. 우리가 처음 신앙생활을 시작할 때는 우리가 말씀을 붙잡으나 믿음이 성숙할수록 말씀이 우리를 붙잡아 주신다. 나아가서 성경에 기록된 말씀은 들리는 말씀을 판단하는 기준이 되기도 하지만, 또한 지금 나에게 주시는 하나님의 음성을 듣는 통로가 되기도 한다. 매일 성경 말씀을 읽고 묵상하다 보면 말씀 중에 하나님이 하시는 음성을 듣기도 한다. 그러기 위해서 우리는 기도하는 마음으로 규칙적으로 말씀을 읽고 묵상하는 습관이 되어야 한다. 그리고 내가 필요한 성경구절을 찾아 읽는 것이 아니라, 성경의 차례대로 꾸준히 읽는 것이 중요하다. 말씀을 꾸준히 읽는 중에 하나님과 만나게 되고, 하나님의 뜻을 발견하며, 나에게 하시는 음성을 듣게 되는 것이다. 그러므로 우리의 마음을 하나님께 전달하고, 하나님의 음성을 듣기 위해서 우리는 항상 말씀을 묵상하여야 한다.

시편 1:2 "복 있는 사람은 오직 여호와의 율법을 즐거워하여 그 율법을 주야로 묵상하는 자로다."

복 있는 자라면 하나님의 말씀을 묵상해야 한다. 그리고 말씀을 묵상하면서 하나님의 영이시요, 진리의 영이신 성령님께 하나님의 뜻을 알게 해 달라고 기도해야 한다. 하나님의 말씀의 약속을 발견하고 그 약속을 간구하고, 말씀을 자신의 영이 읽고, 그 말씀으로 악한 영을 대적하며, 문제를 해결할 수 있는 힘을 얻는 것이다. 말씀을 마음속에 새겨 넣는 가장 좋은 방법은 말씀의 묵상이다.

하박국 2:2 "너는 이 묵시를 기록하여 판에 명백히 새기되 달려가면서도 읽을 수 있게 하라."

여호수아 1:8 "이 율법 책을 네 입에서 떠나지 말게 하며 주야로 그것을 묵상하여 그 가운데 기록한 대로 다 지켜 행하라. 그리하면 네 길이 평탄하게 될 것이라 네가 형통하리라."

말씀 묵상 가운데 깨달아지는 말씀 또는 기도 중 주시는 성경 구절은 하나님의 음성이다. 말씀을 묵상할 때 자기가 해야 할 일을 깨닫게 되고, 문제를 놓고 기도할 때 하나님은 그 문제의 응답으로 성경 말씀을 생각나게 하신다. 그리고 우리가 구하여야 할 것이 무엇인지 깨닫게 된다. 나아가 말씀을 묵상하는 것은 푸른 초장에서 꼴을 먹어 살찌는 것과 같다. 묵상하는 말씀은 우리를 쉴 만한 물가로 인도하기 때문에, 우리 안에 평안이 넘치고 생수가 흐르며, 확신과 기쁨이 있다.

4. 성경묵상의 방법

묵상은 하나님의 말씀을 깊이 생각하고, 마음에 떠오르는 생각을 살피는 기술이다. 묵상은 우리의 마음을 뜨겁게 하여 하나님을 가까이하게 하며(렘 20:7-9), 우리의 삶의 내면에 빛을 비추어주는 하나님의 말씀을 이해하고 더 잘 알도록 한다(시 49:3, 119:27).

준비물 : 성경, 성구사전, 노트와 필기구

1) 읽기

읽기(讀書)는 준비기도로 마음을 모으고, 성경을 마음으로 읽는다. 그 말씀이 하나님께서 내게 하시는 말씀으로 받아들이며, 이해가 잘 안 되는 부분은 성경사전 등을 참고하여 이해하도록 한다.

① 경건한 마음으로 읽는다 : 성경은 하나님의 숨결이며, 각 문장은 목적과 역할이 있다. 천천히 주의를 기울여 읽어야 하며 기계적이거나 습관적으로 읽는 태도는 피해야 한다.

② 반복해서 읽는다 : 본문이 익숙해질 때까지 천천히 반복하여 읽으면서 그 의미를 자세히 살펴야 한다. 마치 광부가 금을 캐려는 마음으로 본문 속에서 무언가 새로운 의미를 찾도록 노력해야 한다(잠 2:4).

③ 창의적으로 읽는다 : 본문의 시기와 역사와 상황에 자신을 투영한다. 가능한 그 당시의 사람들이 경험한 것과 동일한 경험을 느끼도록 감정을 이입한다.

④ 기록하면서 읽는다 : 노트나 펜을 준비해 가지고 응답을 기록한다. 주석, 성경사전, 낱말사전 등을 준비하여 도움을 얻을 수 있다.

⑤ 이해하며 읽는다 : 누가, 무엇을, 언제, 어디서, 왜, 어떻게 라는 여섯 가지 중요한 질문을 가지고 읽음으로써 본문의 의미를 더 잘 이해할 수 있다.

2) 반추하기

반추(反芻)는 동물이 삼킨 음식물을 다시 되새김하여 자신의 살과 피가 되게 하듯이, 눈으로 본 것에 집중하고 계속 생각하는 마음의 작용을 의미한다. 하나님의 말씀을 이와 같은 방법으로 온전히 나의 것이 되게 하는 것이다. 아침에 읽은 말씀을 저녁에 반성하고 평가하며, 말씀 묵상을 완성하는 기도 방법이다.

① 의도를 가지고 반추한다 : 경배, 교육, 동기화, 변화 등의 묵상의 성경적 목적을 성취하려는 의도가 있어야 한다.

② 그림을 그리며 반추한다 : 상황을 그리면서 거기에 자신을 몰입시킨다. 부담, 관심, 두려움, 사랑 등을 느끼려고 시도한다. 읽은 말씀을 느끼고 맛보려고 해야 한다.

③ 겸손히 반추한다 : 단순히 책을 읽는 것이 아니고 하나님의 말씀을 접하는 것이다. 겸손하지 않으면 하나님의 말씀을 깨달을 수 없

는 것이다.

④ 기도하며 반추한다 : 성령께서 눈을 열어 보게 하고, 마음을 열어 이해하게 해 주시도록 간구해야 한다.

⑤ 인내심을 가지고 반추한다 : 하나님께서 가르쳐주시고 보여주실 것을 기대하고 기다려야 한다. 시간과 인내는 묵상의 중요한 요소이다(시 25:5).

3) 반응하기

말씀에 반응하는 것은 본문을 이해하고 개인적으로 적용하는 것을 의미한다. 즉 묵상을 통하여 말씀을 개인에게 적용하도록 내면화하는 것이다.

① 나에게 적용할 부분을 찾는다 : 말씀의 내용을 잘 새기고, 오늘날의 나의 상황에 적용시키며, 주님의 말씀(메시지)를 파악하도록 한다. 그리고 나의 삶의 적용되는 부분을 찾는다.

② 말씀을 통하여 기도한다 : 성경 말씀이 자신의 삶에 잘 적용되고 실현되도록 기도한다. 중요한 것은 성경을 통하여 영혼의 눈으로 하나님을 바라보며 만나는 것이다.

③ 말씀을 생활에 실천한다 : 말씀을 묵상하고 반추하면서 이를 삶으로 실천이 되도록 하고, 이를 생활에 실천하여 구체적인 삶의 열매를 맺도록 한다.

5. 성경묵상 기도

성경묵상의 기도의 예 (1)

 성경 읽기 (성경:로마서 8:4-11)

"육신을 따르지 않고 그 영을 따라 행하는 우리에게 율법의 요구가 이루어지게 하려 하심이니라. 육신을 따르는 자는 육신의 일을, 영을 따르는 자는 영의 일을 생각하나니, 육신의 생각은 사망이요 영의 생각은 생명과 평안이니라. 육신의 생각은 하나님과 원수가 되나니 이는 하나님의 법에 굴복하지 아니할 뿐 아니라 할 수도 없음이라. 육신에 있는 자들은 하나님을 기쁘시게 할 수 없느니라. 만일 너희 속에 하나님의 영이 거하시면 너희가 육신에 있지 아니하고 영에 있나니 누구든지 그리스도의 영이 없으면 그리스도의 사람이 아니라. 또 그리스도께서 너희 안에 계시면 몸은 죄로 말미암아 죽은 것이나 영은 의로 말미암아 살아 있는 것이니라. 예수를 죽은 자 가운데서 살리신 이의 영이 너희 안에 거하시면 그리스도 예수를 죽은 자 가운데서 살리신 이가 너희 안에 거하시는 그의 영으로 말미암아 너희 죽을 몸도 살리시리라."

※ 더 정확하게 보려면 영어성경을 함께 보는 것도 좋다.

 **묵상하기**

우리가 영으로 살 때 우리에게 율법의 요구가 완성된다. 영을 좇는 이는 영의 일을 생각한다. 영의 생각은 생명과 평안이다. 우리 안에 하나님의 영이 거하시면 우리는 육신에 있지 않고 영에 속한 것이다. 그리스도께서 우리와 함께하면 몸은 죄로 인해 죽은 것이지만 영은 의로 인하여 산 것이다. 예수를 죽은 자 가운데 살리신 하나님의 영이 우리 안에 있을 때, 그의 영으로 우리의 죽을 몸도 살리실 것이다.

 생각하기

육신을 좇는 자는 육신의 일을 생각한다. 육신의 생각은 사망이다. 육신의 생각은 하나님과 원수가 되는데, 이는 하나님의 법에 굴복하지 않는 것을 의미한다. 육신에 있는 자들은 하나님을 기쁘시게 할 수 없다. 그리스도의 영이 없다면 그리스도의 사람이 아니다.

 적용하기

① 나에게 있어서 하나님의 영을 좇아 산다는 것은 무엇일까?
② 내 삶의 모습에서 잘라 내야 할 육신의 생각, 행동은 무엇일까?
③ 내가 어떤 모습으로 오늘 하루를 보내는 것을 하나님은 바라실까?

 **기도하기** ....

　하나님 아버지, 육신을 좇는 자는 육신의 일을 생각할 수밖에 없습니다. 육신의 생각은 하나님과 원수가 되는 것인데, 지금까지 하나님의 말씀을 불순종하며, 세상을 좇아 살아온 것을 용서하여 주옵소서. 아직도 버리지 못한 육신의 생각과 모든 정욕들을 버리게 하여 주시고, 하나님의 말씀에 순종하는 삶을 살게 하여 주옵소서. 예수님의 이름으로 기도드립니다. 아멘.

연습하기

 성경 읽기 (성경:창세기 2:18-25) ....

　"여호와 하나님이 가라사대 사람의 독처하는 것이 좋지 못하니 내가 그를 위하여 돕는 배필을 지으리라 하시니라. 아담이 돕는 배필이 없으므로 여호와 하나님이 아담을 깊이 잠들게 하시니 잠들매 그가 그 갈빗대 하나를 취하고 살로 대신 채우시고 여호와 하나님이 아담에게서 취하신 그 갈빗대로 여자를 만드시고 그를 아담에게로 이끌어 오시니 아담이 가로되 이는 내 뼈 중의 뼈요 살 중의 살이라 이것을 남자에게서 취하였은즉 여자라 칭하리라 하니라. 이러므로 남자가 부모를 떠나 그 아내와 연합하여 둘이 한 몸을 이룰지로다. 아담과 그 아내 두 사람이 벌거벗었으나 부끄러워 아니하니라."

묵상하기

 적용하기

 기도하기

성경묵상의 기도의 예 (2)

 성경 읽기 (마가복음 5:25-34)

　"열두 해를 혈루증으로 앓는 한 여자가 있어 많은 의원에게 많은 괴로움을 받았고 있던 것도 다 허비하였으되 아무 효험이 없고 도리어 더 중하여졌던 차에 예수의 소문을 듣고 무리 가운데 섞여 뒤로 와서 그의 옷에 손을 대니 이는 내가 그의 옷에만 손을 대어도 구원을 얻으리라 함일러라. 이에 그의 혈루 근원이 곧 마르매 병이 나은 줄을 몸에 깨달으니라. 예수께서 그 능력이 자기에게서 나간 줄을 곧 스스로 아시고 무리 가운데서 돌이켜 말씀하시되 누가 내 옷에 손을 대었느냐 하시니 제자들이 여짜오되 무리가 에워싸 미는 것을 보시며 누가 내게 손을 대었느냐 물으시나이까 하되 예수께서 이 일 행한 여자를 보려고 둘러보시니 여자가 제게 이루어진 일을 알고 두려워하여 떨며 와서 그 앞에 엎드려 모든 사실을 여짜온대 예수께서 가라사대 딸아 네 믿음이 너를 구원하였으니 평안히 가라 네 병에서 놓여 건강할지어다."

 생각하기

① 이 말씀을 읽고 오늘 자신이 감명 받은 구절이나 태도는 무엇인가?

② 여기 나오는 여자의 경우처럼 오랫동안 자신을 고통스럽게 한 병, 즉 나쁜 버릇이나 악덕, 결점이 있는가?

③ 필사적으로 예수님의 옷을 만지려고 했던 병자의 태도에서 배울 점은 무엇인가?

④ 예수님에게 치유 받으려는 순수한 믿음에서 우리가 배울 점은 무엇인가?

⑤ 자신이 그 여자라면, "여인아, 네 믿음이 너를 살렸다. 병이 완전히 나았으니 안심하고 가라"(막 5:34)고 하신 예수님의 말씀은 지금 우리에게 어떤 의미가 있는가?

⑥ 오늘 예수께서 우리에게 말씀하시는 것은 우리의 생활 태도와 어떤 관계가 있는가?

 기도하기

하나님 아버지, 오늘도 저는 세상에서 사는 동안에 갖가지 아픔과 고통을 많이 안고 살고 있습니다. 불쌍히 여겨 주옵소서. 오늘 말씀에 나오는 여인과 같은 저를 불쌍히 여겨 주시고, "네 믿음이 너를 살렸다"고 하신 주님의 말씀대로, 작은 저의 믿음을 보시고 제 몸에 있는 질병을 고쳐 주시고, 아픔을 거두어 주옵소서. 예수님 이름으로 기도 드립니다. 아멘.

성경묵상의 기도의 예 (3)

 성경 읽기 (시편 55:1) ··

"하나님이여 내 기도에 귀를 기울이시고
내가 간구할 때에 숨지 마소서."

 생각하기

메리 베르게세는 수년 동안 각고의 노력 끝에 그녀의 고향 인도에
서 의과대학을 졸업하였습니다. 졸업 기념으로 메리는 다른 졸업생
몇 명과 어울려 역마차를 타고 소풍을 나갔다가 전복 사고를 당하게
되었습니다. 겨우 의식을 회복했지만 허리 아랫부분이 마비되어 버렸
습니다. 산부인과 의사가 되겠다던 그녀의 꿈은 산산조각이 나버렸습
니다. 비통한 심정으로 병석에 누워 하나님을 원망하고 있을 때, 마음
속에서 찬송가 구절이 은은히 퍼져 나왔습니다. '내 손을 잡으사 주
님께 바칠 수 있도록 인도하여 주소서.' 바로 그때 인도에서 가장 유
명한 외과의사 한 분이 와서 이렇게 제안했습니다. "메리, 수술 보조
원으로 나와 함께 일하지 않겠어요? 계단을 개조하고 의자에 앉아서
일하면 되잖아요." 그녀는 문둥병으로 불구가 된 사람들 틈에서 일하
며 인도 제일의 외과의사가 되었습니다. 메리는 하나님께 걸을 수 있
는 다리를 구하였는데, 하나님께서는 그녀에게 날개를 달아 주신 것
입니다.

적용하기 ....

우리는 너무나 어려운 상황이 되면 하나님께서 우리를 버리신 것처럼 느끼는 경우가 종종 있습니다. 기도조차 할 수 없는 절망적인 마음이 됩니다. 그러나 그때에도 하나님은 우리 마음의 탄식을 들으시고 응답해 주고 계십니다.

 기도하기 ....

기도를 들으시는 아버지 하나님, 하나님을 잊어버리고 사는 저를 용서하여 주시고, 이 시간 하나님을 발견할 수 있게 하소서. 저에게서 하나님 얼굴을 감추지 마시고, 제가 기도할 때 귀를 기울이시고 들어 주옵소서. 예수님의 이름으로 기도드립니다. 아멘.

성경묵상의 기도의 예 (4)

※ 다음과 같이 성경 속에 자신이나 다른 이의 이름을 넣고 기도문으로 만들어 보시오.

 성경 읽기 (민수기 6:24-26)

"여호와는 네게 복을 주시고 너를 지키시기를 원하며, 여호와는 그 얼굴로 네게 비춰사 은혜 베푸시기를 원하며, 여호와는 그 얼굴을 네게로 향하여 드사 평강 주시기를 원하노라."

기도 : 여호와는 (   )에게 복을 주시고, (   )를 지키시기를 원하며, 여호와는 그 얼굴을 (   )에게 비춰사 은혜 베풀기를 원하며, 그 얼굴을 (   )게로 향하여 드사 평강 주시기를 원하노라.

 성경 읽기 (시편 20:1-5)

"환난 날에 여호와께서 네게 응답하시고 야곱의 하나님의 이름이 너를 높이 드시며, 성소에서 너를 도와주시고 시온에서 너를 붙드시며, 네 모든 소제를 기억하시며 네 번제를 받으시기를 원하노라(셀라). 네 마음의 소원대로 허락하시고 네 모든 도모를 이루시기를 원하노라. 우리가 너의 승리로 인하여 개가를 부르며 우리 하나님의 이름으로 우리 기를 세우리니 여호와께서 네 모든 기도를 이루시기를 원하노라."

기도 : 환난 날에 여호와께서 ( )에게 응답하시고, 야곱의 하나님의 이름이 ( )를 높이 드시며, 성소에서 ( )를 도와주시고, 시온에서 ( )를 붙드시며, 네 마음의 소원대로 허락하시고, 모든 도모를 이루시기를 원하노라. 여호와께서 ( )의 모든 기도를 이루시기를 원하노라. 아멘.

연습하기

 성경 읽기 (시편 112:1-6)

"정직한 자에게는 흑암 중에 빛이 일어나나니 그는 어질고 자비하고 의로운 자로다. 은혜를 베풀며 꾸이는 자는 잘 되나니 그 일을 공의로 하리로다. 저가 영영히 요동치 아니함이여 의인은 영원히 기념하게 되리로다. 그는 흉한 소식을 두려워 아니함이여 여호와를 의뢰하고 그 마음을 굳게 정하였도다. 그 마음이 견고하여 두려워 아니할 것이라 그 대적의 받는 보응을 필경 보리로다."

기도하기

 성경 읽기 (살전 5:23~24)

"평강의 하나님이 친히 너희로 온전히 거룩하게 하시고 또 너희 온 영과 혼과 몸이 우리 주 예수 그리스도 강림하실 때에 흠없게 보전되기를 원하노라. 너희를 부르시는 이는 미쁘시니 그가 또한 이루시리라."

 기도하기

성경 읽기 (엡 3:14-19)

"이러하므로 내가 하늘과 땅에 있는 각 족속에게 이름을 주신 아버지 앞에 무릎을 꿇고 비노니, 그 영광의 풍성을 따라 그의 성령으로 말미암아 너희 속 사람을 능력으로 강건하게 하옵시며, 믿음으로 말미암아 그리스도께서 너희 마음에 계시게 하옵시고, 너희가 사랑 가운데서 뿌리가 박히고 터가 굳어져서, 능히 모든 성도와 함께 지식에 넘치는 그리스도의 사랑을 알아, 그 넓이와 길이와 높이와 깊이가 어떠함을 깨달아 하나님의 모든 충만하신 것으로 너희에게 충만하게 하시기를 구하노라."

 기도하기

 성경 읽기 (시편 121:5-8)

"여호와는 너를 지키시는 자라 여호와께서 네 우편에서 네 그늘이 되시나니, 낮의 해가 너를 상치 아니하며 밤의 달도 너를 해치 아니하리로다.

여호와께서 너를 지켜 모든 환난을 면케 하시며 또 네 영혼을 지키시리로다. 여호와께서 너의 출입을 지금부터 영원까지 지키시리로다."

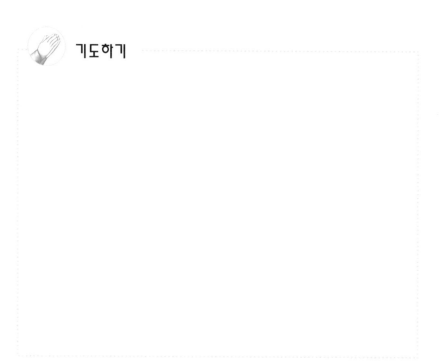 **기도하기**

성경묵상의 기도의 예 (5)

 성경 읽기 (마태복음 4:4)

"예수께서 대답하여 가라사대 기록되었으되 사람이 떡으로만 살 것이 아니요 하나님의 입으로 나오는 모든 말씀으로 살 것이라 하였느니라 하시니"

 기도하기

사탄이 (   )를 무너뜨리기 위해서 행하는 모든 유혹과 궤계들을 담대히 이기게 하옵소서. 주님께서도 시험당하실 때 "사람이 떡으로만 살 것이 아니라 하나님의 말씀으로 살 것이라" 하였사오니, (   )이도 하나님의 말씀으로 살게 하시고, 하나님의 말씀으로 담대히 싸워 이기게 하옵소서. 아멘.

 성경 읽기 (마태복음 25:20, 21)

"다섯 달란트 받았던 자는 다섯 달란트를 더 가지고 와서 가로되 주여 내게 다섯 달란트를 주셨는데 보소서 내가 또 다섯 달란트를 남겼나이다. 그 주인이 이르되 잘 하였도다 착하고 충성된 종아 네가 작은 일에 충성하였으매 내가 많은 것으로 네게 맡기리니 네 주인의 즐거움에 참예할지어다 하고"

기도하기

　주님, 주님께서 자신의 달란트를 충성스럽게 사용한 사람에게 "잘하였다, 착하고 충성된 종아. 네가 작은 일에 충성하였으므로 내가 많은 것으로 네게 맡기리니, 네 주인의 즐거움에 참예할지니라"고 칭찬하여 주셨습니다. (　　)이도 하나님께서 주신 달란트를 잘 활용하여서 하나님께 칭찬받게 하여 주옵소서. 아멘.

연습하기

성경 읽기 (마태복음 5:13~16)

　"너희는 세상의 소금이니 소금이 만일 그 맛을 잃으면 무엇으로 짜게 하리요 후에는 아무 쓸데없어 다만 밖에 버리워 사람에게 밟힐 뿐이니라. 너희는 세상의 빛이라 산 위에 있는 동네가 숨기우지 못할 것이요, 사람이 등불을 켜서 말 아래 두지 아니하고 등경 위에 두나니 이러므로 집안 모든 사람에게 비취느니라. 이같이 너희 빛을 사람 앞에 비취게 하여 저희로 너희 착한 행실을 보고 하늘에 계신 너희 아버지께 영광을 돌리게 하라."

기도하기

 성경 읽기 (누가복음 15:4~7)

"너희 중에 어느 사람이 양 일백 마리가 있는데 그 중에 하나를 잃으면 아흔아홉 마리를 들에 두고 그 잃은 것을 찾도록 찾아다니지 아니하느냐? 또 찾은즉 즐거워 어깨에 메고 집에 와서 그 벗과 이웃을 불러 모으고 말하되 나와 함께 즐기자 나의 잃은 양을 찾았노라 하리라. 내가 너희에게 이르노니 이와 같이 죄인 하나가 회개하면 하늘에서는 회개할 것 없는 의인 아흔아홉을 인하여 기뻐하는 것보다 더하리라."

 기도하기

성경 읽기 (요한복음 15:5~7)

"나는 포도나무요 너희는 가지니 저가 내 안에, 내가 저 안에 있으면 이 사람은 과실을 많이 맺나니 나를 떠나서는 너희가 아무것도 할 수 없음이라. 사람이 내 안에 거하지 아니하면 가지처럼 밖에 버리워 말라지나니 사람들이 이것을 모아다가 불에 던져 사르느니라. 너희가 내 안에 거하고 내 말이 너희 안에 거하면 무엇이든지 원하는 대로 구하라 그리하면 이루리라."

 기도하기

시편 묵상기도의 주제

말 씀	말 씀
시편 3:1-8 "위기 가운데서의 기도"	시편 54:1-7 "하나님 도움을 위한 기도"
시편 4:1-8 "저녁의 기도"	시편 55:1-23 "역경 속에서의 기도"
시편 5:1-12 "아침의 기도"	시편 56:1-13 "두려운 날의 기도"
시편 6:1-10 "회개의 기도"	시편 57:1-11 "고난 중의 찬양기도"
시편 7:1-17 "도망자의 기도"	시편 60:1-12 "승리를 위한 탄원"
시편 13:1-6 "고통 중에 드리는 기도"	시편 63:1-11 "광야에서의 기도"
시편 16:1-11 "죽음 앞에서의 기도"	시편 67:1-7 "열방을 위한 기도"
시편 17:1-15 "정직한 자의 기도"	시편 69:1-36 "고난 중의 기도"
시편 20:1-9 "승리를 위한 기도"	시편 71:1-24 "노년의 기도"
시편 25:1-22 "주를 바라는 자의 기도"	시편 77:1-20 "환란 중의 찬양기도"
시편 26:1-12 "연단 중의 기도"	시편 86:1-17 "환란 날의 간구"
시편 27:1-14 "여호와를 바라는 기도"	시편 88:1-18 "믿음의 기도"
시편 28:1-9 "부르짖는 기도"	시편 109:1-31 "대적을 위한 기도"
시편 38:1-22 "고통 중의 간구"	시편 118:1-29 "예배자들의 찬양기도"
시편 40:1-17 "구원에 대한 감사기도"	시편 121:1-8 "창조주를 바라보는 기도"
시편 41:1-13 "병상에서 드리는 기도"	시편 139:1-24 "하나님을 아는 기도"
시편 44:1-13 "이스라엘의 탄원기도"	시편 143:1-12 "상한 심령의 기도"
시편 51:1-19 "참회의 기도"	시편 145:1-21 "구원을 확신하는 찬양기도"

Ⅶ. 예배와 기도

예배는 하나님의 백성에게 주어진 의무이자 명령이며, 신앙생활의 중심이다. 예배를 통해서 우리는 하나님을 만나며, 하나님의 은혜를 받아서 영혼의 생기와 힘을 얻는다. 예배를 통해서 자신의 죄와 허물을 고백하고, 하나님께 나의 삶을 드리는 헌신의 결단을 한다. 따라서 기도는 예배의 요소이며, 예배와 불가분의 관계가 있다. 우리는 기도를 통하여 하나님께 이야기하며, 하나님께서는 예배를 통하여 우리에게 다가오시며 응답하신다.

1. 개회기도(opening prayer)

예배인도자는 하나님께서 회중을 예배로 초청하시는 '예배로의 부름'으로 예배를 시작한다. 이것은 공 예배의 거룩한 경험을 위하여 정신적, 육체적으로 충분히 준비하게 하며, 하나님의 보좌 앞으로 초대되었음을 상기시키는 것이다. 이 예배의 부름과 함께 오는 것이 개회기도이다. 예배를 시작하면서 드리는 개회기도는 그 어떤 간구도 포함되지 않은 것으로, 참되시고 살아계신 하나님을 인정하며, 그 이름을 높이며, 하나님의 임재와 예배를 받으실 것을 기원하는 것이다.

기도 : "영원하시고 변치 않으시는 하나님, 하나님의 지혜는 이 땅의 모든 역사 가운데 빛나며, 주님의 영광은 인간의 선하심 속에 나타나며, 하나님이 저희들의 아버지가 되시며, 저희의 구세주가 되신 예수님을 영원토록 경배합니다. 이 예배를 홀로 받으시며 영광을 받으옵소서. 예수님의 이름으로 기도드립니다. 아멘."

2. 참회기도(confession of sin)

죄가 있는 상태로 하나님의 은혜를 입을 수 없으므로 예배의 서두 부분에 죄를 회개하는 기도를 한다. 예배행위를 수행하기 위해서는 하나님의 용서를 우선 받아야 한다. 하나님께서 가인의 예배를 받지 않으신 원인 중의 하나가 '그에게 선한 행함'(창 4:5-7)이 없었기 때문이었다. "내가 내 마음에 죄악을 품으면 주께서 듣지 아니하시리로다"(시 66:18). 마음의 죄악을 품은 채 하나님께 나갈 수 없다. 또한 "여호와의 손이 짧아 구원치 못하심도 아니요 귀가 둔하여 듣지 못하심도 아니라 오직 너희 죄악이 너희와 너희 하나님 사이를 내었고 너희 죄가 그 얼굴을 가리워서 너희를 듣지 않으시게 함이니"(사 59:1~2)라고 하셨다. 죄를 품고 제물을 가져온다 해도 하나님께서 열납하지 않으시며, 하나님이 가증히 여기신다는 것이다. 예수님도 제물을 제단에 드리다가 형제와 불화한 것이 있으면 먼저 가서 화목한 후에 예물을 드리라고 하셨는데, 여기에서도 은혜의 보좌 앞에 이르려면 회개가 선결조건임을 알 수 있다.

죄의 고백이 예배 전에 있어야 하는가, 아니면 예배의 서두 부분에 위치해야 하는가는 큰 문제가 아니다. 초대교회의 예배는 함께 모여 떡을 떼는 축제이며 환희가 넘치는 것이었다. 그러므로 죄의 고백은 본래의 예배의식이 시작되기 전에 있어야 마땅하다. 그러나 현실적으로 죄의 문제를 해결하지 못한 채 예배에 임하는 경우가 허다하기 때문에 예배의 한 순서로 넣는 것이다. 죄의 고백은 계시된 하나님의 뜻과 인격 앞에서 지정의로 자신의 죄책을 시인하는 것이다.

공중기도 시에는 개인과 회중과 민족의 죄를 자백해야 하며, 구체적으로는 간음, 살인, 우상숭배, 백성을 올바로 다스리지 못한 죄, 토색, 불의, 이방인과의 통혼, 거짓말, 사랑하지 못한 것, 율법 파괴 등의 내용으로 기도한다. 이렇게 고백한 후 하나님의 자비와 사랑에 근거하여 용서를 구하고 사죄의 말씀으로 확신하는 것이다.

기도 : "사랑의 하나님, 그 동안도 우리들은 길 잃은 양처럼 주님을 떠나 세상에서 방황하여 왔습니다. 우리 마음속의 욕망을 따르면서 하나님의 법을 어겼습니다. 마땅히 해야 할 일을 하지 않았고, 행해서는 안 되는 일을 행하였습니다. 하나님과 이웃을 사랑함이 마땅하지만 이기심과 교만한 생각으로 우리만을 위하여 살았습니다. 남들 앞에 위선자가 되기도 했고, 거짓말을 사실처럼 말하기도 했습니다. 우리뿐만 아니라 심각한 이 민족의 죄악도 불쌍히 여겨 주옵소서. 곳곳에서 우상숭배와 음란하고 퇴폐적인 일들이 난무하고 있습니다. 부정부패가 더욱 심화되고 있으며, 서로간의 신의를 저버리고 있습니다. 이 같은 죄악들을 겸손히 통회하며 자복하오니 용서하여 주옵소서. 주님의 한없는 인자하심으로 우리의 죄를 가려 주시고 정결케 하옵소서. 그리하여 다시는 반복적인 죄에 빠지지 않게 하옵소서. 예수님의 이름으로 기도드립니다. 아멘."

3. 중보기도(intercessory prayer)

중보기도는 단순히 다른 사람들의 문제를 안고 하나님께 나아가 아뢰는 기도가 아니라, 간구하는 자가 다른 어떤 이의 유익을 위해서 하나님께 요청하는 것이다.

이 기도의 모범은 구약에는 아브라함, 모세, 사무엘, 엘리야 등이 있으며, 신약에는 예수님, 바울 등이 있다. 도고에 관한 신, 구약의 다양한 기술들을 종합할 때, 그 내용은 왕, 가난한 사람, 위기에 처한 자, 죄지은 자를 위한 것과, 원수, 권력자, 연약한 신자, 미래의 신자, 추수할 일꾼, 민족, 위기에 처한 신자, 선교사를 위한 것이다. 보편적으로 중보기도는 성별, 인종, 신, 불신자 사이의 차별을 두지 않으며, 또한 인간과 밀접한 자연과도 관계가 있으며, 정치, 경제, 문화, 교육적 상황도 반영되는 우주적 기도이다. 구약시대에는 일반 백성들보다 주로 제사장, 선지자, 왕이 중보하지만, 신약에 와서는 왕 같은 제사장으로서의 그리스도인들이 타인의 신체적, 정신적, 영적 유익을 위해 기도한다.

기도 : "이 시간 저희들이 마음을 합하여 하나님께 기도를 드립니다. 세상 곳곳에서 가뭄으로 인하여 먹을 물이 없어 애타는 자들을 위해 기도하오니, 저들에게 하늘의 비를 흡족히 내려 주옵소서. 가뭄과 기근으로 인하여 굶는 일이 없게 하여 주옵소서. 엘리야의 기도를 들으사 하늘을 열어 비를 주신 여호와께서 그 땅 위에도 비를 주사 땅이 열매를 맺게 하옵소서. 그들로 하여금 여호와의 은혜를 깨닫게 하여 주옵소서.

자연재해와 이상기후, 그리고 알 수 없는 질병들로 인하여 고통을 당하는 저희들을 불쌍히 여겨 주옵소서. 먼저 저희들의 불신과 오만을 용서하여 주시고, 회개하며 주님께로 돌아오게 하여 주옵소서. 그리하여 하나님의 진노가 아닌 복을 받는 민족이 되어 세계를 향해 선교하는 민족이 되게 하옵소서.

저희 교회를 위해 기도하오니, 교회가 이 지역에서 사명을 잘 감당하게 하시고, 늘 거룩함으로 지역의 빛이 되게 하시기를 원하옵나이다. 말씀에 충만하기 위하여 말씀을 읽고 듣는 일에 게으르지 않게 하시고, 성령의 충만을 위하여 항상 기도하는 자들이 되게 하옵소서. 온 성도들이 기쁨과 감사함으로 주님을 섬기며, 행함과 진실함으로 이웃을 섬기게 하옵소서. 예수님의 이름으로 기도드립니다. 아멘."

4. 봉헌기도(offertory prayer)

헌금은 소득의 일부를 하나님과 이웃을 위해 강요됨이 없이 자원함으로, 감사함으로 드리는 봉사적 행위이다. 봉헌기도는 하나님께서 받으시고, 드린 자에게 복 주시며, 하나님의 뜻에 합당하게 쓰게 해 달라고 비는 것이다.

기독교 예배에 있어서 헌금이 감사의 표시이며, 우리의 전부를 하나님께 드린다는 희생과 헌신의 표시라면(출 25장, 36장, 대상 29장, 막 12:41-44, 행 4:36~37, 고후 8:5), 전적인 복의 간구는 여기에 적합한 기도가 아니다. 오히려 감사와 열납이 기도의 주 내용이 되어야 하고, 여기에 드린 자에게 복, 관리자의 지혜 그리고 사용자의 열매를 더할 수 있다. 역대상 29:10~19에서 다윗은 하나님의 영광과 주권을 찬양하고 온 백성이 즐거운 마음으로 드릴 수 있게 하심을 감사했으며, 백성들이 이 같은 마음을 계속 가지도록 간구함과 아울러 이것으로 솔로몬이 성전을 잘 지을 수 있도록 기도했다. 그리고 역대하 31:2-21에서 히스기야와 방백들이 쌓여있는 많은 예물을 보고 여호와를 송축하고 백성들에게 복이 있기를 기원했다.

기도 : "만복의 근원이 되시는 하나님, 하나님의 은혜와 사랑에 감사를 드립니다. 한 주간 동안도 하나님의 보호와 인도하여 주심에 감사하여 우리의 몸과 마음과 물질을 드립니다. 자원함과 기쁨 중에 예물을 드린 손길들을 기억하사 저들에게 믿음과 물질, 건강과 지혜의 복을 주옵소서. 그리하여 더욱더 하나님의 영광과 교회의 유익과 이웃을 위해서 살아가는 자들이 되게 하옵소서. 헌물을 관리하는 자들에게 선한 청지기의 정신을 주셔서 꼭 필요한 곳에 바르게 사용할 수 있도록 도와주옵소서. 이 물질이 사용되는 데에도 하나님께서 역사하사 좋은 결과가 있게 하옵소서. 예수님의 이름으로 기도드립니다. 아멘."

5. 말씀을 위한 기도(prayer for illumination)

성경을 읽을 때, 설교를 하거나 들을 때 깨달음과 은혜를 위해서 성령의 조명은 필수적이다. 읽는 자와 듣는 자와 전하는 자의 마음과 생활에 복음의 효과적인 전달을 위해 성령의 역사를 요청하는 기도이다

(고전 2:4-10, 엡 1:16-19).

기도 : "거룩하신 하나님, 이 시간 저희들이 하나님의 말씀을 들고자 합니다. 바라옵기는 주의 복음이 말로만 아니라, 큰 능력과 성령으로 전해지게 하사, 사람의 말이 아닌 하나님의 말씀으로 듣게 하옵소서. 성령께서 지혜와 계시의 정신을 주셔서 말씀을 잘 깨닫고 은혜 받게 하시고, 믿는 사람들 속에서 역사하게 하옵소서. 예수님의 이름으로 기도드립니다. 아멘."

6. 설교 후 기도(prayer after the sermon)

이 기도에 관한 성경적, 역사적 배경이 거의 없지만 그럼에도 불구하고 예배의 한 순서로 자리잡고 있다. 사도행전 20:17~38이 이 기도의 성경적 배경이 된다고 본다. 바울이 밀레도 섬에서 에베소 장로들을 초청하여 권면(부탁, 설교)한 후, 다같이 무릎 꿇고 기도했는데 (36절) 이것이 설교 후 기도일 수 있다. 설교 후 기도는 성령의 도움으로 뿌려진 말씀의 씨앗을 성령께서 가꾸시고 열매 맺도록 해 달라는 간결한 기도이다. 연약한 자들로 들은 말씀을 지킬 수 있는 능력을 간구하는 것이다. 조명을 위한 기도와 이 기도 사이의 차이점은 전자는 성경해석과 깨달음에 강조점이 있는 반면 후자는 적용에 강조점을 두는 것이다.

기도 : "사랑이신 하나님 아버지, 이 시간 저희들에게 생명의 말씀 주심을 감사합니다. 저희들이 이 말씀을 듣고, 세상의 빛과 소금으로 살기를 원합니다. 어두운 세상 속에서 빛으로 살게 하시고, 부패하고 타락한 곳에서 소금으로 희생하며 살게 하옵소서. 성령의 인도하심을 따라 하나님이 원하시는 모습으로 살아, 하나님께 영광 돌리게 하옵소서. 예수님의 이름으로 기도드립니다. 아멘."

7. 성찬기도(eucharistic prayer)

예수의 죽음과 부활을 통해 우리가 누리게 된 모든 복(구원, 교제, 평안, 물질 등)으로 인해 하나님께 드리는 모든 감사가 성찬기도이다. 여기에는 순서와 내용에 따라 네 개의 기도가 있다. 성별기도, 분병기도, 분잔기도, 대 감사기도이다(출 12:26이하, 13:8, 눅 22:14~20, 고전 11:23~25).

성별기도의 중심내용은 성령의 임재로 이 요소를 거룩하게 구별시켜 달라는 것이며, 분병과 분잔 기도는 이 떡과 잔을 먹고 마심으로 더욱 성화되게 하시고, 그리스도의 대속을 전파할 수 있도록 기도하는 것이다. 그리고 대 감사기도는 말 그대로 하나님의 구속, 성찬, 보호, 인도하심에 깊이 감사하는 것이다.

기도 : "죄악으로 인하여 죽었던 저희들을 그리스도의 보혈로 구원하여 주신 하나님의 은혜에 감사를 드립니다. 오늘은 구속받은 백성들이 주님의 죽으심을 기념하고 회상하기 위하여 함께 모여 이 떡을 떼려 합니다. 우리를 긍휼히 여기사 믿음과 감사함으로 이 떡을 받게 하시고, 성령께서 이곳에 충만히 임하사 신령한 은혜가 넘치게 하시며 참여하는 모든 자들에게 생명의 능력을 허락하여 주옵소서. 예수님의 이름으로 기도드립니다. 아멘."

"식후에 잔을 가지사 축사하신 주님이시여, 오늘 이 자리에도 오셔서 한가지로 강복하옵소서. 이 잔을 받는 모든 이들이 영생을 얻게 하시고 여러 가지 죄악에서 지켜주시고 더욱 새 힘을 얻어서 주의 죽으심과 부활을 오실 때까지 전하게 하옵소서. 어떤 환난의 바람이 불어도 그리스도로 말미암아 살게 하셔서 끝까지 믿음을 지키는 자들이 되게 하옵소서. 예수님의 이름으로 기도드립니다. 아멘."

"'내 영혼아 여호와를 송축하라 내 속에 있는 것들아 다 그 성호를 송축하라 내 영혼아 여호와를 송축하며 그 모든 은택을 잊지 말지어다. 저가 네 죄악을 사하시며 네 모든 병을 고치시며 네 생명을 파멸에서 구속하시고 인자와 긍휼로 관을 씌우시는도다.' 저희의 죄를 죄대로 갚지 않으시고 긍휼과 자비를 베푸시는 하나님 아버지, 저희를 죄와 죽음에서 구원하시고자 독생자를 아끼지 아니하시고 세상에 보내주신 하나님 아버지의 크신 사랑에 감사를 드립니다. 또한 저희가 주님 안에 있고 주님이 저희 안에 거하시는 성화의 삶을 살게 하기 위하여 주님의 살과 피를 마시도록 성찬을 허락하심도 감사합니다. 주께서 이와 같이 인자하심으로 선을 베푸셨사오니 저희의 모든 삶을 바쳐 주를 찬송하고 저희의 이웃을 사랑하게 하옵소서. 저희에게 성령의 충만을 주셔서 주님의 영원한 영광의 나라에 이르기까지 날마다 새로워지는 삶을 살게 하시고, 주님의 십자가와 부활을 세상 사람들에게 전파하게 하옵소서. 먼저 그의 나라와 의를 구하는 자들이 되게 하옵소서. 성부와 성자와 성령 하나님께서 영광과 존귀와 감사와 찬송을 세세무궁토록 받으시옵소서. 예수님의 이름으로 기도드립니다. 아멘."

8. 축도(benediction)

성경의 축도 본문은(민 6:24-26, 고후 13:13) 두 곳이다. 전자를 '대제사장적 축도' 또는 '아론의 축도'라 부르고, 후자를 '사도적 축도'라 부른다.

축도는 일반 기도나 축사(祝謝)와 구별된다. 일반기도는 자신과 타인을 위해 필요한 것을 구체적으로 하나님께 간구하는 것이고, 일반 축복기도는 성 삼위 하나님의 보편적이며 종합적인 복을 내려 주실 것을 기원하는 것이다. 그러나 예배의 축도는 일반 축복기도와는 달리 하나님의 복이 함께하기를 선언하는 것이다.

구약의 축복 내용은 "여호와는 네게 복을 주시고, 너를 지키시기를 원하며, 여호와는 그 얼굴로 네게 비춰사 은혜 베푸시기를 원하며, 여호와는 그 얼굴로 네게로 향하여 드사 평강 주시기를 원하노라"(민 6:24-26)는 말씀이다. 여기에서 "원하노라"는 의미는, 하나님으로 하여금 보호, 은혜, 평강을 주시도록 하는 3인칭 명령인 것이다. 즉 축도란 상향적 기도가 아니라, 하나님의 명령을 따라 하는 약속된 복의 선언이라는 것이다.

신약의 축도는 "주 예수 그리스도의 은혜와 하나님의 사랑과 성령의 교통하심이 너희 무리에게 있을지어다"(고후 13:13)라고 한 바울 사도의 축도를 그대로 인용한다.

그런데 바울이 왜 "너희 무리에게 있기를 주 예수님의 이름으로 기도한다"라고 하지 않고 "너희 무리에게 있을지어다"라고 했느냐 하면, 이것은 기도하는 것이 아니라 하나님의 복을 선포하는 것이기 때문이다. 그리고 바울의 축도(고후 13:13)도 독창적인 것이 아니라, 구약의 맥락에서 되어진 것이다. 따라서 예배에서의 축도의 문제는 성경 계시적 지식에서 찾아야 하며, 신구약성경을 하나의 맥락(context)으로 보아야 한다.

구약 시대 때 제사장들이 하나님께 부여 받았던 축복권이 신약시대는 만인 제사장 시대이기 때문에, 이 축복권은 모든 교인들에게 다 주어졌다고 할 수 있다. 그러나 예배에서의 축도는 하나님께로부터 축복의 권위를 부여받은 목사가 복을 선포하는 것이다. 그래서 축도를 Benediction이라고 한다. 그러므로 축도는 목사의 권위가 아니라 하나님의 권위를 나타내는 것이다. 축도는 일반 축복기도와 같이 위로 올려드리는 기도가 아니라, 하나님의 명령을 따라 예수의 '은혜', 하나님의 '사랑', 성령의 '교제'가 있을 것을 선언하는 것으로 '있을지어다'가 옳다. 그러나 하나님께 대한 송구한 마음에서 '계실지어다'나, 또는 권위적이지 않게 '축원합니다'도 가능하다고 본다.

축도 : "우리를 죄와 죽음에서 건지신 주 예수 그리스도의 은혜와, 하나님 아버지의 무궁하신 사랑과 성령의 교통하심이 여러 성도들에게 영원히 있을지어다. 아멘."

VIII. 기도할 때 잘못 사용하는 용어들

우리가 기도할 때 흔히 사용하는 말로서, 잘못 표현하고 있는 것에 대하여 살펴보도록 한다. 단, 문법적인 것이 잘못된 표현에 대해서는 생략한다.

1. 기도의 시작은 "주님"이 아니다

기도를 시작하면서 하나님을 부를 때에 '성부'를 부르지 않고 '성자' 혹은 '성령'을 부르는 경우를 종종 보는데, 이는 옳지 않다. 우리의 기도는 성부 하나님께 하는 것이며, 성자 그리스도의 이름으로 아뢰는 것이기 때문이다. 그래서 기도를 끝맺을 때에는 항상 "예수 그리스도의 이름으로" 혹은 "예수 그리스도를 통하여"라고 한다. 예수님께서 우리에게 기도를 가르쳐 주신 말씀에도 "하늘에 계신 우리 아버지"를 먼저 부름으로 기도를 시작하셨다. 따라서 기도의 처음에는 반드시 우리의 기도를 들으시는 아버지 하나님을 불러야 한다.

2. 하나님 또는 주님의 칭호에 대하여

우리가 기도할 때 하나님이나 주님을 흔히 "당신"이라고 칭하는 경우가 많다. 당신이란 말은 부부간이나, 또는 2인칭 관계에서 좀더 높임말로 쓰이는 용어이며, 친구나 동등한 관계에서 3인칭 극존칭으로 사용하기도 한다.

예) 친구에게 - 이봐, 당신이 그러니까 나도 그렇게 하고 싶지 않나.
⇒ 자네가 또는 네가
예) 다른 사람에게 시아버지에 대하여 말할 때 - 당신께서 하시지 못하는 말을 나에게 하라고 하시잖니.
⇒ "시아버지께서…"
그러나 할아버지나 아버지를 직접 대놓고 말할 때 당신이라고 호칭한다면 너무나 불쾌한 일일 것이다. 하물며 하나님께 대하여 당신이라고 한다면 어색한 말이 된다.
예) 하나님 당신의 발 앞에 엎드리오니…
⇒ 이 경우는 당신이라는 말이 불필요한 말이다. "하나님의 발 앞에 엎드리오니…"라고 하면 된다.

예) 오늘도 당신 앞에 나왔사오니…

⇒ "오늘도 하나님 앞에…"로 고치는 것이 옳다.

3. 예수님의 칭호에 대하여

기도할 때 "주여"라고 하는 것보다는 "주님"이라고 하는 것이 더욱 겸손하고 옳은 표현이다. 성경에서는 주님을 '예수', '그리스도', '예수 그리스도', '그리스도 예수', '우리 주 예수 그리스도' 등으로 표현한다. 여기에서 '예수'는 주님의 본명이며, '그리스도'는 '기름부음을 받은 이' 즉, '구세주'라는 직책을 일컫는 이름이다. 그러므로 그냥 '예수님'이라고 하기보다는 '우리 주 예수 그리스도'라고 하는 것이 가장 확실한 표현이다.

4. 하나님의 칭호에 대하여

"참 좋으신 하나님"이라는 표현은 일반적인 수식어이다. 하나님 앞에 붙이는 수식은 성경에 나타난 하나님의 속성을 나타내는 것을 붙이는 것이 옳다.

성경에서 하나님의 속성을 나타내는 수식은, '거룩하신', '만유의', '생명의', '신실하신', '의로우신', '사랑이신', '자비하신', '영원하신’, ‘위에 계신’, ‘능력이신’, ‘진실하신’, ‘구원하시는’, ‘하늘에 계신’, ‘은혜로우신’, ‘보수하시는’, ‘지극히 높으신’, ‘홀로 하나이신’, ‘천지를 지으신’ 등이 있다.

5. 목사의 칭호에 대하여

성도들이 가장 어렵게 생각하는 말이 목사의 칭호이다. 목사를 대신하여 칭하는 용어로서는 ‘주의 종’, ‘사자 목사님’, ‘당회장님’, ‘주의 사자’, ‘종님’ 등이 흔히 쓰인다.

목사는 교회를 섬기는 하나님의 종이다. 그러나 인간으로서의 성도들의 종은 아니다. 기도할 때 목사를 “하나님의 종께서…”라고 하는 것은 옳지 않은 말이다. 종을 높임말로 하는 법은 없다. 특히 “종님”이라고 하는 것은 우스운 표현이다. 그러므로 목사 자신이 하나님께 기도할 때, “주의 종이 부족하여서…”라고 하는 것은 옳은 표현이지만, 일반 성도가 목사를 ‘종’으로 표현하는 것은 옳지 않다.

그리고 하나님의 보냄을 받은 ‘사자’는 옳은 말이다. 그러나 이렇게 표현할 때도 “주의 사자” 또는 “사자 목사님께서”라고 하는 것은 옳지 않고, “주님께서 우리를 위해서 보내신 목사님”으로 표현하는 것이 낫다.

마지막으로 '당회장'이란 표현도 바르지 않다. 왜냐하면 당회장이란 당회의 장이기에 당회원들이 당회의 회장에게 부르는 호칭이기 때문이다. 일반 성도들이 목사를 당회장이라고 칭하는 것은, 일반적으로 구멍가게 주인도 사장님이고, 큰 회사의 사장도 사장님이라고 하는 것과 같은 의미가 된다. 당회장이란 용어보다는 "담임목사님"으로 호칭하는 것이 옳은 표현이다.

6. '나' 또는 '우리'를 칭할 때

기도할 때 어떤 이는 '내가' 또는 '나로 하여금' 등과 같이 자신을 '나'로 칭하는 경우가 있다. 그리고 '나'의 복수형인 "우리"라는 말도 흔히 사용을 한다. 우리가 어른들 앞에서 자기를 가리킬 때는 '내가'가 아니라 '제가'라고 한다. 그리고 '우리'가 아니라 '저희들'이라고 표현한다. 이것은 윗사람에 대하여 자신을 낮추는 말이다.

주님께서 가르쳐 주신 기도에서 "우리에게 일용할 양식을 주옵시고"라고 하였다 하더라도, 우리는 높으신 하나님 앞에서 "저희"라고 칭함이 옳을 것이다. 따라서 "내가 주님께 나왔사오니"는, "제가 주님께 나왔사오니" 또는 "저희들이 주님께로 나왔사오니"로 하는 것이 옳다.

7. 교회의 칭호에 대하여

우리가 기도할 때 교회를 "예배당", "제단", "예배처소", "성소", "성전" 등으로 부르기도 하는데, 교회는 그리스도의 부름을 받은 성도들이 함께 모여서 이루어진 그리스도의 몸을 가리킨다. 그래서 눈에 보이는 교회와 보이지 않는 교회로 분류해서 생각할 수 있는데, 눈으로 보이는 교회는 '성도들이 모이는 곳'이며, 보이지 않는 교회는 '그리스도의 공동체'를 의미하는 것이다.

교회는 모여서 기도하고, 예배하며, 교제를 나누며, 복음을 전하는 역할을 한다. 따라서 어떤 한 기능만을 의미하는 '예배당', '제단', '예배처소', '성소', '성전' 등의 용어를 사용하기보다는 보편적인 의미로서의 "교회"라는 용어를 사용하는 것이 좋을 것이다.

8. 성도들의 칭호에 대하여

하나님께 드리는 기도에서 회중을 가리켜 '우리 목사님들'이나 '우리 성도님들'이라고 존대해선 안 된다. 왜냐하면, 하나님과 비교해서 '님'이 될 수 있는 대상은 없기 때문이다. 기도할 때 하나님 이외에는 단순히 '저희들'이나 '교회의 권속들' 등으로 바꾸어야 한다.

9. 하나님의 복을 주심에 대하여

우리들이 기도할 때 흔히 하나님의 복을 비는 기도를 한다. 이 때 우리는 "축복(祝福)"이라는 용어를 자주 사용하는데, 축복이란 의미는 글자 그대로 "복을 빈다"는 의미이다. 그렇다면 누가 누구에게 복을 비는 것인가?

예를 들어, "하나님, 이 어렵고 불쌍한 사람들에게 축복하여 주소서"라고 했다면, 하나님이 다른 누구에게 그들을 위하여 복을 빌어달라는 의미가 된다. 이럴 경우에는 "하나님께서 그들에게 복을 내려 주소서"가 옳은 표현이다. 그러나 "주님께서 복 빌어 주소서"라는 표현은 합당하다. 왜냐하면 복은 아버지 하나님께서 내리시는 것이기에, 예수님도 성자로서, 아버지 하나님께 우리를 대신하여 복을 빌어 줄 수 있기 때문이다.

마태복음 26:26에 "저희가 먹을 때에 예수께서 떡을 가지사 축복하시고 떼어 제자들을 주시며 가라사대 받아 먹으라 이것이 내 몸이니라"고 하셨으며, 또한 마가복음 10:16에서도 "그 어린아이들을 안고 저희 위에 안수하시고 축복하시니라"고 하셨는데, 여기에서 보는 바와 같이 예수님께서도 하나님께 복 빌은 것을 알 수 있다.

10. '대표 기도자'

우리는 흔히 주일 예배 때 기도하는 이를, 대표기도자라고 한다. 이 것은 회중을 대표해서 하나님께 기도를 드리는 자를 의미한다. 그러 나 문자적으로 대표기도라고 할 때는 주님께서 가르쳐 주신 기도 외 에는 대표적인 기도가 없다. 그리고 대표로서 기도한다고 하면, 그 외 의 사람은 무엇을 하는가? 대표자가 기도를 하는 순간에 다른 이는 그 기도를 듣는 것이 아니라 함께 기도하는 것이다. 그러므로 "대표 기도자"는 '기도를 인도하는 이'란 의미이며, "OOO께서 기도하시겠 습니다."가 아니라, "OOO께서 기도를 인도하시겠습니다."가 옳은 표현이다.

11. '대예배'에 대하여

흔히 주일 오전에 어른들이 드리는 예배를 '대(大)예배'라고 한다. 그렇다고 해서 어린이들이 드리는 예배를 '소(小)예배'라고 하지는 않는다. 예배에 등급이나 규격이 있을 수도 없으며, 큰 예배, 작은 예 배가 있을 수 없다. '대예배'는 '주일 오전예배'나 '주일 낮 예배', 또는 '장년부 예배'로 부르는 것이 합당하며, 시간별로 1부, 2부 예배 로 구분할 수는 있다.

12. '한국교회'와 '저희 나라'

다른 나라 교회와 비교할 때라면 몰라도 한국 사람이 자기 나라 교회를 '한국 교회' 또는 '나'를 낮추어서 부르듯이, '저희 나라 교회'라고 표현하는 것은 어쩐지 자연스럽지 않다. 이 말을 하는 자신은 마치 외국인인 것 같은 느낌을 준다. 그냥 '우리나라 교회'라고 하면 옳은 표현일 것이다.

13. '안식일'과 '주일'

요즘 교회에서는 '안식일'과 '주일'이라는 용어를 자주 혼용하고 있다. 초대교회 초창기까지는 십계명에 따라 토요일을 안식일로 거룩하게 지켰다. 지금도 유대교에서는 토요일에 예배하고 일요일에는 일을 한다. 그러나 예수님께서 안식 후 첫날에 부활하시면서 일요일을 '주일'로 정하고 예배하는 새로운 전통이 만들어졌다. 주일은 주님의 날로서의 의미를 가진다. 그러나 그리스도인은 옛날 안식일에 그랬던 것처럼 주님의 날도 거룩하게 지켜야 한다. 따라서 '일요일'이나 '안식일'이라는 표현보다는 '주일'이라는 표현이 옳다.

14. 교회와 예배당, 성전, 제단 등

지금도 '00예배당'이란 간판이 붙어있는 교회가 있다. 교회는 '주님의 백성들의 모임'을 가리키고, '예배당'은 성도들이 모이는 장소나 건물을 말한다. '예배당'이 고정되어 있는 것이라면 교회는 움직인다는 특성이 있다. 따라서 '예배당'이란 표현보다는 '교회'라는 의미가 옳다. 또 '성전'과 '교회'라는 말이 혼용되고 있다. 성전은 지성소를 모신 하나님의 집을 뜻한다. 구약시대에는 성전이 신앙의 중심이었으나, 신약시대에는 교회가 신앙의 중심이 되었다. 그러므로 단순히 예배하는 집으로서의 건물을 의미할 때는 '예배당'이란 표현이 옳으나, '하나님이 거하시는 곳'으로 표현할 때는 '성전'이라고 하는 것이 옳은 표현이다.

15. "목사님의 말씀으로?"

"목사님의 말씀으로 은혜 받게 하심을 감사합니다", "목사님 말씀에 많은 은혜 받았음을 감사합니다"라고 하는 경우가 종종 있다. 이렇게 '목사님의 말씀'이라고 표현하는 것은 잘못이다. '하나님의 말씀'이 옳은 표현이다. 성경을 기본으로 한 '하나님의 말씀'을 주의 사자(목사)가 전함으로 성도들이 은혜를 받은 것이다. 이런 경우는 "목사님을 통하여 주신 말씀", 또는 "목사님이 대언하신 말씀을 통하여"로 하는 것이 옳다.

16. "지금은 시작하는 시간이오니"

주로 기도 순서는 예배가 한참 지난 후에 들어있다. 그런데 기도하는 이는 예배의 중반인데도 불구하고 "지금은 예배 시작 시간이오니, 마치는 시간까지…"라고 기도한다. 이럴 경우에는 그냥 "오늘 우리의 예배를 처음부터 끝까지…"라고 하는 것이 좋다.

17. "예배의 시종을 의탁하옵고"

의탁이란 '어떤 것에 몸이나 마음을 의지하여 맡긴다'는 의미이다. 내가 주도적으로 무엇을 하는 것이 아니고, 내가 할 일을 다른 사람에게 맡겨서 '그가 대신 한다'는 의미이다. 물론 예배는 인간이 임의대로 하는 것도 아니다. 그런 의미에서 하나님께 맡기는 것은 옳은 것이다. 그러나 예배의 행위로 볼 때, 예배는 하나님이 베풀어주신 사랑과 은혜에 감사하면서 하나님께 최상의 가치를 돌려드리는 응답의 행위이다. 신령과 진정으로 드려야 할 이 예배를 도리어 하나님께 맡긴다면, 나는 방관자가 된다는 의미가 된다. 따라서 '의탁'이란 표현보다는 "이 예배를 주장하시고" 또는 "이 예배를 성령님께서 인도하여 주시고"로 하는 것이 좋은 표현이라고 할 수 있다.

18. "예수님의 공로로"와 "예수를 힘입어"

　우리가 기도할 때 "예수님의 공로로"나 "예수님의 공로를 힘입어"라고 할 때가 많다. '예수'란 '죄에서 구원할 자'란 뜻을 갖고 있다. 그런 의미에서 기도는 구원자의 이름으로 구해야 함은 당연한 것이다. 예수님의 이름으로 기도하는 근거는 요한복음 14:13~14에, "너희가 내 이름으로 무엇을 구하든지 내가 시행하리니 이는 아버지로 하여금 아들을 인하여 영광을 얻으시게 하려 함이라. 내 이름으로 무엇이든지 내게 구하면 내가 시행하리라."고 하신 말씀이다. 또한 우리가 예수님의 이름으로 기도하는 이유는, 하나님은 죄인의 기도를 받으시지 않기 때문이다. 그러므로 죄 없으신 예수님의 이름으로 기도하는 것이다. 어떤 방편이나 보조적 수단이 아니라, 기도 자체를 직고하는 의미가 있으므로, 예수님의 '공로'나 예수님 이름을 '의지하여', 또는 예수 '공로를 힘입어'는 옳지 않다. 따라서 "예수님의 이름으로 기도합니다"가 바른 표현이다.

19. '예배(기도)드리다'와 '예배 보다'

　① '드리다'에 대하여 ; 우리는 하나님을 높이는 뜻에서 하나님을 향한 행위, 곧 예배와 기도에 '드리다'는 말을 쓴다. 그러나 '예배(禮拜)'에는 이미 '드리다'는 뜻이 내포되어 있다. 그래서 '예배'에 '드리다'는 말을 붙여 쓰면 '드리다'는 말을 반복하여 쓰는 꼴이 된다.

국어사전에서의 '드리다'는 의미는 '주다'의 높임말이다. 즉, '아버님께 용돈을 드리다', '부모님께 선물을 드리다'와 같이 쓰인다. 그리고 '윗사람에게 그 사람을 높여 말이나 인사, 결의, 축하 따위를 하다'는 의미가 있다. '청을 드리다', '인사를 드리다', '선생님께 말씀을 드리다', '선생님의 은혜에 감사를 드리다'와 같이 쓰인다. 또 '신에게 비는 일을 하다'는 의미가 있다. 그러므로 '드리다'란 '올리다(offer), 바치다, 청하다(기도를 드리다)'란 의미로서, '예배드리다'도 가능하다.

② '보다'에 대하여 ; 우리말 '보다'는 여러 뜻을 가지고 있는데, '눈으로 대상의 존재나 형태적 특징을 알다. 눈으로 대상을 즐기거나 감상하다. 책이나 신문 따위를 읽다'는 의미로 쓰인다. 즉, '보다'는 의미는 '보는 것'이다. 그리고 '보러가다'는 '보다'와 '하다'의 의미가 합쳐져 보는 것보다는 오히려 행위를 더욱 강조한다. '시장을 본다'는 '시장에서 물건을 산다'는 의미이고, '맞선을 보러가다'는 '맞선을 본다'는 의미이다. 이와 같이 '예배 보러가다'도 '예배를 드린다'는 의미이다. 그러나 일반적으로 '예배 보다'에서의 '보다'를 '보는 것'으로만 생각하기에 거부감을 갖는다. 여기에서 '보다'는 '구경하다'나 '즐기다'는 것이 아니라, '드리는 것'이며 '참여하는 것'을 의미한다.

말은 그 표현의 옳고 그름을 떠나 습관에 따라 고착되는 경우가 많다. 그래서 '예배드리다'는 존중의 의미로 쓰이며, '예배 보다'는 제

삼자의 입장에서 관망하는 자가 되는 의미이기에 부적절하다고 본다. 따라서 '예배(기도)드리다' 도 가능하지만, 가장 무난한 표현은 '예배(기도)하다' 라고 할 수 있다.

20. "기도드렸습니다"는 "기도드립니다."

기도를 끝낼 때 우리는 "예수님의 이름으로 기도합니다"와 같이 동사 '기도하다'의 시제를 현재형으로 써야 하는 것이 옳다고 본다. 그런데 대부분 '기도하였습니다' 또는 '기도드렸습니다'와 같이 과거형을 쓰는 사람들이 많다. 기도가 끝나는 시점에서는 간구한 모든 말들은 문법적으로는 이미 과거 또는 현재완료가 되므로 과거형을 쓸 수 있다고 생각하지만, 간구의 내용은 소원이며, 소원은 미래 지향적이므로, 과거형으로 끝나는 것은 옳지 않다. 언제나 기도는 현재적인 간구인 것이다.

21. 기타 표현에 대하여

① "썩을 육신을 위해서 일하지 말고"는 "하나님께서 기뻐하시는 일을 위해 일하라"로 하는 것이 좋다.
② "이름도 없이 빛도 없이 봉사하는"이란 표현은 예수 이름으로 봉사하고 있기 때문에 적절치 못하다. 그냥 "열심히 봉사하는"

이 좋다.

③ "예배를 돕는 성가대"는 "하나님께 영광 돌리는 성가대(성가대도 예배를 드리기 때문에)"로 하는 것이 좋다.

④ "연부년 발전하는 교회가 되게"는 "해가 갈수록 발전하는 교회"로 하는 것이 좋다.

⑤ "보혈의 피로 씻어 주시옵소서"는 "보혈로 씻어 주시옵소서" 또는 "보배로운 피로 씻어 주시옵소서"가 맞는 말이다.

⑥ "몸된 교회"는 교회에 처음 나온 사람이라면 쉽게 이해하기 힘들 것이다. 여기서 몸은 우리의 몸이 아닌 주님의 몸을 의미하기에 "주님의 몸된 교회"가 정확한 표현이다.

너희도 저희들을 위하여 간구함으로 도우라

이는 저희들이 많은 사람의 기도로 얻은 은사를 인하여

많은 사람도 저희들을 위하여 감사하게 하려 함이라

고후 1:11

제2부

기도문 작성법

Ⅰ. 대표기도에 대하여

1. 대표기도란?

대표기도란 예배나 예식, 그리고 가정예배와 같이 많은 사람들이 모여서 기도할 때, 모인 모든 이의 기도를 모아서 대표로서 행하는 기도를 말한다. 그러므로 대표 기도자는 대표자가 아니며, 대신 기도하는 자도 아니다. 회중 전체의 기도를 인도하는 자이다.

대표기도는 회중 전체의 공동 관심사와 교회, 가정, 이웃과 사회, 단체와 조직, 나아가 국가와 세계에 이르기까지 필요한 하나님의 도우심을 간구하는 것이다. 그러나 대표 기도자의 기도가 사랑에 근거하지 않은 간구는 한낱 "소리 나는 구리와 울리는 꽹과리"에 지나지 않음을 명심해야 한다(고전 13:1, 2). 사랑이 없는 간구는 기도로서의 의미가 없으며, 입으로 하는 동정에 지나지 않는다. 이런 기도는 외식에 불과하여 하나님께서 들으시지 않으시는 기도이다.

또한 대표자의 기도는 함께 기도하는 자들에게 기도의 모범이 되기도 한다. 특히 처음 교회에 나온 사람들은 대표 기도자의 기도를 통하여 기도하는 방법을 배우게 된다.

2. 대표기도와 개인기도의 차이점

① 개인기도의 주제는 자기 중심으로 이루어진다. 그러나 대표기도의 주제는 내가 아니라 우리이므로 기도의 범위가 공동의 관심사에 있다.
② 개인기도는 일정한 형식이나 습관에 구애받지 않고 자유롭게 자기의 의사를 표현할 수 있다. 그러나 대표기도는 일정한 형식과 표현이 신학과 교리적으로 맞아야 한다.
③ 개인기도는 개인 의사의 자유에 의해 제한시킬 수 있다. 그러나 대표기도는 공동체의 간구를 아뢰는 특성을 지니므로 철저히 공동체의 간구자로서 기도해야 한다.
④ 개인기도는 시간과 공간의 제한을 받지 않으며, 기도자의 의사에 의해 자유롭게 조절할 수 있다. 그러나 대표기도는 시간과 공간의 제한을 받으며, 예배의 특성에 따라 내용을 고려해야 한다.
⑤ 개인기도는 특별한 준비 없이도 즉시 할 수 있다. 그러나 대표기도

는 특별한 준비시간을 가지고 준비하여 드리는 것이 바람직하다.

3. 대표기도의 순서

기도의 내용을 설명할 때 흔히 사용하는 용어가 "ACTS"라는 것이 있다. ACTS는 A(Adoration, 찬양), C(Confession, 고백 또는 회개), T(Thanksgiving, 감사), S(Supplication, 간구)를 의미한다. 우리가 대표로 기도를 인도할 때 이 네 가지의 기도 요소를 생각하면서 기도하면 바르게 기도할 수 있을 것이다.

1) A(Adoration, 찬양)

기도 중에 가장 중요한 것은, 먼저 하나님께 초점을 맞추고, 하나님께 찬양하고 하나님을 예배하는 것이다. 기도는 하나님을 바라보고, 하나님께 예배하고, 하나님을 경배하는 일이기 때문이다.

A는 Adoration, 찬양을 말한다. 찬양은 하나님께 대한 감사와 존경을 노래하는 것이다. 우리가 기도할 때 먼저 하나님을 부른다. "살아계신 하나님 아버지", "사랑과 은혜가 풍성하신 하나님 아버지", "거룩하시고 은혜로우신 하나님 아버지", "사랑이신 하나님", "전능하신 하나님 아버지" 등. 그리고 하나님께서 행하신 일을 찬양하고, 예배하고 영광 돌려 드리는 기도를 한다. "세상 만물을 아름답게 창

조하신 하나님께 영광을 드립니다.", "우리를 죄악에서 구속하여 주시고", " ~하신 하나님께 영광과 찬송을 드립니다.", "보호하시며 다스리시는 하나님께 감사와 찬양을 드립니다."

2) C(Confession, 죄의 고백)

요한일서 1:9에, "만일 우리가 우리 죄를 자백하면 저(하나님)는 미쁘시고 의로우사 우리 죄를 사하시며, 모든 불의에서 우리를 깨끗하게 하실 것이요."라고 하셨다. 기도 가운데 회개하는 일은 우리 자신을 돌아보는 일이요, 자기를 반성하는 일이요, 자기를 성찰하는 일이다. 그리고 죄로부터 돌이켜서 하나님께 나아가는 일이요, 예수 그리스도의 보혈의 피로 죄 씻음 얻어 성결케 되는 일이다.

C는 Confession, 죄의 고백, 회개를 말한다. 기도자는 지나간 한 주간 동안 세상에 살면서 이기심, 게으름, 허영, 탐욕, 정욕, 음란한 생각, 음란한 행동 등, 알면서도 행하지 못한 죄, 모르고 지은 죄, 생각나지 않는 죄들을 고백하는 것이다.

3) T(Thanksgiving, 감사)

시편 103:2, "내 영혼아 여호와를 송축하며 그(의) 모든 은택을 잊지 말지어다"라고 하였다. 기도 가운데 감사는 우리 자신의 과거를 돌아보며, 지난날 우리에게 행하신 하나님의 그 크신 구원의 은혜, 날마다 보호해 주신 일에 대해 정말 깊이 감사해야 하는 것이다.

T는 Thanksgiving, 감사를 말한다. 감사는 하나님께서 베푸신 사랑과 은혜와 자비와 긍휼에 대하여 구체적으로 하는 것이 좋다. 그러나 감사의 내용은 하나님 찬양과 함께 할 수도 있고, 죄 고백한 후 사하심의 은총에 대한 감사를 할 수도 있다. 따라서 감사기도의 순서는 반드시 고백 다음에 올 필요는 없다고 본다.

4) S(Supplication 기원, 간구)

S는 Supplication, 기원, 간구를 말한다. 사실 우리가 기도하는 시간 가운데 그 비중이 가장 많이 차지하는 부분이 바로 이 간구이다. 영적으로는 우리 자신의 성결, 곧 죄와 유혹으로부터의 구출을 위해서, 그리고 성령의 임재와 충만과 다스리심을 위해서 기도해야 한다. 육신적으로는 우리에게 필요한 일용할 양식, 건강, 가정, 직장, 사업을 위해서 기도해야 한다. 교회를 위해서는 목회자와 성도들과 교회 각 기관과 주일학교 교육과 당면 과제를 위해서 기도해야 한다. 특별히 다른 사람들을 위한 기도(도고)가 포함된다.

디모데전서 2:1~2에는 "모든 사람을 위하여 간구와 기도와 도고와 감사로 하되 임금들과 높은 지위에 있는 모든 사람을 위하여 하라"고 했다. 영육 간에 약한 자와 시험에 든 자, 대통령과 지도자들을 위하여, 나라와 민족을 위하여, 세계와 자연을 위하여, 세계선교를 위하여 기도해야 한다.

4. 대표 기도의 준비

우리가 대표로 기도를 맡게 될 때 어떻게 기도를 해야 할까? 많은 사람들이 있는데서 어떻게 하면 잘할까? 과연 하나님께서 나의 기도를 들어주실까? 내가 속한 구성원들의 기도를 조리 있게 간구할 수 있을까? 떨려서 실수하면 어떻게 하지? 이러한 생각으로 부담을 갖는 경우를 종종 보게 된다. 그렇다고 진실된 마음으로 자연스럽게 해야 한다고 해서 입에서 나오는 대로 자기의 생각을 다 쏟아놓는 것도 옳은 것이 아니다. 기도에도 순서가 있고 원칙이 있다. 주님께서 가르쳐 주신 기도문이나, 주님이 행하신 기도를 보아도 하나의 고정된 틀이 있음을 알 수 있다.

교회의 역사를 보면, 교회는 성도들의 개인적인 기도를 가르치고 장려하는 한편, 모인 교인들이 경우에 따라 기도드릴 수 있도록 〈공적인 기도문〉을 출판하여 보급하였다. 이것은 로마 천주교는 물론 종교개혁 이후 개신교에도 그 전통이 전해져 내려오고 있다.

로마 천주교와 개신교의 양면성을 가지고 있는 성공회는 〈공도문〉이란 책자가 별도로 나와 있어서 아침에 드리는 기도, 저녁에 드리는 기도, 감사기도, 자녀를 위한 기도, 여행자를 위한 기도, 새해에 은혜를 구하는 기도 등등, 경우에 따른 기도문이 수록되어 있어서 필요에 따라 필요한 기도문을 낭독하도록 한다.

기도문을 작성하여 기도하는 것을 반기지 않은 이들도 있다. 그러나 성경과 교회의 전통 속에 개인 기도와 함께 공적인 예배를 위한 기도문이 있는 것을 볼 때, 기도를 담당한 사람은 미리 기도하면서 정성스럽게 준비한 기도문을 경건한 마음으로 읽어 나가는 것이 바람직하다고 볼 수 있다. 머리에서 생각나는 대로 기도하게 되면 조리 있게 간구하지 못할 수도 있으며, 중언부언도 하게 되고, 꼭 구해야 할 것을 빠뜨리기도 한다. 그러나 원고를 써서 하든 하지 않든 중요한 것은 성령님의 인도하심을 받아야 한다는 것이다.

기도문안은 일정한 형식과 내용에 의하여 기도할 모임과 구성원들의 형편을 살펴서 작성해야 한다. 반드시 공동 기도로서 적절한 용어와 언어를 사용해야 한다. 그리고 대표자의 기도를 통하여 아직 기도를 잘하지 못하는 자들에게 본이 되어 기도를 가르치는 의미도 있다. 그러므로 대표로 기도한 자는 기도문을 작성하여 기도하는 것이 매우 중요하다.

5. 대표기도자의 유의 사항

1) 기도하는 모임과 장소와 시간을 분별하라.

대표기도를 맡은 자는 자신이 기도해야 할 모임의 장소와 시간을 잘 고려해야 한다. 예를 들어, 주일 낮 예배시간인지, 저녁 예배시간인지, 아니면 청년부 헌신 예배시간인지 맡은 순서가 든 시간을 고려하여야 한다. 그리고 대표로 기도하게 될 모임의 장소가 예배당인지, 심방을 가서 어려운 가정 식구들을 앞에 두고 하게 될 것인지, 잔치석상에서 대표로 기도를 하게 될 것인지 등을 분별해서 그 모임과 장소에 적절한 내용의 기도를 준비해야 할 것이다.

2) 무엇을 기도할 것인가를 염두에 두라.

대표기도자는 자신이 대표로 기도하게 될 모임의 구성원이 어떠한 문제점을 가지고 있고, 무엇을 공통으로 소망하고 있는지 주의 깊고 세밀하게 파악하여 기도의 내용으로 하는 것이 좋다.

3) 기도자들의 기도를 기도제목으로 삼으라.

대표기도자는 대리자로서 기도하는 것이 아니라 함께 기도하는 자이므로, 자칫 피상적이고 억지로 입술로만 하는 기도를 하기 쉽다. 그렇게 할 경우 기도를 통한 은혜를 받지 못하고, 그 기도로서 사랑의 교류를 감지하지 못한다. 그러므로 대표기도자는 회중의 기도를 자기의 기도로 드려야 한다.

4) 대표기도자의 태도

① 기도 소리는 전체가 다 들을 수 있도록 하여야 하며, 사투리나

비어, 속어 등을 사용하지 않도록 한다.

② 훈계나 설교하는 식의 기도로 타인의 감정을 상하게 하지 말고, 온유와 겸손으로 하나님께만 드리는 기도가 되도록 노력해야 한다.

③ 인간을 향하여 꾸미는 말이나 중언부언 하지 말고, 마음에서 나오는 진실한 기도를 하도록 한다. 지나친 미사여구(美辭麗句)로 기도 내용을 꾸미지 않는 것이 좋다.

④ 너무 길게 기도하는 것도 바람직하지 않다. 2~3분이 적당하다.

⑤ 발음을 분명히 하고, 너무 빠르거나 느리게 하지 말아야 한다.

⑥ 태도와 옷차림에서 다른 이들의 기도 모범이 되어야 한다.

II. 기도문의 작성법

1. 기도문 바르게 쓰기

다음은 인터넷에 올라온 대표기도문이다. 이 기도문의 내용과 표현에 대하여 함께 생각해 보도록 한다. 숫자 표시는 분석하고 바르게 고칠 때 참고하시기 바란다.

① 저희들을 당신의 형상대로 지으시고, 지혜와 능력과 자비가 가득하신 거룩하시며 위대하신 하나님 아버지. 찬양과 감사와 영광을 드리나이다. 오늘 저희들에게 거룩한 주일을 허락하셔서 주님의 거룩하신 보좌 앞에 나오게 하시니 감사하옵니다. 감히 주 앞에 설 수 없는 죄인들이오나 그리스도의 사죄의 은총을 힘입고 나왔사오니 크신 축복과 사랑으로 함께하여 주시옵소서.

② 하나님 아버지, 그러나 저희들은 주님의 사랑과 은혜를 깨닫지 못하고 불충하였으며 저희들에게 명하신 명령에 순종치 못하였습니다. 주의 영광을 드러내기보다는 자신의 욕심을 내세웠고 말씀대로 살기보다는 인간의 보잘것없는 생각대로 살아온 죄를 고백하오니 주께서 불쌍히 여기시고 용서하시며 깨끗이 씻어 주옵소서.

③ 주여. 이 거룩한 주일 아침에 주의 사랑과 은혜를 사모하는 간절한 마음으로 당신을 찾아 온 성도들에게 한량없는 자비를 베풀어 주옵소서. 병마와 싸우며 고통 중에 있는 자들을 도와주시며 사탄과 마귀의 유혹을 당한 자들에게 새 힘과 용기를 주옵소서. 가정의 여러 문제와 경제적인 문제로 고민하며 간구하는 기도를 주께서 들어주시고 친히 응답해 주시옵기를 바라고 원합니다.

④ 자비로우신 하나님 아버지. 이 세상에 있는 모든 교회들을 위하여 기도합니다. 교회를 이끄시는 주의 종들에게 성령께서 함께 해주시고 말씀에 능력을 덧입혀 주옵소서. 모든 교회들이 교회의 사명을 다하게 하시고 썩어가고 어두운 세상에서 빛과 소금의 역활을 충분히 감당하게 하시옵소서.

⑤ 특별히 저희 교회를 위하여 기도하옵니다. 일찌기 주님의 크신 뜻과 섭리가 계셔서 이곳에 저희 교회를 세워 주시고 이끌어 주시며 부흥케 하시니 감사하옵니다. 주께서 저희 교회에 임하셔서 성령의 뜨거운 역사가 늘 살아 움직이며 생명이 넘치는 교회가 되게 하시옵

소서. 그리하여 저희 교회가 이 사회와 국가와 온 세계에까지 뜨겁게 주의 말씀을 증거하며 복음화 하는데 앞장서는 교회가 되게 축복하시옵소서.

⑥ 축복의 하나님 아버지시여. 저희 나라를 축복하시고 나라를 이끌어가는 위정자들을 인도하여 주옵소서. 그들에게 의와 진리를 깨닫게 하시며 지혜와 분별력을 주셔서 정사를 바로잡게 하시옵소서. 또한 이 백성들의 모든 형편과 처지를 축복하시고 저희들 가운데 속히 주님의 사랑과 평화가 넘치는 나라가 임할 수 있는 놀라운 축복을 허락해 주시옵소서.

⑦ 하나님 아버지, 저희 목사님께 함께하셔서 흠 없는 주의 제단 앞에 서기에 합당하게 하시고 당신의 진리의 말씀을 베풀기에 부족함 없는 능력을 허락하시옵소서. 그의 가정과 건강도 지켜주셔서 온전히 몸 된 교회와 교인들을 위하여 일할 수 있게 하시옵소서.

⑧ 하나님 아버지, 예배를 위하여 수고하는 성가대의 찬양이 하늘나라에 상달될 수 있게 하시고, 모든 대원들에게 크신 은혜를 허락 하시옵소서. 이 예배의 시작과 끝을 온전히 주님께서 주장하시고 사탄 마귀가 틈타지 않게 도와주시옵소서.

이 모든 말씀을 예수님 이름으로 기도합니다. 아멘.

― ─ ― ─ ― ─ ― ─ ― ─ ―〈 **분석 ①** 〉― ─ ― ─ ― ─ ― ─ ― ─ ―

저희들을 당신의 형상대로 지으시고, 지혜와 능력과 자비가 가득하신 거룩하시며 위대하신 하나님 아버지. 찬양과 감사와 영광을 드리나이다. 오늘 저희들에게 거룩한 주일을 허락하셔서 주님의 거룩하신 보좌 앞에 나오게 하시니 감사하옵니다. 감히 주 앞에 설 수 없는 죄인들이오나 그리스도의 사죄의 은총을 힘입고 나왔사오니 크신 축복과 사랑으로 함께하여 주시옵소서.

① '당신'은 '하나님' 또는 '하나님 아버지'로 해야 한다. 기도할 때 하나님은 우리의 말을 직접 들으시는 분으로서 2인칭이다. 우리말 2인칭 '당신'은 결코 존칭어가 될 수 없다. '당신'은 다만 3인칭 극존칭어로만 쓰일 수 있다.

② '축복(祝福)'이란 말은 '복을 빈다'는 뜻이다. 하나님은 복의 근원이시며, 복을 주시는 분이시지, 복을 비는 분이 아니다. 그러므로 "축복과 사랑으로"는 "복과 사랑으로"가 되어야 한다.

③ "저희들을 당신의 형상대로 지으시고, 지혜와 능력과 자비가 가득하신 거룩하시며 위대하신 하나님 아버지. 찬양과 감사와 영광을 드리나이다." 이 문장은 하나님의 속성을 모두 나열하는 것 같아서 너무 길고 지루하게 된다. "하나님의 형상대로 저희들을 창조하신 아버지, 찬양과 영광을 드립니다." 또는 "지혜와 능력과 자비로우신 하

나님 아버지. 찬양과 감사와 영광을 드립니다."로 간단히 하는 것이
좋다.

다시 쓰기

"자비로우신 하나님 아버지, 찬양과 감사와 영광을 드립니다.
오늘 저희들에게 거룩한 주일을 주시고, 주님께 나와 예배하게
하시니 감사드립니다. 감히 주님 앞에 설 수 없는 죄인들이오
나, 주님께서 저희들의 죄를 용서해 주신 사랑을 힘입어 담대하
게 나왔사오니, 크신 복과 사랑을 베풀어 주옵소서."

──────────── 〈 분석 ② 〉────────────

하나님 아버지, 그러나 저희들은 주님의 사랑과 은혜를 깨닫지 못
하고 불충하였으며, 저희들에게 명하신 명령에 순종치 못하였습니다.
주의 영광을 드러내기보다는 자신의 욕심을 내세웠고, 말씀대로 살기
보다는 인간의 보잘것없는 생각대로 살아온 죄를 고백하오니, 주께서
불쌍히 여기시고 용서하시며 깨끗이 씻어 주옵소서.

이 부분은 대체로 무난하다.

------------------------〈 분석 ③ 〉------------------------

주여, 이 거룩한 주일 아침에 주의 사랑과 은혜를 사모하는 간절한 마음으로 당신을 찾아 온 성도들에게 한량없는 자비를 베풀어 주옵소서. 병마와 싸우며 고통 중에 있는 자들을 도와주시며, 사탄과 마귀의 유혹을 당한 자들에게 새 힘과 용기를 주옵소서. 가정의 여러 문제와 경제적인 문제로 고민하며 간구하는 기도를 주께서 들어주시고 친히 응답해 주시옵기를 바라고 원합니다.

① "주여, 이 거룩한 주일 아침에 주의 사랑과 은혜를 사모하는 간절한 마음으로"는 간결하게 표현하는 것이 좋다.
② "당신을 찾아 온"은 "주님 앞에 나온"이 좋다.
③ "들어주시고 응답해 주시기를 바라고 원합니다."는 중복적인 의미로서 간단하게 표현하는 것이 좋다.

다시 쓰기

이 거룩한 주일에, 주님의 사랑과 은혜를 사모하는 마음으로 주님 앞에 나온 성도들에게 한없는 자비를 베풀어 주옵소서. 병마와 싸우며 고통 중에 있는 자들을 도와주시며, 사탄과 마귀의 유혹을 당한 자들에게 새 힘과 용기를 주옵소서. 가정의 여러 문제와 경제적인 문제로 고민하며 간구하는 자들의 기도를 들어주옵소서.

자비로우신 하나님 아버지, 이 세상에 있는 모든 교회들을 위하여 기도합니다. 교회를 이끄시는 주의 종들에게 성령께서 함께해주시고 말씀에 능력을 덧입혀 주옵소서. 모든 교회들이 교회의 사명을 다하게 하시고 썩어가고 어두운 세상에서 빛과 소금의 역할을 충분히 감당하게 하시옵소서.

① "주의 종들에게"란 표현은 성도들이 주님의 종인 목사님들에게 사용하는 표현이 아니다. 종을 종이라 부를 수 있는 분은 오로지 주인밖에 없다. 그러므로 성도들이 '주의 종'이라고 부르는 것은 잘못된 것이다. '목사님' 또는 '주님의 사자'가 좋다.

② "능력을 덧입혀"란 표현은 '능력을 더하여'로 하는 것이 좋다. '덧입히는 것'과 '더하는 것'은 의미가 다르다. '덧입히는 것'은 겉에 다른 것을 입히는 것으로 겉과 속이 다르게 되는 결과를 낳는다.

③ "썩어가고"는 "썩어가는"이 옳으며, "썩고 어두운"으로 표현하면 된다.

다시 쓰기

자비로우신 하나님 아버지, 이 세상에 있는 모든 교회들을 위하여 기도합니다. 교회를 섬기는 목회자들에게 성령께서 함께해주시고, 말씀에 능력을 더하여 주옵소서. 모든 교회들이 교회의 사명을 온전히 감당하게 하시고, 어두운 세상에서 빛과 소금의 역할을 온전히 감당하게 하옵소서.

특별히 저희 교회를 위하여 기도하옵니다. 일찌기 주님의 크신 뜻과 섭리가 계셔서 이곳에 저희 교회를 세워 주시고 이끌어 주시며 부흥케 하시니 감사하옵니다. 주께서 저희 교회에 임하셔서 성령의 뜨거운 역사가 늘 살아 움직이며 생명이 넘치는 교회가 되게 하시옵소서. 그리하여 저희 교회가 이 사회와 국가와 온 세계에까지 뜨겁게 주의 말씀을 증거하며 복음화 하는데 앞장서는 교회가 되게 축복하시옵소서.

① '섭리(攝理)'는 세상과 우주 만물을 다스리는 하나님의 뜻을 말한다. 그러므로 "뜻과 섭리"라고 하면 중복된 표현이 된다.

② "성령의 뜨거운 역사가 늘 살아 움직이며"에서 '역사'란 '일'을 말한다. '뜨거운 역사'와 '살아 움직임'은 같은 표현이다. 그냥 '성령의 역사로'가 적절하다.

다시 쓰기

특별히 저희 교회를 위하여 기도합니다. 일찍이 주님의 뜻이 계셔서 이곳에 저희 교회를 세워 주시고, 부흥케 하시니 감사합니다. 성령의 역사로 생명이 넘치는 교회가 되게 하옵소서. 그리하여 저희 교회가 이 사회와 국가와 온 세계에까지 주님의 말씀을 증거하며, 복음화에 앞장서는 교회가 되게 하옵소서.

축복의 하나님 아버지시여. 저희 나라를 축복하시고 나라를 이끌어 가는 위정자들을 인도하여 주옵소서. 그들에게 의와 진리를 깨닫게 하시며 지혜와 분별력을 주셔서 정사를 바로잡게 하시옵소서. 또한 이 백성들의 모든 형편과 처지를 축복하시고 저희들 가운데 속히 주님의 사랑과 평화가 넘치는 나라가 임할 수 있는 놀라운 축복을 허락해 주시옵소서.

① 이 부분에서는 '축복'이란 용어에 주의하여야 한다.

② "저희 나라"는 "우리나라"가 옳은 표현이다.

③ "정사를 바로 잡게 하시며"에서 정사(政事)란 정치상의 일을 말한다. 그러므로 정사를 바로잡는 것이 아니라 바르게 하는 것이다.

④ "나라가 임할 수 있는"이란 표현보다는 '나라가 되게'란 표현이 옳다.

다시 쓰기

복의 근원이신 하나님 아버지. 우리나라를 복 주시고, 이 나라를 이끌어가는 위정자들을 인도하여 주옵소서. 저들이 의와 진리를 깨닫게 하시며, 지혜와 분별력을 주셔서 정사를 바르게 하도록 도와주옵소서. 또한 백성들의 모든 형편과 처지를 헤아려 주시고, 주님의 사랑과 평화가 넘치는 나라가 이루어지도록 하옵소서.

하나님 아버지, 저희 목사님께 함께하셔서 흠 없는 주의 제단 앞에 서기에 합당하게 하시고, 당신의 진리의 말씀을 베풀기에 부족함 없는 능력을 허락하시옵소서. 그의 가정과 건강도 지켜주셔서 온전히 몸 된 교회와 교인들을 위하여 일할 수 있게 하시옵소서.

① "흠 없는 주의 제단 앞에 서기에"에서 '주의 제단' 이란 표현은 되도록 쓰지 말고 '교회'라고 하는 것이 좋다. 그리고 인간이 흠이 많지 주님의 교회는 흠이 없다.

② "허락하시옵소서"란 표현도 명령어이다. '허락하여 주옵소서' 라고 하여야 한다.

다시 쓰기

하나님 아버지, 저희 목사님과 함께하셔서 늘 주님 앞에 바로 서게 하시고, 진리의 말씀을 베풀기에 부족함 없는 능력을 주옵소서. 목사님의 가정을 지켜 주시고, 건강을 주셔서 몸 된 교회와 성도들을 위하여 섬기는 목자가 되게 하옵소서.

〈 분석 ⑧ 〉

   하나님 아버지, 예배를 위하여 수고하는 성가대의 찬양이 하늘나라에 상달될 수 있게 하시고, 모든 대원들에게 크신 은혜를 허락 하시옵소서. 이 예배의 시작과 끝을 온전히 주님께서 주장하시고 사탄 마귀가 틈타지 않게 도와주시옵소서.

   이 모든 말씀을 예수님 이름으로 기도합니다. 아멘.

   ① "찬양이 상달될 수 있게 하시고"란 표현은 하나님이 받으시는 것이 아니라 중개자의 역할을 해 달라고 하는 의미가 된다. 이것은 '성가대의 찬양을 하나님께서 받아 주시고'가 되어야 한다.

   ② "크신 은혜를 허락하옵소서"란 표현은 하나님께 우리가 명령하는 격이 되므로, '크신 은혜를 내려 주옵소서'라고 해야 한다.

   ③ "예배의 시작과 끝", "이제는 예배하는 시작이오니"란 표현을 종종 쓰는데, 그냥 "이 예배를 온전히 주장하시고"로 하면 된다.

다시 쓰기

   하나님 아버지, 성가대의 찬양을 하나님 기뻐 받아 주시고, 저희들에게는 크신 은혜를 내려 주옵소서. 이 예배를 온전히 받아 주시기를 바라오며, 마귀가 틈타지 않게 도와주옵소서.

   이 모든 말씀을 예수님 이름으로 기도합니다. 아멘.

2. 기도문 작성 연습

1) 하나님 찬양

시편 100:4에, "감사함으로 그 문에 들어가며 찬송함으로 그 궁정에 들어가서 그에게 감사하며 그 이름을 송축할지어다"고 했다. 인간은 자신이 높이 존경하고 사랑하는 사람을 높이고 찬양한다. 존경받고 사랑받는 사람은 자연히 최고의 찬사를 받게 된다. 이렇게 볼 때, 인간을 만드시고 보호하시는 창조주 하나님은 당연히 우리의 찬양의 대상이 되신다. 또한 하나님이 우리 인간을 창조하신 목적이 하나님이 기쁘심을 받으시고 영광을 얻으시기 위함이므로, 우리가 기도할 때 제일 먼저 기도를 받으시는 하나님을 부르고, 그의 영광을 찬송하는 것이 마땅한 도리이다.

이때 우리가 하나님 앞에 수식어를 사용하게 되는데, 예들 들어, '전능하신 하나님'이라든지, '사랑이신 하나님'이라고 부르는 경우가 있다. 여기에서 주의할 것은 하나님 앞에 붙이는 수식어는 일반적인 수식어가 아니라 성경에 나타난 하나님의 속성을 나타내는 것을 붙이는 것이 옳다.

하나님 앞의 수식어는 '전지전능하신', '무소부재하신', '지혜이신', '인자하신', '공의로우신', '거룩하신', '진실하신', '자비로우신', '사랑이신', '신실하신' 등의 속성들과, '만유의 주가 되시는',

'구원자이신', '창조자이신', '천지를 지으신', '위에 계신', '하늘에 계신', '스스로 계시는', '높으신', '왕이신', '삼위일체이신' 등 존재를 나타내는 '~가 되시는' 등의 용어를 사용하는 것이 좋을 것이다. 그러나 '좋으신', '사랑하는', '믿음직스러운', '존경하는', '감사하는' 등의 용어는 하나님이 아니라 인간에게 사용하는 용어들임으로 적절하지 못하다.

성경의 예를 보면 다음과 같다.
시편 5:2, "나의 왕, 나의 하나님이여."
시편 8:1, "여호와 우리 주여."
시편 18:1, "나의 힘이 되신 여호와여."
시편 18:3, "찬송 받으실 여호와께."

기도문 작성 연습

기도문을 써봅시다.

예 1) 거룩하신 아버지 하나님, 영광과 찬송을 드립니다.

예 2) 세세 무궁토록 영광을 받으시기에 합당하신 하나님 아버지께 찬양을 드립니다.

예 3) 살아계셔서 온 인류의 역사를 주관하시며 감찰하시는 거룩하신 하나님 아버지, 찬송과 영광을 드립니다.

2) 감사

우리가 기도할 때 우선 구원에 대한 감사를 하여야 한다. 에베소서 2:4~5에, "긍휼에 풍성하신 하나님이 우리를 사랑하신 그 큰 사랑을 인하여 허물로 죽은 우리를 그리스도 예수와 함께 살리셨고"라고 했다. 구원은 하나님을 떠난 영적인 문제와 마귀의 권세에서 해방되는 것이다. 그러므로 구원에 대한 감사는 기도 응답의 확실한 기초가 된다. 그리고 우리의 모든 삶을 인도해 주심에 대하여 감사해야 한다.

하나님께 기도할 때 찬양하며 감사하는 것이 우리의 도리이다. 찬양은 우리로 하여금 하나님께 감사하도록 이끌어 주신다. 세상을 만드시고, 그 모든 것들을 우리에게 주신 하나님, 그리고 언제나 우리와 동행하시며 지켜주시고, 일용할 양식을 주시는 하나님, 정죄 받아 죽을 수밖에 없는 우리들을 그리스도를 통하여 구원하신 하나님, 그러므로 하나님의 자녀로서 아버지께 감사하지 않을 수 없는 것이다.

우리는 시편 136장에서 다윗은 감사의 조건들을 다음과 같이 말했다.

- 여호와께 감사하라
- 모든 신에 뛰어나신 하나님께 감사하라
- 모든 주에 뛰어나신 주께 감사하라
- 홀로 큰 기사를 행하시는 이에게 감사하라
- 지혜로 하늘을 지으신 이에게 감사하라
- 땅을 물 위에 펴신 이에게 감사하라
- 큰 빛들을 지으신 이에게 감사하라
- 해로 낮을 주관케 하신 이에게 감사하라
- 달과 별들로 밤을 주관케 하신 이에게 감사하라
- 애굽의 장자를 치신 이에게 감사하라
- 이스라엘을 저희 중에서 인도하여 내신 이에게 감사하라
- 강한 손과 펴신 팔로 인도하여 내신 이에게 감사하라
- 홍해를 가르신 이에게 감사하라
- 이스라엘로 그 가운데로 통과케 하신 이에게 감사하라
- 바로와 그 군대를 홍해에 엎드러뜨리신 이에게 감사하라
- 그 백성을 인도하여 광야로 통과케 하신 이에게 감사하라
- 큰 왕들을 치신 이에게 감사하라
- 유명한 왕들을 죽이신 이에게 감사하라
- 아모리인의 왕 시혼을 죽이신 이에게 감사하라

- 바산 왕 옥을 죽이신 이에게 감사하라
- 저희의 땅을 기업으로 주신 이에게 감사하라
- 곧 그 종 이스라엘에게 기업으로 주신 이에게 감사하라
- 우리를 비천한 데서 기념하신 이에게 감사하라
- 우리를 우리 대적에게서 건지신 이에게 감사하라
- 모든 육체에게 식물을 주신 이에게 감사하라
- 하늘의 하나님께 감사하라.

기도문을 써봅시다.

자신이 한 주간 동안 하나님께 감사한 일들을 생각하고, 다섯 가지만 기록해 보자.

①

②

③

④

⑤

예 1) 지난 한 주간 동안 하나님이 함께하시고 사랑하여 주셔서 우리 식구들이 모두 잘 지내게 하셔서 감사합니다.

예 2) 죽을 수밖에 없는 죄인들을 하나님께서 사랑해 주시고, 독생자 예수 그리스도의 보혈의 피로 깨끗케 하시니 감사합니다.

예 3) 지난 일주일 동안도 주께서 저희를 보살펴 주셔서 아무런 탈 없이 지나게 하시고, 거룩한 주일을 맞이하여 주님의 전으로 불러 모아 주시니 감사합니다.

감사에 대한 기도문을 작성해 보자.

3) 죄의 고백

시편 66:18에, "내가 내 마음에 죄악을 품으면 주께서 듣지 아니하시리라"고 하였다. 죄는 하나님과 우리 사이에 장벽이 된다. 그러므로 죄는 빨리 회개하고 용서함을 받아야 한다. 죄의 고백은 그리스도를 믿는 자들을 값없이 용서하시는 하나님께 드리는 것이다. 죄의 고백과 사죄함을 받지 않고는 기도의 효력은 없기 때문이다. 자신을 돌아보며 하나님께 지은 죄를 하나하나씩 고백하도록 한다. 물론 여기서 죄라고 함은 하나님의 말씀에 불순종함은 물론, 세상에서 지은 모든 것이 포함되어야 한다.

대표로 기도할 때에는 함께 기도하는 모든 사람들이 공통으로 범하기 쉬운 몇 가지를 지적하여 고백하도록 한다.

기도문을 써봅시다.

자신이 한 주간 살면서 지은 잘못들을 적어보자.

자기의 잘못을 하나님께 고백하는 기도문을 작성해 보자.

예 1) 지난 한 주일 동안 세상에 살면서 하나님을 기쁘시게 하지 못하고, 저희들의 육신을 위하여 이기적인 욕망과 죄악 가운데 살아 왔나이다. 이 시간 저희들의 죄를 용서하여 주옵소서.

예 2) 주님의 은혜로 살면서도 욕심에 사로잡혀 은혜를 저버리고, 입술로만 주님을 사랑한다고 고백하며 주님을 사랑하지 않은 것을 용서하여 주옵소서. 나만의 욕심을 충족시키기 위해 형제를 미워하고 시기하는 이 죄인들을 용서하여 주옵소서.

용서를 구하는 기도문을 작성해 보자.

4) 기도와 간구

간구는 성도들이 어떤 특별한 간청과 관심을 하나님께 기도하는 것이다. 우리는 불완전하고 부족하기 때문에 항상 기도로 구해야 한다. 요한복음 15:7에, "너희가 내 안에 거하고 내 말이 너희 안에 거하면 무엇이든지 원하는 대로 구하라 그리하면 이루리라"고 하셨다. 하나님께서는 우리를 사랑하시기 때문에 우리에게 꼭 필요한 것을 가장 좋은 때에 가장 좋은 방법으로 주신다.

기도할 때 우리는 우리의 필요는 물론, 다른 사람들을 위해서 기도하고, 교회와 나라를 위해서도 기도해야 한다. 이 때에 성령께서 우리의 연약함을 도와주시고, 우리가 마땅히 기도할 바를 알지 못해도 말할 수 없는 탄식으로 우리를 위하여 친히 간구해 주신다(롬 8:26).

기도문을 써봅시다.

예 1) 교회를 위하여

전능하신 하나님, 예수 그리스도께서 친히 저희 교회의 주인이 되시고, 주님의 사랑과 진리와 은혜가 가득 찬 교회가 되게 하옵소서. 저희 믿는 성도들이 서로 사랑하면서 주님의 일을 감당하게 하옵소서. 성령께서 뜨겁게 역사하시는 교회가 되어 날마다 부흥하게 도와주옵소서.

예 2) 성도들을 위한 간구

하나님 아버지, 사랑하는 성도들을 위하여 간구하오니, 주께서 들어주시고 응답해 주옵소서. 하나님 말씀대로 살아가는 믿음을 주시고, 생활 속에서 주님의 영광을 드러내는 삶을 살게 하여 주옵소서. 저희들의 걱정과 근심과 괴로워하는 모든 것들을 주님께 맡기고, 날마다 세상을 이기는 믿음을 허락하여 주옵소서.

예 3) 고통하는 이들을 위하여

주님, 마음의 상처와 육신의 질병으로 인하여 주님께로 나오지 못하는 심령들이 있습니다. 주님께서 이 시간 친히 그들과 함께하여 주시고, 마음의 상처를 어루만져 주시고, 질병으로 고통하는 심령들을 치료하여 주옵소서.

예 4) 이웃을 위한 간구

하나님 아버지, 아직도 주님을 알지 못하고 죄악 가운데 헤매는 이웃과 형제들을 위하여 기도합니다. 주님께서 저들에게 복음의 빛을 비추사 주의 밝은 빛으로 나오게 하시고, 예수님을 믿어 영생을 누리는 복을 허락하옵소서. 헐벗고 굶주리는 우리의 이웃들도 있사오니, 주님께서 지켜 주시고, 그들에게 주님의 사랑으로 함께할 수 있는 저희들이 되게 하옵소서.

예 5) 나라를 위한 간구

거룩하신 하나님 아버지, 우리나라를 지켜주옵소서. 이 나라와 통치자와 나라 살림을 맡은 모든 이들에게 하나님을 두려워하는 마음을 주시고, 순수한 마음으로 백성들을 섬기며, 잘 사는 나라로 만들 수 있는 지혜를 허락하여 주옵소서. 이 땅에 불의와 부정이 사라지고, 남북으로 갈라진 나라가 주님의 복음으로 통일되는 놀라운 역사가 일어나게 하옵소서.

내가 다른 이들을 위해서 기도할 것들을 모두 적어 보자.

①

②

③

④

⑤

⑥

⑦

⑧

⑧

⑨

⑩

기도문을 써봅시다.

간구할 내용으로 기도문을 작성해 보자.

5) 믿음과 확신

가장 의미 있는 기도는 하나님에 대한 믿음(신뢰)에서 나온다. 예수 님께서는 마가복음 9:23에 "할 수 있거든이 무슨 말이냐 믿는 자에게 는 능치 못할 일이 없느니라"고 말씀하셨다. 또한 요한복음 15:7에 "너희가 내 안에 거하고 내 말이 너희 안에 거하면 무엇이든지 원하 는 대로 구하라 그리하면 이루리라"고 하셨다.

기도는 확실한 믿음으로 해야 한다. 의심하면서 기도하는 것은 받 으시지 않으신다. 특히 대표로 기도하는 자가 하나님이 응답해 주심 을 믿지 못한다면, 모든 회중들에게 불확실한 태도와 불신을 가지게 할 수 있다. 따라서 기도의 열매를 맺을 수 없게 될 것이다. 확신 있는 기도생활은 성령의 감동과 성령의 조명 아래 기록된 말씀과 예수 그리스도의 이름으로 이루어진다. 그러므로 우리는 확실하게 믿고 기도하면 된다.

기도문을 써봅시다.

간구할 내용으로 기도문을 작성해 보자.

6) 예수의 이름으로

기도는 하나님께 하는 것이지만, 우리의 기도를 하나님께 구하여 주시는 분은 예수 그리스도이시다. 그러므로 우리는 기도하면서 응답에 대하여 염려하거나 걱정할 필요가 없다. 예수 그리스도께서 책임지시기 때문이다. 그러므로 우리는 기도를 '예수 그리스도의 이름으로' 하는 것이다.

이때 '우리의 기도를 들으시는 예수님의 이름으로'는 잘못된 표현이다. 왜냐하면, 우리의 기도를 들으시는 분은 하나님이시다. 예수님은 우리의 기도를 하나님께 중보하시는 역할을 하신다. 예수님의 이름으로 기도하는 것은 그리스도의 능력을 힘입어 기도한 것이며, 예수님 자신이 기도하는 것과 동일하게 되는 것이다. 그러므로 기도할 때, '우리의 기도를 들으시는 주여'는 우리의 기도를 들으시는 하나님'으로 하는 것이 옳은 표현이며, '우리의 기도를 들으시는 예수님의 이름으로'는 '예수님의 이름으로'로 표현하는 것이 좋다.

기도문을 써봅시다.

예 1) 예수 그리스도의 이름으로 기도드립니다. 아멘.
예 2) 우리를 구원하신 예수 그리스도의 이름으로 기도드립니다. 아멘.
예 3) 십자가에 피 흘리사 우리를 구속하신 예수 그리스도의 이름으로 기도드립니다. 아멘.

대표기도문의 예

　말씀으로 천지만물을 창조하신 하나님 아버지! 크신 사랑과 은혜에 감사와 찬양과 경배를 드립니다. 오늘도 거룩하고 복된 주일을 주셔서 하나님 앞에 예배드릴 수 있게 인도하여 주시니 감사합니다. 이 시간 부족한 저희들이 몸과 마음과 정성을 다하여 신령과 진정으로 예배드리오니, 더욱 사랑하여 주시고, 하나님의 음성을 듣게 하시며, 하나님의 크신 사랑을 깨닫는 귀한 시간이 되게 하여 주옵소서.

　자비로우신 하나님 아버지! 지난 일주일 동안도 하나님의 크신 사랑을 실천하지 못하고, 온전한 믿음으로 살지 못한 것을 부끄럽게 여기오니 용서하여 주옵소서. 세상 욕심에 이끌려 주님의 사랑을 잊고 살았사오니 용서하여 주시고, 주님의 말씀대로 사는 자녀가 될 수 있도록 인도하여 주옵소서.

　대한민국을 사랑하시는 하나님 아버지! 아직도 남북이 분단되어 북한은 틈만 나면 핵을 가지고 위협하며 전쟁을 일으키려고 하오니, 북의 지도자들을 다스려 주시고, 남북이 평화적으로 통일되어서 헤어졌던 민족이 다시 하나가 되어 평화롭게 살아갈 수 있게 하옵소서. 온민족이 하나 되어 함께 하나님을 경외하며 영광 돌리는 나라가 되도록 하여 주옵소서.

　사랑이신 하나님 아버지! 우리 OOO교회를 세워주시고 오늘까지 인도하여 주심을 감사드립니다. 저희들이 부족하고 게을러서 주신 사명을 잘 감당하지 못하였사오니 용서하여 주시고, 하나님이 바라시는 일들을 잘 감당할 수 있도록 도와주옵소서. 우리 교회가 성령 충만해서 많은 영혼을 구원하게 하시며, 사랑과 은혜가 넘쳐서 복 받는 교회가 되게 하여 주옵소서.

사랑이신 하나님 아버지! 오늘도 우리 성도들을 일일이 기억하시고 사랑하여 주옵소서. 더욱 하나님을 의지하고 살아 승리하게 하여 주시며, 각 가정마다 복 주시고 돌아보아 주옵소서. 각 가정의 자녀들이 하나님의 말씀으로 양육되고, 공부도 잘 하여 좋은 학교로 진학하게 하시며, 좋은 직장을 갖도록 인도하여 주옵소서. 질병으로 고생하는 성도들을 주님이 고쳐 주시고, 건강을 되찾아 기쁨으로 봉사하며, 하늘나라를 소망하며 살아가도록 인도하여 주옵소서.

이 시간 말씀을 전하실 목사님에게 은혜를 더하시며, 말씀의 능력과 권세를 주옵소서. 선포되는 말씀을 저희 마음에 새겨서 세상에서 살 동안 넘어지지 아니하는 믿음의 뿌리가 되게 하여 주옵소서.

우리들의 찬양을 기뻐 받으시는 하나님 아버지! 찬양대의 찬양을 들으시고 홀로 영광을 받으옵소서. 하나님의 영광이 이 전에 가득하여 예배하는 모든 성도들이 성령님의 임재를 체험하는 귀한 시간이 되게 하여 주옵소서.

예수님의 이름으로 기도드립니다. 아멘.

"오직 여호와를 앙망하는 자는 새 힘을 얻으리니

독수리가 날개치며 올라감 같을 것이요

달음박질하여도 곤비하지 아니하겠고

걸어가도 피곤하지 아니하리로다."

이사야 40:31

제3부

각종 대표기도문

I. 주일 오전예배 대표기도문

감사하는 삶

생각을 하면 하나님께 감사할 일이 많이 있음을 알게
된다. 최악의 상황에서도 감사할 줄 알아야
진짜 감사가 무엇인지 아는 것이다.

할렐루야! 사랑과 은혜가 충만하신 하나님 아버지! 은혜를 감사합니다. 하나님께서 지금 이 시간, 저희와 함께 계심을 믿사오며, 저희를 위하여 어제도 계셨고, 오늘도 그리고 영원히 여기에 계심을 믿고 감사드립니다.

새해의 첫 주일을 맞이하여, 지나온 날들을 되돌아 볼 때, 여전히 이곳에 말없이 동행하시며 저희를 지켜주시고 계심을 감사드립니다. 우리의 마음에 죄의 더러운 습관을 버리게 하시고, 새해에는 새롭게 하시는 성령님께서 온전히 다스려 주옵소서.

저희를 눈동자처럼 날마다 보호하시는 하나님께 감사하오며, 저희들이 오직 하나님의 영광을 위해 살도록 성령님의 도우심을 원합니다. 하나님의 복된 자녀로서 예수 그리스도를 믿지 않는 이웃에게 전도할 수 있는 한 해가 되게 하시고, 저희를 죄에서 해방시키신 주님의 사랑을 온 누리에 전하게 하시며, 전도자의 사명을 감당할 수 있는 새 힘을 허락하여 주옵소서. 이 나라와 민족을 위하여 복음의 증인이 되게 하여 주옵소서.

새해에도 주님의 몸된 교회를 위하여 세우신 직분자들에게 그 사명을 감당할 힘을 허락하여 주시고, 직임에 충성을 다하도록 인도하여 주옵소서. 교만함과 나태함으로 주님의 영광을 가리는 일이 없도록 하시며, 열심히 감당하여 부흥하는 교회가 되게 하여 주옵소서.

교회의 주인이 되시는 주님! 올해는 저희 교회가 말씀을 사모하고 기도에 힘씀으로 하나님을 경외하는데 부족함이 없게 하시고, 열심을 내어 부흥하게 하시고, 주님 안에서 은혜로운 성도의 교제를 나눌 수 있도록 도와주옵소서. 성령님의 역사하심을 온전히 순종함으로 세상에 빛을 비추는 등대가 되게 하옵소서.

지금도 살아 계셔서 역사하시는 예수 그리스도의 이름으로 기도드립니다. 아멘.

찬양과 영광 가운데 거하시는 삼위일체 하나님 아버지! 크신 은혜와 복을 생각할 때 하늘을 두루마리 삼고 바다를 먹물 삼아도 다 기록할 수 없음을 고백합니다. 존귀와 찬양과 영광을 아버지께 돌립니다. 약속하신 대로 독생자 예수그리스도를 십자가에 내어 주심으로 저희들을 구속하시고, 성령을 보내심으로 날마다 은혜 가운데 살 수 있도록 은총을 허락하시니 감사합니다.

저희들이 죄와 허물이 많아도 포기하지 아니하시고, 오래 참으심으로 구원하셔서 오늘도 주님 앞에 나오게 하시니, 주님만을 바라보는 복된 시간이 되게 하옵소서. 오늘 예배를 통하여 충만한 은혜를 받게 하시고, 저희들의 삶 속에서 잘못된 것들은 버리게 하시고, 끊을 것은 끊는 믿음을 주옵소서.

자신의 연약함과 나약함을 합리화 시키지 않게 하시고, 세상을 향하여 나아가지 말고, 예수 그리스도를 푯대로 삼아 주님을 닮아가는 삶을 살게 하옵소서. 날마다 하나님의 말씀에 순종하게 하시고, 하나님을 시험하지 않게 하시고, 세월을 아껴 하나님이 기뻐하시고 온전하신 뜻이 무엇인지 깨달아 실천할 수 있는 살아있는 믿음을 주옵소서.

작은 일에 충성하게 하시고, 때를 얻든지 못 얻든지 주의 복음을 전하라 하신 주님의 말씀을 따라 전도하게 하시며, 맡겨진 사명에 최선을 다하는 은혜를 주옵소서. 주님의 나라가 확장됨을 기뻐하게 하시고, 하나님의 의가 이루어지는 것에 감사할 수 있게 하옵소서.

믿는 자의 본이 되게 하시며, 세상에서 빛이 되게 하옵소서. 저희 교회가 부흥케 하시며, 말씀으로 충만케 하시고, 기도로 하나님과 교통하며, 헌신하여 주님을 섬기게 하옵소서. 저희 교회의 각 기관들이 활성화되어 부흥케 하시고, 성결운동으로 세상에 본이 되게 하여 주시기를 원합니다.

성도들이 신앙으로 뜨겁게 하시고, 직장과 사업에 아름다운 성령의 열매를 맺게 하시며, 믿음의 본을 보이게 하옵소서.

단 위에 세우신 목사님을 붙들어 주셔서, 오늘도 주의 말씀이 증거될 때 저희들의 삶이 변화되게 하시고, 승리하는 예배가 되게 하여 주옵소서.

예수님의 이름으로 기도드립니다. 아멘.

사랑이신 하나님 아버지, 오늘도 주님의 귀한 날을 허락해 주시고, 하나님께 예배하게 하시니 감사드립니다. 결실의 계절을 맞아 온 땅에 풍성한 열매를 허락해 주시고, 온 국민들이 풍요로운 수확을 하게 하시니 감사합니다. 젖과 꿀이 흐르는 가나안 복지 같은 우리 대한민국에 태어나서 자유를 누리며, 무엇보다도 주님의 복음을 알게 하시고, 주님의 택하신 백성으로 하늘의 소망을 가지고 살 수 있게 하심을 감사드립니다.

사랑의 하나님, 하나님의 크신 은혜를 생각하면서 항상 기뻐하고, 범사에 감사하며 살아야 하지만, 세상에서 부귀를 얻고자 하며, 세상의 방법을 따르는 어리석은 저희들입니다. 세상 끝날까지 우리와 함께하시겠다 하신 약속의 말씀을 잊어버리고, 무엇을 먹을까, 무엇을 마실까, 염려하며 살아가는 믿음 없는 저희들을 용서하여 주옵소서.

주여 주여 하는 자마다 천국에 다 들어갈 것이 아니요, 하늘에 계신 내 아버지의 뜻대로 행하는 자라야 들어간다고 하신 말씀처럼, 주님의 뜻을 알기 원합니다. 저희들에게 지혜를 허락해 주셔서 하나님의 뜻을 알게 하시고, 그 뜻을 행하는 삶을 살게 하여 주소서. 진정한 하나님의 천국 백성들이 다 될 수 있도록 믿음을 허락하여 주옵소서.

저희들의 목자가 되시는 하나님 아버지, 저희 교회를 지켜주옵소서. 지역사회를 섬기고, 이웃을 사랑하며, 하나님의 말씀을 전파하는 주님의 몸된 교회를 사랑합니다. 반석 위에 세운 교회는 어떤 비바람이 불어도 조금도 흔들리지 않는 것처럼, 저희 교회가 반석 위에 든든히 서가는 교회가 되게 하여 주옵소서. 한 심령도 낙심하지 않게 하시고, 어려움 당하지 않게 하시고, 서로가 위로하며, 격려하며, 하나 되어 주님을 섬기는 교회가 되게 하여 주옵소서.

사랑의 하나님 아버지! 우리나라를 북한의 위협으로부터 지켜주옵소서. 이 땅에 전쟁으로 인하여 고통과 슬픔을 당하는 일이 일어나지 않도록 성령님께서 늘 지켜 보호하여 주옵소서. 북한의 지도자들에게 하나님의 공의가 살아있음을 알게 하여 주시고, 하나님을 두려워하는 마음을 주옵소서. 이 땅에 주님의 평화가 넘치게 하옵소서.

오늘도 목사님을 통하여, 저희들의 심령에 성령의 단비와 같은 말씀을 들려 주시고, 그 말씀으로 저희들이 더욱 풍성한 삶을 누리도록 귀한 말씀을 주옵소서. 여러 가지 일들로 인하여 이 자리에 참석하지 못한 사랑하는 성도들을 지켜주시고, 항상 주님과 동행하는 저희들이 되게 하여 주옵소서.

오늘의 예배를 주님께 드립니다. 주님 영광 받아 주시고, 우리에겐 한없는 감사와 기쁨이 넘치는 시간이 되게 하옵소서.

우리를 구원하신 예수 그리스도의 이름으로 기도드립니다. 아멘.

거룩하신 아버지! 하나님! 오늘도 주님께서 사랑하시는 자녀들이 함께 모여 영광과 찬양을 드리게 하시니 감사합니다. 저희들의 예배를 기쁘게 받아 주옵소서.

세상의 죄로 인해 죽을 수밖에 없는 연약한 저희들을 불러주시고, 주님의 거룩한 보혈의 공로로 자녀 삼아주시며, 믿음 안에서 한 형제자매 되게 하시고, 서로를 위하여 기도하는 공동체로 삼아주시니 감사를 드립니다.

저희들은 믿음이 있다고 하면서도 자신을 자랑하길 좋아하고, 남의 허물을 들추어내는 데 열심이었습니다. 남을 사랑하지 못하고 형제들을 비판하고 정죄하는 데 앞섰고, 섬기기보다 섬김 받기를 좋아하는 삶을 살았습니다. 주님 용서하여 주시고, 주님의 자녀답게 나보다 남을 낮게 여기며 사랑하게 하옵소서.

사랑하는 하나님 아버지! 이 나라를 지켜 주옵소서. 정치가들은 공정한 사회를, 경제인들은 더불어 살아가는 사회를 부르짖고 있지만, 아직도 빈익빈 부익부의 형편에서 힘들게 살아가는 이들이 많습니다. 서로 돕고, 나누며, 함께 살아가는 세상이 되게 하여 주옵소서.

부자가 존경받고 가난한 자가 무시당하는 나라가 되지 않게 하시고, 하나님의 정의가 이 땅에 이루어지게 하시며, 억울한 일, 소외당하는 심령이 없도록 이 나라를 지키시고 인도하여 주옵소서.

소리만 있고 빛이 없는 교회가 되지 않게 하소서. 진정으로 빛과 소금의 역할을 다하는 교회가 되게 하여 주옵소서. 이 사명을 감당하라고 세워주신 저희 교회를 주님이 붙들어 주시고, 세상 풍조에 휩쓸려가는 화려한 교회이기보다는, 반석 위에 세워진 교회, 등대와 같이 어둠을 밝히는 교회가 되게 하여 주옵소서.

오늘도 말씀을 들고 서신 목사님을 붙들어 주시고, 두렵고 떨리는 마음으로 전하시는 그 심령 위에 성령이 함께하셔서, 그 말씀이 저희들의 심령을 울리고 은혜를 끼치게 하옵소서.

오늘도 병중에 고통하는 심령들을 위로하시고, 고쳐 주시며, 멀리 출타 중인 성도들을 지켜 주시며, 여러 가지 사정으로 출석하지 못한 성도들에게도 함께하셔서, 어느 곳에 있든지 주님을 바라보며 예배하는 심령들이 되게 하소서.

이 예배를 하나님 기뻐 받아 주시기를 원하오며, 우리를 구원하여 주신 예수 그리스도의 이름으로 기도드립니다. 아멘.

자비하신 하나님 아버지! 복주시마 약속하신 거룩한 주님의 날에 사랑하는 자녀들이 주님의 전에 모여 찬양과 경배를 드리게 하시니 감사합니다.

때를 따라 입을 것과 먹을 것을 주시며, 쉼을 얻을 수 있는 가정을 저희에게 허락해 주시니 감사합니다. 일할 수 있는 일터와 건강을 주시고, 그것으로 인해 미래의 희망을 주심도 감사합니다. 남을 이해하는 마음과 남을 용서하는 마음, 더 나아가 남을 사랑할 수 있는 마음을 주심도 감사합니다. 우리가 받은 은혜를 돌아보며 늘 감사하게 하옵소서.

교회에서는 의인처럼 살다가 세상에 나가면 세상의 자녀처럼 살아가는 바리새인 같은 저희들을 주님 용서하여 주옵소서. 인정받고 칭찬받는 높은 자리는 내려놓고, 낮은 자리에 앉을 수 있게 하시며, 주님만 높이며 살아가는 주님의 자녀들이 되게 하여 주옵소서.

사랑의 하나님! 이 나라를 위해 기도드립니다. 분단된 이 나라에 같이 살고 있는 북한 동포들을 불쌍히 여겨 주옵소서. 이념과 사상으로 60여년을 억압 속에서 살아가고 있습니다. 하루속히 참된 자유와 기쁨을 누리며 살아갈 수 있도록 하여 주옵소서. 남북한이 자유롭게 왕래하게 하시고, 전쟁의 위험으로부터 벗어나 함께 발전하는 나라 되게 하여 주옵소서. 한국의 예루살렘이었던 평양에서 다시 부흥의 물결이 일게 하여 주옵소서.

힘들고 지친 영혼들이 많이 있습니다. 가정이 깨어지고 꿈을 잃고 살아가는 사람들이 많이 있습니다. 직장을 구하지 못하여 낙심하는 젊은이들이 많이 있습니다. 이 나라를 다스리는 위정자로부터 온 국민이 아픔을 함께 나누며, 서로 돕는 세상이 되게 하여 주옵소서.

교회를 눈동자같이 보호하시는 주님, 저희 교회를 세워 주시고, 지금까지 힘들고 어려울 때마다 도우신 하나님께 감사를 드립니다. 교회는 많은데 주님은 없고, 신자들은 많은데 참된 제자들은 없는 시대에, 저희 교회가 주님의 도구로 쓰임받기를 원합니다. 십자가는 많지만 소돔과 고모라성에 의인 다섯 명을 찾지 못하여 멸망당한 것처럼, 주님께 책망당하지 않도록 깨어있는 교회가 되게 하여 주옵소서.

오늘도 주님의 말씀을 들고 서신 목사님께 능력을 더하여 주시고, 전하시는 말씀으로 저희들의 교만한 마음과 세상에 물든 마음이 깨끗하게 씻어지는 역사를 이루어 주옵소서.

우리를 구원하기 위해 십자가에 돌아가신 예수 그리스도의 이름으로 기도드립니다. 아멘.

인자하신 하나님 아버지! 오늘도 화창한 날씨를 주시고, 저희들을 주님의 전으로 불러 주시고 찬양과 경배를 드리게 하시니 감사드립니다. 하나님 받아주옵소서.

아무 공로 없이 주님의 크신 은혜를 입어 구원받은 백성이 되었는데, 그 은혜를 잊어버리고 살아가는 저희들을 용서하여 주옵소서. 일흔 일곱 번씩이라도 용서하라고 하셨지만 용서하지 못하였고, 사랑해야 한다고 배우면서도 남을 사랑하지 못하였고, 선하게 살아야 함을 알면서도 선을 행치 못한 저희들을 용서하여 주옵소서. 주님의 제자답게 살아갈 수 있도록 용기와 힘을 더하여 주옵소서.

세계 곳곳에 재해로 인하여 인명피해가 일어나고, 많은 나라들이 경제공황으로 어려운 가운데 살아가고 있습니다. 그러나 저희들은 하나님이 보호하여 주시고, 복 주셔서 어려움과 위기들을 이기게 하시고 발전하는 국가로 만들어 주심을 감사드립니다. 우리 모든 국민들이 하나님의 은혜를 깨닫게 하여 주옵소서. 이 땅에 참혹한 전쟁이 다시 일어나지 않도록 기도드립니다. 하나님께서 북한정권을 주장하여 주시고, 전쟁을 일삼는 사상을 도말하여 주옵소서. 하루속히 휴전선이 걷히고, 하나 된 민족이 하나님을 섬기며 살아가게 하여 주옵소서.

대통령으로부터 위정자들이 하나님을 알게 하시고, 그들이 진정 국민을 위한 지도자들이 되게 하여 주옵소서. 섬김과 나눔을 통하여 지금보다 더욱 행복하고 잘 사는 나라가 되기를 원합니다. 하나님 도와주옵소서.

이곳에 주님의 몸된 교회를 세워 주심을 감사드립니다. 하나님의 뜻을 따라 온전히 쓰임 받는 교회가 되게 하옵소서. 이 시대에 필요한 교회가 되게 하시고, 초대교회와 같이 복음 전도의 사명을 감당하는 교회가 되게 하여 주옵소서.

저희들과 같이 하나님을 믿고, 함께 신앙생활을 하기 원하는 형제자매들을 매주 보내어 주심을 감사합니다. 저들이 하나님을 온전히 의지하고, 말씀을 사모하며, 믿음이 자라서 주님의 교회에 큰 일꾼들이 되게 하여 주옵소서.

오늘도 주님의 말씀을 듣고 단 위에 서신 목사님을 붙잡아 주시고, 하나님이 주신 말씀을 담대하게 전하게 하소서. 듣는 우리들에게는 하늘의 위로와 평안을 얻는 말씀이 되게 하소서.

항상 교회를 위하여 애쓰고 힘쓰는 모든 목회자들에게 힘과 용기를 더하여 주시고, 영육 간에 강건함을 주옵소서.

예수 그리스도의 이름으로 기도드립니다. 아멘.

사랑의 하나님 아버지! 한여름의 무더위가 기승을 부리는 요즘 주님께서 지켜주셔서 한 주간도 잘 보내게 하시고, 오늘 거룩한 주님의 날에 주님 전에 나와서 찬양과 경배드리게 하시니 감사합니다.

때를 따라 비를 내려주셔서 온 땅이 더욱 푸른 살기 좋은 계절이 되게 하시니 감사를 드립니다. 아름다운 산과 강을 주시고, 자연과 사람이 조화롭게 어울려 살아갈 수 있는 이 강산에 태어나게 하신 것을 감사드립니다.

아무 공로도 없는 저희들을 자녀 삼아주신 놀라운 은혜는 잊어버리고, 하나님의 의보다는 나의 자랑만 하고, 하나님의 나라보다는 이 땅에서의 삶에 대한 욕구만을 추구하는 인간들을 용서하여 주옵소서. 하늘에 소망을 두고 살아갈 수 있는 성숙된 믿음이 다 되게 도와주옵소서.

지금 이 시간에도 세계 곳곳에는 가뭄과 홍수, 기근과 질병 등으로 어려움을 겪고 있는 나라들이 많습니다. 하나님이 창조하신 아름다운 자연을 사랑하지 못하고 훼손한 인간들의 죄를 용서하여 주옵소서.

나라를 위하여 세우신 정치인들을 바로 세워 주옵소서. 국민들을 위하여 정의가 실현되며, 복지가 이루어지는 나라를 만들 수 있도록 하옵소서. 소득의 양극화를 해소시켜 주시고, 젊은이들에게 일자리를 허락하여 주옵소서. 저희들이 나라를 위하여 기도를 쉬는 죄를 범하지 않게 도와주옵소서.

이 땅에 세워진 교회마다 하나님의 뜻을 실천하며, 하나님의 사랑을 회복하기를 원합니다. 많은 강단에서 세상을 향하여 복음을 외치지만, 돈과 명예와 권력을 사모하는 목회자들도 많습니다. 고난의 길을 걸어가신 주님을 따라가는 저희들이 되게 하여 주옵소서.

땅 위의 부귀영화보다 하늘나라에 보물을 쌓아두는 심령들이 되게 하시고, 사람을 의지하고 세상을 향하던 눈을 들어 하나님과 이웃을 섬기는 자들이 되게 하옵소서. 세상의 어떤 고난도 능히 이겨 낼 수 있는 심령들이 다 되게 하나님 도와주옵소서.

때를 따라 꼴을 먹이시기 위해 애쓰시는 목사님께 지혜를 주셔서, 생명수가 흘러넘치는 교회가 되게 하옵소서. 이 자리에 참석하지 못한 사랑하는 성도들에게도 하나님의 보호하심과 은총이 함께하시며, 어느 곳에 있든지 지켜 보호하여 주옵소서.

저희들이 드리는 예배를 기뻐 받아 주옵소서. 우리를 구원하신 예수 그리스도의 이름으로 기도드립니다. 아멘.

사랑의 하나님 아버지! 오늘도 잊지 않으시고 주님의 거룩한 품으로 불러주시고, 찬양과 경배로 영광드리게 하시니 감사합니다. 암탉이 병아리를 날개 아래 품듯, 우리를 눈동자같이 지키시고 사랑하시되 끝까지 사랑하신다고 약속하신 그 크신 하나님의 은혜를 생각할 때마다 감사를 드립니다.

저희들은 세상의 즐거움에 빠져 주님을 잊어버리기도 했고, 힘들고 지쳐 주님의 자녀답지 못하게 살았습니다. 선을 행하는 것이 옳은 일인 것을 알면서도 행하지 못한 것을 용서하여 주옵소서.

간절히 원하옵기는, 저희들의 믿음이 자라기를 원합니다. 세상 풍조에 밀려 흔들리는 신앙이 되지 않도록 도와주소서. 독수리 날개침같이 하늘을 향해 올라가는 신앙인들이 다 되게 하시고, 주님의 온전한 사람으로, 그리스도의 장성한 분량에 이르는 믿음으로 자라도록 도와주옵소서.

아름다운 교회를 저희들에게 주신 하나님 아버지! 아직도 우리 교회에 빈자리가 많이 있습니다. 때를 얻든지 못 얻든지 기도하며, 세상 사람들을 향해 담대히 복음을 전하도록 힘을 주옵소서. 주님의 복된 말씀을 듣고 주께로 나와서 구원받은 백성이 되게 하여 주옵소서.

오늘도 복음을 들고 먼 이국땅에서 복음을 전파하는 선교사들을 지켜주시고, 물의 위험이나 불의 위험이나 칼의 위험으로부터 지켜주시며, 순교의 정신으로 귀한 사명을 감당할 수 있도록 지키시고 인도하여 주옵소서.

이 시간에도 먼 타국에 나가서 공부하는 자녀들을 기억하시고, 위로와 용기를 더하여 주옵소서. 부모님의 품을 떠나 외로운 길을 걸어갈 때 힘이 되어 주시고, 어려운 일을 만날 때 하나님이 방패가 되시고 피할 바위가 되어 주옵소서. 그곳에서도 좋은 신앙의 형제들을 만나게 하시고, 열심히 공부하여 주님의 귀한 일꾼이 되게 하여 주옵소서.

오늘도 말씀을 들고 서신 목사님을 붙들어주시고, 죄에 무뎌진 우리의 양심을 두드리는 외치는 소리가 되어, 우리의 심령을 찔러 쪼개는 성령의 역사가 있게 하옵소서.

예수 그리스도의 이름으로 기도드립니다. 아멘.

주일 오전예배 대표기도 9

사랑의 하나님! 오늘도 주님의 날에 사랑하는 형제자매들이 한자리에 모여 주님께 찬양으로 경배하게 하시니 감사합니다.

사랑의 하나님! 지난 6일 동안 주님의 자녀답게 살지 못하고, 세상의 걱정 근심만 하고 살았던 부끄러운 모습을 가지고 주님 앞에 나왔습니다. 감사할 줄 모르고 불평하며 살았고, 남의 잘못을 감싸주지 못하고 들추어내며 허물만 하였습니다. 주님 용서하여 주옵소서.

부족한 저희들을 통해서 주님의 교회를 이루게 하시니 감사합니다. 저희들이 이곳에서 자유롭게 신앙생활하며, 땅 끝까지 주님의 사명을 감당하는 교회가 되길 원하오니, 주님 세우신 교회를 주님의 뜻대로 쓰시옵소서.

사랑의 하나님! 주님이 지은 이 세상을 돌아보면 민족이 민족을, 나라가 나라를 대적하여 일어나고, 곳곳에 기근과 지진이 일어나는 말세의 징조들이 일어나고 있습니다. 우리 한반도는 같은 민족이 서로가 평화를 지킨다고 하면서, 갈수록 전쟁의 소문은 늘어만 가고 있습니다. 분단 60년의 세월이 지나도록 가까워지기는커녕 더 사이가 멀어만 가는 위기의 상황을 맞이하고 있습니다. 주님 이 나라를 불쌍히 여겨 주옵소서.

주님 하루속히 이북 땅에도 복음이 전파되어, 북한의 지도자들이 하나님의 사랑을 깨닫게 하옵소서. 성령 안에서 이 민족이 하나가 되게 하시고, 자유롭게 왕래하며 헤어진 가족들이 같이 살아갈 수 있는 그날이 속히 오게 도와주옵소서. 나라와 민족을 위해 눈물로 기도한 예레미야 선지자같이, 우리도 깨어 기도하는 기도의 종들이 되게 하옵소서.

오늘도 주님이 세우신 교회를 위하여 수고하는 담임목사님을 비롯한 모든 목회자들을 붙잡아 주시고, 하나님의 마음을 더하여 주옵소서. 교회와 성도들을 돌보아주는데 부족함이 없도록 늘 인도하여 주옵소서.

오늘도 하나님의 말씀을 대언하실 목사님을 도와주시고, 입술로 전해지는 말씀마다 우리의 갈급한 심령 위에 내리는 하늘의 단비가 되게 하옵소서.

우리의 연약함을 도우시는 성령님이 오늘도 우리와 함께하실 줄 믿사옵고, 예수 그리스도의 이름으로 기도드립니다. 아멘.

저희의 삶에 소망이 되시며, 살아 역사하시는 하나님께 찬양과 경배를 드립니다.

시험당할 즈음에 또한 피할 길을 주시고, 시련을 만날 때마다 오래 참음을 주셔서 저희들의 신앙이 날마다 성장할 수 있도록 하심을 감사드립니다. 범사에 감사하고 쉬지 않고 기도하는 믿음의 성도들이 되게 하옵소서.

지난 한 주간의 삶도 주의 은혜로 살아 갈 수 있도록 도와주신 은혜를 감사합니다. 이 세상에서 살면서 지은 죄를 이 시간 주 앞에 고백합니다. 저희들의 죄가 비록 주홍 같을지라도 흰 눈처럼 깨끗하게 씻어 주심을 바라오니 용서하여 주옵소서.

주님 저희에게 주님의 보혈의 사랑을 항상 기억하게 하시고, 주님의 영광을 가리지 않도록 인도하여 주옵소서. 저희의 삶이 예배가 되기를 원합니다. 저희의 삶이 감사와 찬양의 제사가 되기를 원합니다.

생활의 모든 부분에서 하나님이 함께하시는 것을 알게 하시고, 주님께서 명하신 대로 주님의 증인이 될 수 있게 능력을 더하여 주옵소서. 주님을 믿지 않는 이웃을 위하여 저희의 입술을 열어 복음을 전하게 하시고, 저들이 주님께로 돌아오는 역사를 일으켜 주옵소서.

하나님 아버지! 저희들이 이 세상에서 사는 날 동안 주님의 은혜를 누리게 하시고, 하나님의 자녀로서 부끄러움이 없는 삶을 살 수 있도록 성령께서 동행하시고, 하나님의 나라에 들어가는 영광을 누리도록 저희들의 삶을 변화시켜 주옵소서.

분단의 슬픔으로 가득 찬 이 땅에 긍휼을 베푸사, 남북한이 하나 되게 하시고, 북녘 땅에도 하나님의 말씀이 전파되어서 한마음으로 예배하는 날이 오게 하여 주옵소서. 주님의 자비와 긍휼을 넘치게 하여 주옵소서.

이 거룩한 예배에 선포되는 하나님의 말씀을 통하여 저희 심령들에게 깨달음을 주시고, 말씀에 순종하여 살 때에 매순간마다 승리하는 삶으로 이끌어 주옵소서.

저희들의 사업과 직장, 가정과 이웃에 함께하시고, 하나님의 새로운 힘을 공급받아 힘 있고 소망이 넘치는 한 주간이 되게 하옵소서.

오늘 드리는 예배가 온전한 예배가 되게 하옵소서. 예수님의 이름으로 기도드립니다. 아멘.

우리의 능력과 찬송이시며, 구원이신 살아계신 하나님 아버지! 저희들을 사랑하셔서 세상과 사단의 올무에 묶이지 않게 하시고, 오늘도 아버지 앞에 나와 예배드리게 하심을 감사합니다. 저희의 예배를 받아 주옵소서.

저희의 악한 죄와 못된 습관들을 주님의 보혈로 씻어 주시고, 하나님께 영광드리기에 부족함이 없도록 은혜로 채워 주옵소서.

거룩하신 하나님! 세상에서 말씀대로 살기를 노력하였으나, 의지가 부족하여 세상과 타협하고, 세상의 방법을 쫓아가기도 했습니다. 주님 용서하여 주옵소서. 하나님의 능력으로 거룩하게 하시고, 하나님의 자녀답게 살아갈 수 있도록 능력을 더하여 주시고, 담대한 믿음을 주옵소서.

오늘도 주님 앞에 나온 모든 심령들을 푸른 초장으로 인도하여 주시고, 피곤하고 지친 영혼을 주님의 넓은 품에 안아 주옵소서. "수고하고 무거운 짐진 자들아 다 내게로 오라" 하셨기에 저희가 왔습니다. 모든 짐들을 주님 앞에 내려놓게 하시고 참된 안식을 주옵소서.

우리나라를 사랑하여 주심을 감사드립니다. 늘 눈동자처럼 지켜 주시고, 남북한이 하나가 되게 하시고, 믿음으로 통일되게 하여 주옵소서. 이 땅의 모든 교회들이 나라를 위하여 기도하게 하시고, 믿음으로 온전히 세우게 하여 주옵소서.

교회의 머리가 되시는 주님! 교회가 부흥할 수 있도록 은혜를 주옵소서. 주님과 연합하여 선을 이루게 하시고, 각 지체들이 맡은 바 사명을 감당하게 하옵소서. 저희들의 열심으로 교회가 날마다 부흥되게 하시고, 저희들의 전도가 열매 맺어 구원받은 성도들이 날마다 늘어나게 하여 주옵소서.

교회를 통하여 역사하시는 주님! 저희 교회가 믿지 않는 이웃을 위하여 기도하고, 이웃에 봉사하게 하시며, 주님의 사랑을 나눌 수 있게 하여 주옵소서. 이웃의 고통을 돌아보게 하시고, 주님의 사랑을 전하게 하소서. 저희들의 삶 속에서 그리스도의 향기를 풍기게 하여 주옵소서.

이 시간 말씀을 전하실 목사님께 성령 충만을 주옵시고, 살아있는 하나님의 말씀을 선포하게 하옵소서. 언제나 강건하게 하시고, 교회를 위하여 힘쓰고 애쓰는 하나님의 종이 되게 하시고, 승리하게 하옵소서.

저희들을 위해 고난 받으신 예수님의 이름으로 기도드립니다.
아멘.

낮에는 구름기둥으로 밤에는 불기둥으로 이스라엘 백성을 인도하신 전능하신 하나님 아버지 은혜와 사랑을 감사하며 찬양을 드립니다.

이스라엘의 오랜 절망을 깨고 애굽의 신을 멸하심으로 선민을 구원 하신 것 같이 이 시간도 저희들을 건지시며 구원하심을 믿고 감사를 드립니다.

질병 가운데 치유를 받으며 환난 가운데 용기를 얻고 절망 가운데 건짐을 받으며, 어둠의 세상 가운데 구원을 받게 하심을 감사합니다. 오늘도 세상에서 실패한 심령에게 오늘 예배를 통하여 능력과 권능의 하나님을 체험하게 하여 주옵소서.

입을 열어 구원을 찬미할 때 기쁨의 노래가 되게 하시고, 승리하는 예배가 되게 하여 주옵소서. 오늘 예배를 받으시옵소서.

저희들의 찬양 중에 거하시는 사랑의 하나님 아버지! 세상에서 상 하고 찢긴 심령들이 예배를 통하여 구원의 감격을 얻게 하시고, 하나 님의 살아계심과 동행을 깨달을 수 있도록 은총을 허락하옵소서.

저희들을 인도하시는 하나님! 주 앞에 복종하는 저희들에게 자기의 마음대로 행하지 않게 하시고, 저희들의 모든 일들을 감찰하시며 인도하셔서 주의 지팡이와 막대기로 안위하여 주옵소서. 저희들은 다양 같기에 그릇 행하다가 왔습니다. 각기 제 길로 가다가 죄인 된 모습으로 주님께 왔습니다.

사랑의 주님! 저희 속에 있는 죄악의 쓴 뿌리들을 제거시켜 주시고, 주님을 위해 아낌없이 사랑을 표현하여 향유를 부은 마리아처럼, 온 마음으로 주님을 섬기며 찬양하는 저희들이 되게 하여 주옵소서.

주님의 피 묻은 십자가를 언제나 사랑하고 자랑하게 하시고, 주님께서 받으셨던 고난의 쓴잔을 이제 저희가 받게 하여 주옵소서. 주님의 사랑을 기억하며 다른 이들의 가슴에도 주님의 사랑을 심을 수 있도록 복 주옵소서. 주님의 피로 사신 교회를 복 주시어 외식하는 교회가 되지 않게 하시고, 진정으로 주님의 이름을 드높이고 죄악의 사슬을 풀어 영원한 생명과 자유를 주신 주님을 정성을 다해 찬양할 수 있는 교회가 되게 하여 주옵소서.

성도들을 위하여 간구합니다. 육체의 질병과 영혼의 질병에서 놓임 받게 하옵소서. 가난에서 부요함으로 바뀌게 하시고. 사업이 형통하도록 경영을 주장하여 주옵소서. 가정을 지켜 주옵소서. 자녀들을 붙들어 주옵소서. 오늘도 증거되는 말씀을 힘 있게 의지하여 승리하게 하옵소서.

예수님의 이름으로 기도드립니다. 아멘

II. 주일 오후예배 대표기도문

십자가를 지는 삶

누구에게나 자기가 지고 갈 십자가가 있다.
자신의 십자가를 지고 살아갈 때
살기 좋은 세상이 될 것이다.

주일 오후예배 대표기도 1

사랑이 많으신 하나님! 저희들의 근심을 기쁨으로 변화시켜 주시는 하나님 아버지의 크신 사랑과 은혜를 감사하오며, 오늘도 주일 저녁 찬양예배로 모였사오니, 저희들의 예배를 받아 주옵소서.

저희의 기쁨과 즐거움을 감사의 노래로 드리기 위해 찬양예배로 모였사오니, 이 시간 드리는 찬양에 하나님의 은혜가 있게 하시며, 찬양 중에 주의 능력이 임하게 하여 주옵소서.

바울과 실라가 옥중에서도 찬양했사오며, 다니엘이 기도할 수 없는 중에도 기도하며 하루에 세 번씩 감사한 것을 알고 있습니다. 저희의 믿음이 환경에 지배받지 않으며 절대 믿음으로 하나님을 찬양하게 하옵소서. 하나님의 전능하심을 믿사오니 저희를 찬양의 도구가 되게 하여 주옵소서. 불의와 적당히 타협하며 사는 세속의 종이 되지 않게 하시며, 뿌리를 잃은 갈대처럼 세상에 떠다니는 어리석음을 범치 않게 하옵소서. 염려가 바뀌어 기도의 제목이 되게 하시고, 한숨이 변하여 찬양이 되게 하옵소서.

이 나라와 교회를 위해서 간구하오니, 정치의 혼란과 경제적 어려움으로 불안한 백성들의 마음을 위로하여 주시고, 저들에게 평안을 주사, 신음하는 민족에서 소망이 되게 하옵소서. 저희가 주를 향하여 더욱 기도하게 하시고, 죽어 가는 영혼들을 불쌍히 여기는 긍휼한 마음을 주옵소서.

예수님의 이름으로 간절히 기도드립니다. 아멘.

주님을 사모하는 자를 만족케 하시며, 주린 영혼에게 좋은 것으로 채워주시는 그 크신 사랑을 생각할 때 감사합니다. 저희에게 일찍이 믿음을 주셔서 말씀과 예배를 통하여 하나님 아버지를 만나게 하시니 감사합니다.

하나님께 나올 때만 순종하며, 생활 속에서는 경건의 모양만 남아 있는 저희들을 용서하여 주옵소서. 피리를 불어도 춤추지 않고 애곡하여도 가슴을 칠 줄 모르는 세상을 한탄하면서도 저희 또한 감각 없는 자가 될까 두렵사오니, 은혜를 충만히 받는 시간이 되게 하옵소서. 문제가 해결되게 하시며, 질병이 치료되고, 답답한 심령이 새 힘을 얻는 복된 시간이 되게 하여 주옵소서. 영적인 눈이 열리게 하사 신령한 세계를 바라보게 하시며, 믿음의 시야를 넓게 가짐으로써 주님의 세계를 바라보며 살아가는 복된 삶이 될 수 있도록 은혜 내려 주옵소서.

"너희는 먼저 그의 나라와 그의 의를 구하라"고 하신 주님의 가르침을 너무나도 잘 알고 있지만, 떠나지 않는 고통으로 인하여 늘 경직된 삶을 살 수밖에 없는 연약함을 불쌍히 여겨 주시기를 원합니다. 모든 죄악된 습관들을 믿음으로 물리치게 하시고, 모든 어려움을 믿음으로 극복하게 하시며, 믿음의 주요, 또 온전케 하시는 예수만 바라보고 살아가는 성도들이 되게 하옵소서. 달음박질하여도 곤비치 아니하고, 걸어가도 피곤함을 모르는 성도들이 되게 하여 주옵소서.

예수님의 이름으로 기도드립니다. 아멘.

저희들을 날마다 사랑하시는 하나님! 부족한 저희의 인생을 버려두지 아니하시고 주님의 백성으로 불러 주셔서 빛과 진리 가운데로 인도하여 주시고 하나님 자녀 삼아주시니 감사합니다.

오늘도 예배를 드리는 가운데 성령의 위로가 있게 하시고, 목사님을 통하여 주의 말씀을 받을 때에 위로부터 내리시는 계시의 은총을 충만히 받는 시간이 되게 하여 주옵소서. 기관마다 세우신 귀한 주의 종들을 기억하시고, 저들을 통해서 주의 교회가 반석 위에 든든히 세워지게 하시며, 주의 나라가 날마다 확장되는 역사가 있게 하여 주옵소서. "맡은 자들에게 구할 것은 충성이라"고 하셨으니, 주님께서 주신 직분을 인하여 더욱더 눈물을 흘리며 무릎을 꿇는 자들이 되게 하옵소서.

가난하여 굶주리며 추위에 떠는 이웃들을 불쌍히 여기시고, 그들에게도 따뜻한 주님의 손길이 전달되게 하여 주시고, 모두가 잘 살고 더불어 행복하게 사는 복지사회와 정의사회가 구현될 수 있도록 복 내려 주옵소서. 예수님의 고난을 기억함으로 그들을 사랑하게 하시며, 그들의 필요를 공급할 수 있는 복을 허락하여 주옵소서. 세상의 빛과 소금의 역할을 충실히 감당함으로 하나님의 영광을 드러내게 하옵소서.

이 시간에도 말씀을 전하시는 목사님께 능력을 더하여 주셔서 권능의 말씀을 선포하게 하시고, 저희들은 그 말씀으로 살아가게 하옵소서.

예수 그리스도의 이름으로 기도드립니다. 아멘.

기쁨과 평안과 안전을 보장하시는 하나님 아버지! 오늘 하루도 주의 은택을 입어 주일을 성수하게 하시며, 저녁시간 주님을 사모하여 찬양과 말씀의 자리에 나오게 하심을 감사합니다.

찬양 중에 임하시는 아버지! 오늘 찬양단의 찬양으로 영광받으시며, 성도들에게 충만한 은혜의 시간이 되게 하여 주옵소서. 황소를 드림보다 찬양의 제사를 기뻐하신다고 말씀하셨으니, 저희들의 입술이 찬양의 입술이 되게 하옵소서.

의뢰하는 자의 하나님이 되시는 주여! 오늘 성도들이 주 앞에 나와 부르짖는 기도를 들어주옵소서. 마음의 상처는 싸매어 주시고, 믿음의 시련을 당하는 성도들에게 위로와 응답을 주옵소서. 영적인 시험에 빠진 성도들을 기억하시고 건져주옵소서.

의인의 간구를 기뻐하시는 하나님! 저희들의 성품이 성결하여지도록 인도하여 주옵소서. 죄를 미워하게 하시고, 어둠을 물리치게 하여 주옵소서. 남을 정죄하지 않게 하시고, 선으로 악을 이기게 하여 주옵소서.

오늘도 말씀을 증거하시는 목사님의 입술과 생각을 주장하시고, 그 말씀으로 저희들의 삶을 변화시켜 주옵소서. 살아 있는 말씀이 역동적으로 활동하는 말씀 충만한 성도들이 되게 하여 주옵소서.

예수 그리스도의 이름으로 기도드립니다. 아멘.

주일 오후예배 대표기도 5

거룩하신 하나님! 이 저녁에 주님께 나와서 경배와 찬양을 드리게 하신 은혜를 감사합니다. 하나님이 창조하신 만물들이 겨울잠에서 깨어나 활동을 시작하듯이 저희들의 신앙도 새롭게 돋아나게 하옵소서. 봄비 같은 성령의 단비를 내려 주사 메마른 심령을 해갈하게 하옵소서. 저희들 영혼에 따사로운 주의 자비와 사랑을 베푸사 용서받고, 풍요한 삶을 살게 하여 주옵소서.

혼란스러운 세대 속에서 주님의 교회를 통하여 은혜를 공급받게 하시니 감사합니다. 주님께 열심을 품고 순종으로 섬기게 하시며, 천국에 소망을 두고 주님의 몸된 교회를 사랑하며 봉사하게 하옵소서. 잎만 무성한 무화과처럼 열매 없는 삶이 되지 않게 하시고, 성령의 아름다운 열매들이 맺히게 하시므로 온전히 하나님을 찬양할 수 있는 복을 허락하여 주옵소서. 저희를 강하고 담대하게 하사 세상을 이길 수 있는 힘을 허락하여 주시며, 저희로 주님의 향기를 풍기는 성도들이 되게 하여 주옵소서.

이 시간 예배를 통하여 저희들의 심령이 새롭게 거듭나는 복을 허락하여 주옵소서. 예배에 참여한 모든 심령들이 말씀을 통하여 은혜를 충만히 받고 돌아갈 수 있도록 주께서 도와주옵소서. 하나님께만 영광 돌리는 시간이 되게 하옵소서.

저희들을 사망에서 생명으로 옮기신 예수 그리스도의 이름으로 기도드립니다. 아멘.

전능하신 하나님! 저희의 연약함을 강하게 하시는 주님의 은혜를 감사합니다. 하나님의 말씀을 의지하여 하나님의 전으로 나아와 저희의 연약함을 고백하게 하심을 감사합니다.

예수님의 은혜로 저희가 죄 사함 받아 의롭다 인정받았사오니, 주님의 사죄와 구속의 은혜에 감사를 드립니다. 이 시간 하나님께 드리는 예배가 향기 넘치는 산 제사가 되게 하여 주옵소서. 예비하신 은혜를 넘치도록 받은 시간이 되게 하여 주옵소서.

생명의 주인이 되시는 주님! 지난 한 주간을 돌이켜 보건대, 저희는 주님이 주신 생명의 감사함을 잊고 살았음을 고백합니다. 생명은 죄와 죽음과 함께할 수 없음을 깨닫사오니, 이제 주님의 영원한 생명을 저희에게 허락하사 죽어 가는 것들로부터 새로워지게 하옵소서.

사랑의 주님! 성령으로 역사하시고 인도하셔서 더욱 새로운 삶이 될 수 있도록 인도하여 주옵소서. 무엇보다도 자기를 비워 종의 형체를 가져 사람과 같이 되셔서 십자가에 달리시기까지 인간을 사랑하신 주님을 본받게 하시고, 항상 자신을 순종시키며 아버지의 뜻을 따름으로 하나됨을 실천하신 예수님을 본 받아 성도들과 온전히 연합할 수 있게 하옵소서.

오늘도 말씀에 귀를 기울여 듣는 모든 자들이 성령의 역사하심을 체험하고 은혜 받는 시간이 되게 하여 주옵소서.

예수 그리스도의 이름으로 기도드립니다. 아멘.

사랑과 은혜가 충만하신 하나님! 지난 한 주간도 주의 사랑 가운데 보호함을 받고 은혜 가운데 살다가 오늘 예배를 드릴 수 있도록 은혜 내려주시니 감사를 드립니다. 일주일의 삶을 돌아보며 믿음으로 살지 못함을 자백하오니 용서하여 주옵소서.

주님께 나올 때마다 참된 쉼을 허락하여 주시고, 성령께서 함께하심으로 주님이 맡겨주신 사명을 깨닫고 충성을 다하는 증인들이 되게 하여 주옵소서.

저희의 눈이 오직 주님만을 바라볼 수 있게 하여 주시고, 저희의 심령이 가난하여 주님만을 바라게 하옵소서. "내게 능력 주시는 자 안에서 무엇이든 할 수 있다" 하셨으니, 주님의 능력을 의지함으로 굳건하게 살아갈 수 있는 저희들이 되게 하여 주옵소서.

저희들 교회로 하여금 구원의 복음이 이 민족에게 전해지게 하옵시며, 기도로 새 역사를 일구는 기도하는 공동체가 되게 하여 주옵소서. 주님의 마음과 성령의 능력이 이 땅에 충만하기까지 영적인 공동체로 사명을 다할 수 있는 교회가 되게 하여 주옵소서.

이 시간, 말씀을 듣고, 깨닫고, 결단하게 하셔서 행함으로 승리하게 하시고, 상처받은 심령들이 치유 받는 시간이 되게 하옵소서.

예수님의 이름으로 기도드립니다. 아멘.

성령을 충만케 하심으로 권능을 허락하시는 하나님 아버지! 저희에게 새 생명을 허락하신 주님을 찬양합니다. 생활 가운데 그리스도의 증인이 되게 하시며, 이 저녁 예배에 나와 재충만 받게 하심을 믿고 감사를 드립니다.

사랑의 하나님! 저희의 죄에 대해서는 완전히 죽게 하시고, 주의 의에 대하여는 온전히 새로운 인격과 신앙을 갖춘 변화된 사람이 되게 하옵소서. 오는 한 주간을 말씀을 의지하고 살게 하여 주옵소서.

이 시간 신령과 진정으로 드리는 예배가 되게 하여 주시고, 하나님 홀로 영광 받으옵소서. 예배가 저희의 생활의 토대가 되어 강퍅해지고 거칠어진 저희들의 심령을 순화시키는 윤활유가 되게 하여 주옵소서. 저희 모두를 하나님의 영으로 뜨겁게 감동시켜 주사 말씀으로 은혜 받고 새로운 각오와 결심으로 신앙의 무장을 하게 하여 주옵소서.

하나됨을 위하여 간절히 기도하신 주님! 저희도 주님의 사랑 안에서 아름다운 동역자들이 되게 하여 주옵소서. 가정에도 조화를 이루며 아름다운 동역이 있게 하시고, 이 사회도 자신만을 생각하는 주장들이 무너지고 상대를 높이고 상대의 영광을 위해서 서로 봉사하는 아름다움이 있게 하여 주옵소서.

이 시간 예배드리는 가운데 보혜사 성령님이 친히 운행하심을 믿사옵고, 예수님의 이름으로 기도드립니다. 아멘.

살아 계신 주님! 아름다운 날씨와 생동하는 기쁨을 이 땅에 허락하신 주님께 영광을 돌립니다. 교회에 임하신 성령의 불길이 앞으로도 계속해서 타오르게 하시고, 저희의 심령이 온전한 변화를 이루게 하여 주옵소서.

새로운 성령의 힘으로 삶의 멍에를 짊어지게 하시고, 늘 주님을 향한 뜨거운 고백이 넘치는 신앙생활을 할 수 있도록 복 주옵소서. 새롭게 거듭나는 삶을 주님의 인도하시는 길로 저희가 순종할 수 있도록 복 주옵소서. 저희의 심령을 사로잡아 주셔서, 회개하지 아니하고는 견딜 수 없는 마음을 주시고, 주님의 자녀로서 맡은 바 본분을 다할 수 있는 저희들이 되게 하여 주옵소서.

늘 깨어 기도하며 진리로 무장하고 주님의 말씀을 방패삼아 악한 세력들을 물리치고 승전가를 부르면서 전진할 수 있는 굳건한 믿음이 되게 하여 주옵소서. 오늘 주님께 참 예배를 드리기를 원하면서도 세상의 온갖 염려와 근심으로 인하여 무거운 마음으로 예배를 드리는 성도가 있는 줄로 압니다. 저들의 답답한 마음들이 예배를 드리는 동안 주님의 평안으로 채워지게 하시고, 주님의 말씀으로 위로 받게 하시며, 신앙의 힘을 얻어서 소망이 넘치는 생활이 되게 하여 주옵소서.

아직도 주님을 알지 못하는 많은 심령들이 주님의 은혜를 알 수 있는 기회를 허락하여 주옵소서.

예수님의 이름으로 기도드립니다. 아멘.

흔들리는 자에게 반석이 되시며, 쫓기는 자에게 요새가 되시고, 위험을 당한 자를 건지시는 여호와 하나님의 은혜를 감사하오며, 존귀와 영광을 드립니다.

모세가 손을 들 때 아멜렉을 파하고 이스라엘을 이기게 하신 하나님, 기도할 때 승리가 보장되는 줄 믿습니다. 온 교회와 성도들이 기도로 무장되게 하옵소서. 만물의 마지막이 가까웠으니 그러므로 깨어 근신하며 기도하게 하여 주옵소서. 저희 교회가 새벽마다 넘치게 하여 주옵소서. 저녁마다 눈물의 간구가 있도록 은혜를 주옵소서. 어려움을 기도로 이길 수 있도록 복 주옵소서.

목사님의 사역을 기도로 동역하게 하시고, 기관장들의 헌신을 기도로 돕게 하여 주옵소서. 이웃을 정죄하지 않게 하시며 그들을 위하여 눈물로 기도와 간구를 올리게 하옵소서. 저희 교회가 시대적인 사명을 감당하게 하옵소서. 선지적인 사명을 허락하심으로 세상을 깨우게 하여 주옵소서. 하나님께로 돌이키게 하시되 복음을 바로 외치게 하여 주옵소서. 빛과 소금의 사명을 감당하게 하옵소서. 그리스도의 향기가 나게 하옵소서.

이 시간에 말씀이 선포되어질 때에 주님의 음성을 듣게 하시고, 그 말씀 따라 살아가게 하옵소서. 오늘도 찬양 중에 함께하시고, 기도에 응답을 주시며, 증거되는 하나님의 말씀에 변화 받는 은혜를 주옵소서.

예수 그리스도의 이름으로 기도드립니다. 아멘.

거룩하신 하나님! 택하여 구원을 받은 아버지의 거룩한 백성들이 이 거룩한 성전에 모여 신령과 진정으로 예배를 드리오니, 이제 저희를 성령으로 거룩하게 하옵소서.

지난날의 저희들 죄를 사하여 주시고, 저희의 허물을 가려 주시고 의의 옷을 입혀 예배드리기에 합당한 형상으로 거듭나게 하옵소서. 예배하는 무리들 속에 엎드린 저희를 돌아보옵소서. 거룩한 성전에 나아가기에는 아직도 사랑의 마음이 열리지 못하였고, 영적 빈곤이 드러나곤 하는 저희들이오나, 부족함을 깨닫고 머리 숙였사오니, 그냥 돌려보내지 마시고 주님의 사랑으로 채워주옵소서.

교회의 머리가 되시는 주님! 이 땅 위에 빛을 잃은 교회가 없게 하시고 세속의 부요로 채워지는 교회가 없게 하여 주옵소서. 신령한 하나님의 은혜로 늘 충만한 교회가 되게 하옵소서. 길을 잃은 영혼들에게 등불이 되어 줄 수 있는 교회가 되게 하시고, 슬픔으로 아파하는 영혼들에게는 진정한 위로를 줄 수 있는 교회가 되게 하옵소서. 참 빛을 찾을 수 없는 세상이지만 교회를 통하여 빛을 찾게 하시고, 안식을 얻을 수 없는 세상이지만 교회를 통해서 안식을 얻게 하옵소서.

이 저녁에도 단 위에 서신 목사님을 기억하시고 성령의 능력을 더하여 주셔서, 힘 있고 권세 있는 말씀을 증거하게 하옵소서.

예수님의 이름으로 기도드립니다. 아멘.

여호와 닛시의 하나님! 물 가운데 지날 때에 침몰치 않게 하시며, 불 가운데 지날 때에 타지 않도록 하시는 능력의 하나님께 감사와 찬양을 드리나이다. 위험할 때마다 저희들을 보호하시고 지키시며 안위하여 주옵소서.

사모하는 심령으로 이 저녁에 나와 경배와 찬양을 돌리게 하심을 감사합니다. 신령한 찬미의 제사가 되게 하시고, 찬양 중에 거하시는 주를 만나는 복된 시간이 되게 하옵소서. 여호와의 이름을 높이며, 하나님의 얼굴을 구할 때에 기쁨이 충만하게 하옵소서. 마음의 간사와 여호와를 정죄한 죄악을 토설하오니 용서하여 주옵소서. 교만과 완악한 말로 의인의 길을 굽게 하였다면 용서받게 하옵소서. 정직의 영을 사모하게 하시고, 성결의 은혜를 받게 하여 주옵소서.

신령과 진정으로 예배하는 자들을 찾으시는 주님! 오늘 주일 저녁 예배가 은혜의 시간이 되기를 원합니다. 성도의 간증에 은혜 받게 하시고, 선교단의 찬양에 은혜 받게 하시며, 목사님의 말씀에 은혜를 주옵소서. 위로가 넘치는 예배가 되게 하여 주시고, 기쁨이 충만한 예배가 되게 하여 주옵소서. 주 안에서 만날 때마다 사랑으로 문안하게 하시고, 모여서 기도하고 흩어져서 전도하게 도와주옵소서. 나눔의 신앙생활을 감당하게 하옵소서. 구원받는 이웃이 날마다 더하여지게 하옵소서.

예수 그리스도의 이름으로 기도드립니다. 아멘.

Ⅲ. 수요일 예배 대표기도문

하나님의 보호하심

세상이 험악해질수록 누군가의 보호를 원하게 된다.
그러나 세상에서 누구를 믿을 수 있을까?
저희들의 보호자는 오로지 영원하신 하나님밖에 없다.

할렐루야! 구하는 자에게 응답하시며 모든 두려움에서 건지시는 하나님의 크신 은혜를 찬양합니다. 이 시간 은혜 충만하게 하옵소서. 곤고한 자들이 부르짖을 때마다 들어주시며, 환란을 만난 자들에게 구원자가 되신다고 하셨으니, 위로와 응답으로 임하옵소서.

삼 일 동안의 허물과 죄악을 고백하오니 용서하여 주옵소서. 혀를 악에서 금하게 하옵소서. 입술을 궤사한 말에서 금하게 하옵소서. 악을 버리고 선을 행하게 하여 주시고, 화평을 찾아 따르게 하여 주옵소서. 여호와의 눈은 의인을 향하는 줄 믿습니다. 마음이 상한 자에게 가까이 하시는 줄 믿습니다. 중심에 통회하는 자를 구원하시는 줄 믿습니다. 저희들에게 은혜를 주시어 의인의 반열에 서게 하여 주옵소서.

은혜와 진리가 충만하신 하나님! 웃는 자와 함께 기뻐하게 하시며, 우는 자들과 함께 슬퍼하게 하여 주옵소서. 조롱하는 자를 용서하며, 비방하는 자에게 인내하게 하여 주옵소서. 선으로 악을 이기게 하시고, 사랑으로 미움을 극복하게 하옵소서. 억울한 순간들마다 십자가에 달리신 예수님을 바라보게 하옵소서.

사랑하는 성도들을 사단의 시험에 빠지지 않게 하시고, 사람의 유혹에 넘어가지 않도록 지켜 주옵소서. 상한 심령마다 생수 같은 말씀으로 위로 받게 하옵소서.

예수 그리스도의 이름으로 기도드립니다. 아멘

　사랑의 하나님! 이 귀한 시간에 하나님의 전에 나와 하나님을 찬양하고 기도할 수 있는 자리로 이끌어 주신 은혜에 감사합니다. 저희의 기도에 응답하여 주옵소서.

　산 소망이 되신 주님! 저희가 주님을 경외함으로 세상을 이길 수 있는 귀한 복을 허락하여 주옵소서. 오직 주님만이 나의 산성이시오 저희를 구원하실 분이심을 고백하오니, 저희를 지켜 주옵소서. 저희의 삶을 주님께 맡기며, 저희의 미래 또한 희망과 확신으로 가득 찰 수 있도록 복 주옵소서.

　기쁨의 근원이 되시는 하나님! 저희에게 주님을 알게 하신 은혜를 감사합니다. 저희에게 주님을 찬양하게 하심을 감사합니다. 저희에게 주님을 사랑하게 하심을 감사합니다. 저희를 주님의 권위에 순종할 수 있는 귀한 믿음을 더하여 주옵소서. 저희로 주님만을 사모하며 주님만을 찬양할 수 있는 귀한 복을 허락하여 주옵소서.

　거룩하신 주님! 저희가 주님이 주시는 귀한 기쁨을 믿지 않는 영혼들과 나눌 수 있는 기회를 허락하심으로 주님의 나라가 더욱 확장될 수 있는 복을 허락하여 주옵소서. 저희에게 오신 기쁨의 주님을 증거할 때마다 성령의 역사하심으로 동행하여 주시기를 간구합니다.

　저희들의 삶을 주님께서 친히 주장하시기를 간구하며, 거룩하신 예수 그리스도의 이름으로 기도드립니다. 아멘.

용서의 하나님! 지난 삼일 동안도 주님의 도우심 아래 안전하게 지내다가 주님의 전으로 불러주신 은혜에 감사합니다.

저희가 이 세상을 살아가는 동안에 시험과 환란 중에 주님을 망각하는 일이 없도록 도와주시고, 영적으로 건강하게 하여 주시고 육체적인 건강이 전부가 아님을 깨닫게 하여 주옵소서. 또한 물질의 복이 전부가 아님을 깨닫게 하여 주옵소서. 믿음으로 부요케 하여 주시고, 주님을 아는 지식으로 충만하게 하여 주셔서 지혜롭고 겸손하게 하시고, 높아질수록 낮아지고, 가질수록 사랑을 베풀 수 있는 저희가 되게 하여 주옵소서.

세상이 어둡다고 탓하지 않게 하시고, 세상의 죄악과 부딪치는 어려움으로 하나님을 원망하지 않게 하여 주옵소서. 섬기는 본분을 지키게 하시고, 성도다운 삶의 자세로 저희의 자리를 지키게 하여 주옵소서. 저희의 의지와 노력으로 고쳐지지 않는 성품이 변화되기를 원하오니 성령으로 변화시켜 주옵소서.

이 험한 세상에 주님의 지체된 저희 교회들이 복음의 증인으로서의 역할을 감당할 수 있도록 하시고, 저희가 믿음의 본을 보임으로 처음 믿는 지체부터 정체되어 있는 지체까지 주님의 은혜를 사모하며 찬양할 수 있도록 은혜를 주옵소서. 오직 주 여호와를 앙망하는 자 새 힘을 얻으리니 독수리의 날개치며 올라감 같을 것이라 하셨으니, 여호와 주 하나님을 앙망하는 은혜를 날마다 더하여 주옵소서.

거룩하신 예수 그리스도의 이름으로 기도드립니다. 아멘.

소망을 주시는 하나님! 아버지의 사랑과 은혜로 인하여 영광과 감사를 돌립니다. 죄에서 치유하는 그리스도의 능력 안에서 새로운 피조물이 되게 하시며, 성령의 인도하심을 따라 날마다 사명을 감당하는 저희들이 되게 하여 주옵소서.

사랑이 많으신 하나님! 지난 삼일 간 마음과 뜻을 다하여 주님을 섬기지 못했음을 고백합니다. 주님께서 저희를 사랑하신 것 같이 서로 사랑하지 못했던 것을 고백합니다. 주님의 생명이 저희 영혼에 내재하지만 저희 욕망이 주님의 뜻을 거역하였습니다. 저희를 긍휼히 여기시고 용서하여 주옵소서.

은혜로우신 주님! 오늘도 이 전에 나와서 주님 앞에 예배드리기를 원하는 저희들 가운데 삶에 지치고 시달린 심령도 있을 줄 압니다. 원치 않는 질병으로 인하여 고통에 신음하는 심령들이 있는 줄도 압니다. 힘든 일이나 직장생활로 힘겨워하는 심령들도 있을 줄로 압니다. 여러 모양으로 고달픈 삶을 살고 있는 저들의 심령을 든든한 믿음으로 함께하여 주옵소서.

육신이 지치고 피곤하여 신앙생활이 게을러지기 쉽사오니 더욱 열심 있는 신앙생활이 이루어질 수 있도록 복 주옵소서. 성도의 귀한 본을 보이게 하시고, 저희들의 삶이 주님께 드려지는 귀한 예배가 되게 하여 주옵소서. 저희로 하나님의 선한 계획에 쓰임 받을 수 있도록 도와 주옵소서.

예수 그리스도의 이름으로 기도드립니다. 아멘.

은혜가 충만하신 하나님! 저희의 삶을 인도하시고 지켜주시니 감사와 영광을 돌립니다. 저희의 찬송과 기도를 받으시고 저희가 드리는 예배가 하나님께는 영광이 되고, 저희 모두에게는 은혜가 되게 하옵소서.

평안의 주님! 저희는 오늘도 갈등과 불안과 염려 속에서 한시도 벗어날 수 없는 채로 주님 앞에 섰습니다. 저희의 작은 일에서부터 큰 일에 이르기까지 그 모두를 주님께 맡기오니 선한 길로 인도하여 주옵소서.

긍휼의 하나님! 오늘도 복된 이 자리에 참석하지 못한 성도들이 있습니다. 저희들을 긍휼히 여겨 주옵소서. 어려운 때일수록 세상의 지혜나 처세술을 따라 분주히 움직이는 성도들이 되지 않게 하시고, 주님께 간구하고 기도하는 일에 열정을 쏟음으로써 주님의 음성 듣기를 사모하는 성도들이 되게 하여 주옵소서.

주님께서 세우신 일꾼들을 기억하시고, 자칫 열심이 식어지기 쉬운 이때에 넘어지는 믿음이 되지 않게 하시고, 더욱 분발하여 주님의 상급을 바라보고 헌신과 충성을 다하는 복된 신앙이 될 수 있도록 함께 하옵소서.

이 시간도 말씀을 전하실 목사님을 주님의 권능의 오른팔로 붙잡아 주셔서 능력의 말씀으로 인도하여 주옵소서. 이 시간 주의 진리로 가득 넘치는 시간이 되게 하여 주옵소서.

예수 그리스도의 이름으로 기도드립니다. 아멘.

능력의 주님! 저희를 죄악에서 구원하사 하나님을 예배하며 찬양할 수 있도록 인도하여 주심을 감사드립니다.

저희의 연약함을 잘 아시는 주님께서 저희의 모든 것을 주관하여 주시고, 저희가 연약함으로 인하여 범죄치 않도록 하시고, 저희의 이기적인 마음과 교만함으로 저희의 이웃에게 상처를 주지 않도록 저희의 삶을 주장하여 주옵소서. 주님의 주권을 인정하여 온전히 주님만을 의지하는 저희가 되게 하여 주옵소서.

사랑의 주님! 저희로 하여금 주님의 성품을 닮아 사랑하게 하옵소서. 저희의 이웃들에게 주님의 자녀로서의 도리를 다하게 하옵소서. 날마다 주님을 닮게 하여 주시기를 원합니다. 날마다 저희 가운데 성령의 열매가 맺혀지게 하여 주옵소서. 순종하게 하시며 친절하게 하시며, 봉사하게 하시며, 주님의 자녀로 부족함이 없게 하여 주옵소서. 십자가에서 고난을 받으사 저희가 구속을 받았사오니, 저희의 삶 속에서 복음을 전하게 하옵소서.

저희를 구원하신 주님! 이 시간 삶의 어려운 문제들을 가지고 주님의 전으로 나아온 성도들이 있는 줄로 압니다. 저희의 기도를 들어 응답해 주옵소서. 저희의 문제를 주님 친히 안으사 저들을 자유케 하시기를 원합니다. 이 시간 기도하는 모든 심령들 위에 주님 친히 강림하사 주님의 은혜를 충만히 입어 새 힘으로 세상을 이길 수 있도록 복 내려 주옵소서.

예수님의 이름으로 기도드립니다. 아멘.

공의로우신 하나님! 저희에게 아름다운 가을 하늘과 수확의 기쁨을 허락하신 주님의 사랑에 감사합니다. 주님이 기뻐하시는 영적인 열매를 더욱 알차게 맺을 수 있는 저희들이 되게 하여 주옵소서.

저희에게 평안과 기쁨을 주신 하나님! 너무도 많은 욕구와 만족만을 위해 살아가고 있는 저희들임을 발견합니다. 참되고 온유하고 겸손하게 살도록 가르쳐 주신 주님의 진리를 외면한 결과, 저희의 영혼은 날로 그 빛을 잃고, 방황의 길에 빠져서 갈팡질팡하는 삶을 살았나이다. 주님의 보혈로 저희의 죄를 씻어 주시고, 귀한 말씀 속에서 새 생명을 얻게 하옵소서.

사랑의 주님! 시대의 어려움을 아시는 아버지께 간구하오니, 어려울 때일수록 하나님을 붙들게 도와주시고, 인간의 한계가 주의 시작임을 인정할 수 있는 믿음을 주옵소서. 어둡고 혼탁한 세상에 타협하지 않게 하시고, 절대 믿음으로 하나님을 바라볼 수 있게 하여 주옵소서. 적당주의와 형식주의를 버리고, 사실적이고 역동적인 믿음을 주옵소서. 어느 때보다 세상에 그리스도의 진리가 필요하오니, 저희를 복음의 증인들이 되게 하옵소서. 저희의 입술이 주님 나라의 기쁨을 전하는 거룩한 입술이 되게 하시고, 주님의 증인으로 땅 끝까지 이르러 복음을 전하는 입술이 되게 하여 주옵소서.

하나님, 영광 받으시기를 원하오며, 거룩하신 예수 그리스도의 이름으로 기도드립니다. 아멘.

지난 삼일 동안도 보호하시고 지켜주시며 인도하신 하나님께 감사와 찬양을 돌립니다. 이 시간 저희의 마음 문을 활짝 열게 하시고, 하늘의 복을 받는 시간이 되게 하여 주옵소서.

주님의 은총 속에 살면서도 저희는 삶이 늘 괴롭고 힘들다고 불평만 했습니다. 주님의 보혈로 정케 하셔서 용서받은 기쁨으로 주님께서 원하시는 길을 걷게 하옵소서. 세상을 이길 지혜와 능력을 내려 주옵소서.

주님의 피로 값 주고 세우신 이 교회가 말씀이 충만한 교회가 되게 하시고, 주님의 사랑을 본 받아 사랑이 식어가는 이 세대에 사랑의 빛을 나타내게 하옵소서. 은혜 충만, 말씀 충만, 성령 충만한 교회가 되게 하시고, 저희 모두에게 성령의 충만함을 주셔서 죄악으로 병든 세상에 주님의 복음을 전하여 세상을 정결하고 깨끗하게 변화시키는 귀한 직분을 감당하도록 인도하여 주옵소서. 한 알의 밀알이 되어서 세상에 구원의 소식을 전하고, 만인에게 구원의 기쁨을 가져다주는 놀라운 역사를 이루게 하여 주옵소서.

이 시간 목사님의 입술을 통해 나오는 말씀을 듣는 저희에게 감동을 주시고, 믿음이 약한 심령에게 확고한 믿음과, 시험 중에 있는 심령에게 승리의 확신을 주셔서 더욱더 굳건한 믿음으로 무장할 수 있도록 도와주옵소서.

예수님의 이름으로 기도드립니다. 아멘

저희들과 함께하시는 주님! 지난 삼일 동안도 저희들을 은혜의 빛으로 인도하여 주시다가 주님의 전으로 다시 불러주셔서 주님과 대면할 수 있게 하시고, 기도로 교제할 수 있도록 이끌어 주시니 감사합니다.

용서의 하나님! 성령의 인도함 속에서도 쾌락 사랑하기를 즐겨하며, 이생의 안목과 정욕을 좇아 살기를 즐겨했던 저희들을 긍휼히 여겨 주시고 용서하여 주시기를 원합니다. 더 이상 성령을 탄식하게 하는 죄악 된 일들을 하지 않도록 저희들의 심령을 성령의 능력으로 사로잡아 주시고, 경건하고 거룩한 삶을 살아갈 수 있게 하여 주옵소서.

은혜의 하나님! 이 시간도 주님의 전을 찾아 나온 성도들 중에 육신의 연약함, 질병의 무거운 짐을 지고 있는 성도가 있습니까? 주님께 간절한 마음으로 부르짖을 때 신음과 고통이 사라지고, 회복되고 치료되는 주님의 은총이 임하게 하옵소서. 상한 심령 가지고 나온 성도들이 기도하는 가운데 주님의 위로하심과 격려하심 속에서 새로워지고 온전케 되는 역사가 있게 하옵소서.

이 시간도 주님의 몸된 교회를 위하여 충성하는 이들을 통해서 주님의 나라가 확장되며, 복음이 전파되고, 교회가 든든히 서 갈 수 있도록 하옵소서.

예수 그리스도의 이름으로 기도드립니다. 아멘.

은혜의 주 하나님! 지난 삼일 동안도 주님의 보호하심 아래 평안을 맛보며 새 힘을 얻어 주님의 전으로 나아왔사오니 감사합니다. 신령과 진정으로 감사하고 찬양의 예배를 드리게 하옵소서.

믿음이 없어 세상을 바라보며 소망을 잃어 가는 저희들에게 소망을 갖게 하여 주옵소서. 세상의 헛된 유혹에 넘어가지 않게 하시고, 모든 일들이 주님의 주권 아래 있음을 알게 하여 주옵소서. 이생의 안목과 육신의 정욕을 충족하는 데 허비하지 말게 하시고, 이제껏 맺지 못한 성령의 열매를 풍성히 맺는 기간이 되게 하여 주옵소서.

오늘도 탄식하는 세상을 봅니다. 도움을 구할 수 있는 대상을 몰라 더욱 방황하는 저들을 불쌍히 여기고 긍휼히 여기사 주님을 바라볼 수 있는 눈을 열어 주옵소서. 이 어렵고 힘든 때에 지친 삶을 도우실 분은 주님밖에 없음을 깨닫게 하옵소서. 방황하는 이 세대를 위하여 소망의 등대가 되는 교회가 되게 하여 주옵소서. 저희들 또한 주님의 자녀로서 빛을 발하게 하심으로, 어려운 이웃들에게 주님의 소망을 나누어 줄 수 있도록 복 주옵소서.

오늘도 말씀을 대언하시는 목사님에게 능력을 더하여 주시고, 은혜로우신 말씀을 듣게 하여 주옵소서.

소원의 항구로 인도하시는 예수 그리스도의 이름으로 기도드립니다. 아멘.

Ⅳ. 특별 주일을 위한 대표기도문

그러므로 내가 너희에게 말하노니
무엇이든지 기도하고 구하는 것은 받은 줄로 믿으라
그리하면 너희에게 그대로 되리라
(막 11:24)

새해를 맞이하는 기도 1

저희들의 찬양을 기쁘게 받으시는 하나님, 찬양과 경배를 드립니다. 사랑하는 성도들이 아버지께 나와 영광을 돌립니다. 오늘 드리는 예배를 기쁘게 받아 주옵소서.

한 해를 회개와 결단으로 새롭게 시작하기를 원하는 심령으로 이 시간 주님 앞에 나왔습니다. 저희들을 긍휼히 여기사 올해의 회개를 다시 반복하지 않는 은혜를 주옵소서. 마음과 정성과 힘을 다하여 주 하나님을 사랑하게 하시고, 충성스러운 종이 되어 잘했다 칭찬 받게 하여 주옵소서.

한 해 동안의 등졌던 인간관계도 사랑으로 회복하게 하시고, 주님의 용서와 같이 저희들도 용서하게 하여 주옵소서. 죄악을 끊게 하시고, 하나님을 신뢰하고 의뢰함으로 복된 삶을 살아갈 수 있도록 은혜를 주옵소서.

하나님이 허락하시는 시간들을 세상의 죄악 가운데 허비하지 않게 하시고, 지혜로운 자들이 되어 세월을 아끼게 하여 주옵소서. 새해에는 더욱 주님께 나아가는 한해가 되게 하시고, 기도에 더욱 힘쓰며 말씀을 더욱 마음 판에 새기며 부지런히 순종하는 저희들이 되게 하여 주옵소서. 마음을 새롭게 함으로 변화를 받아 하나님의 선하시고, 기뻐하시고, 온전하신 뜻이 무엇인지를 분별하며 하나님의 빛된 자녀로 거룩한 삶을 살게 하여 주옵소서. 믿는 자들에게나 믿지 않는 자들에게나 본이 되어 저희로 인하여 주님의 복음이 전파되게 하여 주옵소서.

새해에는 성도의 가정 가정마다 함께하시기를 원합니다. 심히 어렵고 힘들어 연약하여져서 넘어지고 흔들리기 쉬우니, 주님의 능력의 오른손으로 강하게 붙들어 주셔서 강하고 든든하게 서 가는 복된 가정들이 되게 하시고, 감사가 넘치며 날마다 성장하는 성도와 가정들이 되게 하여 주옵소서.

또한 새해를 맞이하여 다짐하는 이 다짐들이 주안에서 일 년 내내 불변하게 하시고, 저희의 계획이 주님의 계획과 일치되어 주님이 허락하신 복된 열매를 많이 맺을 수 있게 하옵소서.

예수님의 이름으로 기도드립니다. 아멘

당신의 삶을 하나님께 바치면,
하나님은 당신이 할 수 있는 것보다 더 위대한 일을 하신다.
D.L. 무디

영광을 받으시기에 합당하신 아버지 하나님, 새로운 한 해를 허락하신 하나님께 감사와 찬송과 존귀와 영광을 돌립니다.

예배와 찬양과 기도로 한해를 시작하오니 새롭게 하시고, 형통케 하시며 승리하는 한 해가 되도록 저희들을 복 주옵소서. 허물 많은 저희들을 구원하시고, 오늘 주 앞에 나와 찬양하게 하시며, 주님과 함께 시작하게 하시니 감사합니다. 올 한 해는 예배에 승리하게 하시고, 말씀에 순종하게 하시며, 기도에 응답받는 복된 은혜를 주옵소서.

이웃을 용서하게 하시고, 저희들의 심령이 새롭게 되어 주와 같이 동행하는 승리를 주옵소서. 허물로 인한 회개 기도보다는 승리에 대한 감사의 기도가 넘치는 복된 한 해가 되게 하옵소서. 은혜를 사모하게 하시고, 사명에 충성하게 하시며, 감사로 열매 맺는 복을 허락하여 주옵소서.

이 나라 이 민족을 복 주시어 복지 국가가 되게 하시며, 정의사회가 구현되게 하시되, 하나님을 경외하여 민족적으로 회개하고 돌아오는 복음의 역사가 있게 하옵소서. 한국교회를 기억하시고, 민족과 세계를 품고 기도할 때 다시금 이 나라에 복음의 불길이 타오르게 하옵소서. 저희 교회가 살아남으로 이웃이 살게 하시고, 죽어가는 수많은 영혼들을 주님 앞으로 인도하는 구원의 방주가 되게 하옵소서.

저희 교회에 부흥의 불길을 주옵소서. 이 일을 위하여 새로운 직분을 나누어 받았사오니 충성을 다하여 주님께 영광 돌리는 한 해가 되게 하옵소서. 저희 교회 성도들에게 복 주시어, 직장을 잃은 자들에게는 직업을 주옵소서.

가난한 성도들에게는 물질의 복을 열어 주옵소서. 질병이 있어 고통 받는 성도들이 있나이까? 치료의 하나님을 만나게 하옵소서. 소원이 있어 지금껏 부르짖어 기도한 성도들에게 응답받는 한 해가 되게 하옵소서.

오늘 강단에 세우신 목사님과 교회를 위하여 수고하시는 교역자들과 동역자들을 위해 기도드립니다. 올해도 입술에 철장 권세를 들려주셔서 말씀이 선포될 때마다 하나님의 능력이 함께하심으로, 하나님의 온전하시고 기뻐하시는 뜻이 전달되며, 그 말씀에 회개하고 결단하는 역사가 일어나게 하옵소서.

새해 첫 주일 예배를 기쁘게 받아주시기를 원하오며, 새 힘을 주시는 예수 그리스도의 이름으로 기도드립니다. 아멘.

저희들의 큰 기쁨이 되시고, 즐거움이 되셔서 찬양케 하시는 만왕의 왕이신 주를 찬양하나이다. 주님의 고통은 저희의 허물 때문인 것을 이제 깨닫고 감격과 찬양으로 십자가를 바라봅니다. 저희들의 죄를 용서하여 주옵소서.

이 고난 주간에 주님의 고난을 철저히 배우게 하옵소서. 나귀새끼를 타시고 예루살렘에 올라가신 주님의 겸손, 자기의 뜻보다 아버지의 뜻이 이루어지기를 원하시고, 섬김을 받기보다는 섬기며 사신 주님의 생애, 만민의 죄를 담당하고 희생의 제물이 되어 주신 주님의 사랑을 상기하며, 저희들 또한 그렇게 살기를 원하며 다짐하게 하여 주옵소서.

이 시간 또한 저희의 믿지 아니하는 이웃을 위해서 기도드립니다. 무엇보다도, 갈 길을 몰라 방황하는 심령들이 자유와 평화를 주시기 위해 오신 주님을 만나게 하시고, 천국의 복음이 임함으로 주님의 복된 소식을 깨닫게 하옵소서. 주님의 교회를 사랑하여 몸을 드려 충성하는 성도들에게 주께서 주시는 기쁨이 충만하게 하옵소서.

저희들도 때때로 호산나를 부르고 주님을 왕으로 섬긴다고 하였으나, 곧 마음이 변하여 주님을 십자가에 못 박은 무리들처럼 알게 모르게 주님을 부인하고 배반하는 것을 일삼고 있나이다. 저희를 강하게 주장하사 하나님의 거룩한 백성으로 살기에 부족함이 없도록 복 내려 주옵소서.

오늘도 하나님의 말씀을 대언하실 목사님에게 성령님이 함께하여 주시며, 말씀으로 말미암아 저희의 심령들이 깨어지는 역사가 일어날 수 있도록 역사하여 주옵소서. 저희로 온전히 말씀에 의지하여 순종할 수 있게 하시고, 하나님의 인도하심에 따라 순종하는 저희들이 되도록 은혜를 더하여 주옵소서.

거룩하신 예수 그리스도의 이름으로 기도드립니다. 아멘.

기도하며 자신의 몫을 다하면
주께서 지금은 꿈에 불과한 그것이
실체가 되게 하실 것이다.
아벨라의 데레사

종려주일 기도-2

영광과 찬송과 예배를 받으시기에 합당하신 하나님 아버지! 찬양과 영광을 주님께 드립니다. 오늘 왕으로 입성하신 예수 그리스도를 기억하며 종려주일예배로 지키어 드리오니 영광 받아 주옵소서. 나귀새끼를 타시고 입성하신 왕 되신 주님을 기억하며, 죄로 말미암아 죽을 수밖에 없는 저희들을 왕 같은 제사장으로 주님을 섬길 수 있는 겸손을 허락하여 주옵소서.

호산나, 호산나, 다윗의 자손이여 라고 외치며 주님을 찬양하던 무리들이 결국 주님을 십자가에 못 박는 배반자들이 되었듯이, 오늘 저희들도 주님을 찬양하던 입술로 주님을 부인하고 저주하지 않도록 은혜를 더하여 주옵소서.

고난의 십자가를 지시기 위해 예루살렘에 입성하신 것을 생각할 때에 가슴이 아프지만, 그 십자가에서 죽음을 이기시고 승리하셨기에 저희들에게는 죄사함이 있고 영생이 있음을 감사합니다.

아직도 주님을 본 받기에 부족한 저희들을 긍휼히 여기시고, 주님의 십자가 사랑만을 붙잡고 어두운 세상을 십자가의 정신으로 밝히며, 불꽃처럼 살아갈 수 있는 저희들이 되게 하여 주옵소서.

전능하신 하나님 아버지! 하나님의 뜻으로 세우신 교회를 위하여 기도드립니다. 하나님의 거룩한 성도의 본분을 잘 감당할 수 있는 저희들이 되게 하시고, 저희로 하나님의 말씀에 순종하게 하셔서 하나님의 교회를 세우는 일을 감당할 수 있도록 헌신하게 하여 주옵소서.

오늘도 말씀을 전하시는 목사님 위에 함께하사 구속의 원리와 십자가의 사랑을 깨닫게 하옵소서. 오늘 드리는 예배를 승리케 하심으로 한 주간도 말씀을 붙들고 기도하며 생활예배로 영광 돌리게 하옵소서. 한 주간의 삶이 주 앞에 영광이요 저희들에게는 은혜의 시간들이 되게 하옵소서. 가는 곳마다 그리스도의 복음을 증거하는 전도자가 되게 하옵소서.

예수 그리스도의 이름으로 기도드립니다. 아멘.

숨쉬지 않고 사는 사람이 있다면,
기도하지 않고 존재하는 그리스도인도 있을 것이다.

매튜 헨리

능력의 주 하나님! 주님의 부활을 믿사오며, 구원에 대한 감사로 예배하오니, 저희들 삶의 목적을 새롭게 확인하고 아버지의 뜻에 맞는 인격과 신앙으로 하나님께 영광 돌리게 하옵소서.

저희의 믿음이 더욱 장성하게 하시고, 저희로 하나님을 찬양하는 귀한 영혼들이 되게 하여 주옵소서. 사랑의 길로 인도하시는 하나님께 순종하게 하시고, 하나님의 길에서 떠나지 아니하도록 이끌어 주옵소서. 저희를 하나님의 복된 길에 온전히 거하게 하여 주옵소서.

오늘 거룩한 부활절을 맞이하여 하나님의 사랑을 세상에 널리 전하게 하시고, 저희로 하나님을 찬양하며 하나님께 영광을 돌리기에 부족함이 없도록 은혜를 더하여 주옵소서. 저희에게 주님을 증거하는 신앙을 갖게 하시고, 하나님의 나라를 위하여 헌신하는 기쁨을 맛볼 수 있는 복을 허락하여 주옵소서.

저희의 연약함으로 범죄치 않도록 하시고, 저희의 어리석음으로 주님을 부인하는 죄를 저지르지 않도록 하여 주시며, 저희의 부족함으로 하나님의 이름을 경솔히 부르지 않도록 하여 주옵소서. 오직 주 여호와만을 의지하여 하나님 나라의 소망을 가지고 이김을 주시기를 간구하오니, 승리하게 해 주옵소서.

특별히 말씀을 전하실 목사님에게 함께하사 저희에게 하나님의 동행하심을 깨닫는 귀한 시간이 되게 하여 주옵소서. 예배를 돕는 손길들로 하여금 온전히 충성하게 하시고 복 주셔서 부활의 주님이 전파되는 곳에 저들의 이름도 기억되게 하옵소서.

죽음의 권세를 이기시고 부활하신 예수 그리스도의 이름으로 기도드립니다. 아멘.

남을 위한 기도는 큰 유익이 있다.
남을 위해 하나님께 심부름하는
대가로 돌아오는 수고비가 있기 때문이다.

사무엘 러더포드

할렐루야 참 생명이 되신 하나님 아버지 감사합니다! 사망의 권세를 이기시고 부활하심으로 영원한 승리를 주신 주님! 오늘 이 기쁜 부활절에 저희들을 위해 죽으시고 부활하신 예수 그리스도가 생명의 자리에 계심을 믿고 주님 전에 나왔습니다.

이제껏 주님의 부활하심을 의심하여 널리 증거하지 못했던 저희들이었습니다. 믿음이 없이는 주를 기쁘시게 하지 못한다고 하셨는데, 믿음 없는 저희들을 용서하시고, 주님의 은혜 가운데 새로운 인생 길을 걷게 하여 주옵소서. 부활하신 주님의 뒤를 따라 죽어도 주를 위하여 죽고 살아도 주를 위하여 사는 믿음이 되게 하옵소서. 소망 중에 고통을 이기며 환난을 극복하며 주님처럼 승리하며 살게 하옵소서.

이 약한 심령에 부활의 신앙을 갖게 하셔서, 옛 행실을 벗고 주님의 구속의 사랑을 이웃에게 전할 수 있는 저희들이 되게 하여 주옵소서. 믿음으로 승리의 삶을 살 수 있도록 도와주옵소서. 저희들에게 부활을 믿는 확신을 주시고, 죽었던 대지에 새 생명을 허락하시는 것처럼 저희들에게도 새 생명을 허락하여 주옵소서.

두려움에 사로 잡혔던 마리아가 부활하신 예수님을 만나고 기뻐하였던 것같이, 이 시간 저희들에게도 기쁨과 소망을 주옵소서. 세 번씩이나 주님을 부인하던 베드로가 부활하신 예수님을 만나고 성령의 충만함을 받았을 때 사명을 되찾음 같이, 저희에게 성령 충만함을 허락하셔서 능력 있는 사명자들이 되게 하여 주옵소서.

부활의 처음 열매가 되신 예수님을 만나게 하셔서 저희들의 연약한 것을 강건하게 하시고, 예수님과 영생 복을 누릴 것을 굳게 믿는 저희들이 되게 하여 주옵소서. 이 시간 저희들의 잠자던 영혼이 깨어나게 하시고, 믿음과 충성과 사랑이 식어가는 교회도 부활의 기쁨으로 충만케 하여 주옵소서.

오늘도 부활의 메시지를 들고 단 위에 서시는 목사님을 성령으로 붙드시고, 권세 있는 말씀으로 저희 온 심령을 채울 수 있게 하옵소서. 저희를 위해 사망의 권세를 이기신 예수 그리스도의 이름으로 기도드립니다. 아멘.

내게 기도의 응답은
단지 신앙이 아니라 일상생활의 실험이다.
스펄전

만물을 새롭게 하시는 주님! 죽음을 이기시고 부활하신 주님을 구주로 믿는 저희들이 이 거룩한 성전에 모여 찬송하며 예배를 드리게 하시니 감사합니다.

자비하신 하나님! 의혹과 암흑의 시대를 살고 있는 사람들도 죄를 인하여 죽을 수밖에 없는 인생임을 깨닫고 부활하신 주님을 만나게 하옵소서. 죄사함 받고 영원한 소망을 주시는 주님을 모시고 소망과 기쁨으로 살게 하옵소서!

거룩하신 하나님! 저희의 연약한 믿음이라도 심히 창대해질 줄 믿사오니 저희를 긍휼히 여겨 주옵소서. 교회를 찾는 자마다 지금도 살아 계셔서 믿는 자들과 함께하시는 주님의 임재를 체험케 하시고, 부활의 담대한 신앙으로 불의한 세상에 생명이신 주님을 힘차게 외칠 수 있는 교회가 되게 하여 주옵소서. 저희를 대신하여 십자가를 지신 주님의 사랑을 알게 하시고, 저희로 그 사랑을 실천하게 하여 주옵소서. 믿지 않는 이웃을 돌아보게 하시고, 저희로 하나님의 역사하심에 순종할 수 있는 자들이 되게 하여 주옵소서.

저희의 예배를 기쁘게 받으시기를 기도드립니다. 예배를 통하여 하나님의 선하신 계획이 이루어지게 하시고, 주님의 기쁜 소식을 증거하시기 위해 단 위에 서시는 목사님을 성령께서 친히 붙드시며, 저희 모두가 구원과 소망이 넘치는 시간이 되게 하옵소서. 저희의 연약함이 이 예배를 통하여 강건해지기를 원하오니, 저희의 모든 것들을 친히 주장하여 주옵소서. 하나님의 선하신 계획에 순종할 수 있는 저희가 되게 하여 주옵소서.

찬양으로 주님의 영광을 높이는 성가대와 예배를 위하여 봉사하는 모든 이들을 주님의 크신 은혜와 복으로 채워 주옵소서.

사망 권세를 이기신 예수님의 이름으로 기도드립니다.
아멘.

기도는 저희들이 원하는 바를 얻는
쉬운 길이 아니라, 하나님이 원하시는 대로 되는
유일한 길이다.
스튜더트 케네디

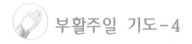

사랑과 은혜가 풍성하신 거룩하신 하나님! 저희에게 왕으로 오신 주님을 생각할 때마다 하나님을 찬양합니다. 저희의 찬양과 감사와 경배를 받으옵소서. 사랑과 능력의 주님을 찬양합니다. 영광을 받으옵소서.

이제는 죄악과 시기와 불의함이 저희 속에 거하지 못하며, 오직 산 소망과 생명이 있게 하여 주옵소서. 주님의 부활을 인하여 세계 모든 민족이 기뻐하는 것을 볼 때 모든 영광을 하나님께 돌립니다. 죄와 죽음을 이기신 주님께 저희들의 사랑을 드립니다. 이 시간 저희 모두가 환희와 소망으로 주님을 찬양하오니, 영광이 영원히 아버지께 있나이다.

주님께서 저희와 함께하심에도 불구하고 저희의 믿음이 너무도 연약하였음을 고백합니다. 저희의 믿음 없음을 용서하여 주옵소서. 저희가 사소한 일에도 평안을 잃고 두려워하는 마음을 가졌던 것을 고백합니다. 저희의 마음에 담대한 믿음을 허락하셔서 저희들의 심령이 오직 하나님의 영광을 위하여 세상을 이길 수 있는 믿음을 더하여 주옵소서.

주님! 아직도 마귀는 우는 사자와 같이 삼킬 자를 두루 찾으며 저희들을 위협하고 있습니다. 그러나 이미 예수 그리스도께서 십자가에서 승리하신 것을 감사합니다. "나는 부활이요 생명이니 나를 믿는 자는 죽어도 살겠고 무릇 살아서 나를 믿는 자는 영원히 죽지 아니하리라"고 말씀하셨사오니, 죽어도 다시 살게 되는 영생의 주님을 영원히 의지하며 사는 저희들이 되게 하여 주옵소서.

저희로 하나님을 위하여 헌신하는 자가 될 수 있는 믿음을 더하여 주옵소서. 저희로 하나님을 찬양하는 저희 삶이 되게 하시고, 저희의 삶 속에서 하나님의 살아 역사하심을 날마다 발견할 수 있게 하여 주옵소서.

하나님을 대신하여 말씀을 대언하실 목사님 위에 함께 하시고, 입술의 권세를 허락하셔서 증거되는 말씀에 역사가 임하게 하옵소서. 이 예배를 위하여 하나님을 찬양하는 성가대원들에게 특별히 복 주옵소서. 또한 여러 가지 모습으로 봉사하는 손길들에게 복 주옵소서.

예수 그리스도의 이름으로 기도드립니다. 아멘.

성경은 저희들이 항상 설교해야 한다고 말하고 있지 않다.
항상 기도해야 한다고 말하고 있다.
라이스

믿음의 주요 온전케 하시는 이인 주님을 바라보게 하시는 하나님 아버지 감사합니다.

거룩한 주일, 주님의 전에 나아와 살아 계신 하나님께 찬양하며 영광 돌릴 수 있도록 하신 은혜를 감사합니다. 주님의 품에 안기기를 소망하는 믿음으로 왔사오니, 지금까지 지은 죄를 용서하여 주시고 받아주시기를 원합니다.

저희들이 부활의 기쁨을 망각하는 어리석음을 범치 않게 하여 주시고, 부활의 증거자로 사명을 감당할 수 있는 믿음을 허락하여 주옵소서. 이 귀한 사명을 잃어버리지 않게 하시고, 부활에 참여하는 복된 삶이 지속되게 하여 주옵소서.

또한 저희 교회를 위해서 기도드립니다. 저희 교회도 사망권세를 이기시고 부활하신 주님을 높이고, 온전히 주님의 영광을 드러내는 교회가 되기를 원합니다. 주님이 영광 중에 재림하시는 그 날까지 주님의 몸된 교회를 세워나가고, 주님을 나타내기에 부족함이 없는 교회가 되게 하시고, 신앙의 수고가 늘 동반됨으로써 순종과 사랑의 욕구를 충족하며, 구원의 기쁜 소식을 전파하는 데 부족함이 없는 교회가 되게 하여 주옵소서.

사랑의 하나님 아버지! 주님의 몸된 교회를 위하여 헌신하는 손길들이 있습니다. 특별히 주님께서 주신 귀한 직분을 은혜와 감사함으로 감당하기를 원하는 성도들에게 지혜와 힘을 주시고, 맡은 바 직분을 잘 감당할 수 있도록 인도하여 주옵소서.

주님과 교회를 섬기면서 저희들을 항상 푸른 초원으로 인도하기에 온 힘을 쏟고 계신 목사님을 성령의 능력으로 함께하시고, 진리의 말씀을 베풀기에 부족함이 없도록 지혜와 능력을 허락하여 주옵소서.

이 예배의 시종을 주님께서 온전히 주장하시고, 마귀가 틈타지 못하도록 도와주옵소서.

예수 그리스도의 이름으로 기도드립니다. 아멘.

용서를 구하는 기도는 타락을 방지하고,
마음을 통회하게 하고 거룩한 삶을 영위하게 한다.
윌리암 카터

 **가정의 달 기도**

거룩하시고 사랑이 많으신 하나님 아버지, 가정의 달 오월을 맞이하여 주님의 거룩한 성전에 나와 예배드리며 기도하게 하시니 감사합니다. 주님이 만드신 아름다운 세상으로 인하여 더욱 주님을 찬양할 수 있는 오월이 되게 하시고, 푸르름을 더해 가는 자연과 같이 저희의 심령도 주님의 사랑으로 풍성하게 채워 주옵소서.

입술로는 주님의 자녀라고 고백하면서 저희의 삶 속에는 아직도 죄의 습관들이 자리 잡고 있음을 발견합니다. 저희의 삶 속에 주님이 오셔서 죄의 요소들을 제거시켜 주시고, 주님과의 복된 교제가 늘 이어지는 생활이 될 수 있도록 인도하여 주옵소서.

높고 높은 보좌를 뒤로 하시고 낮고 낮은 이 세상에 육신을 입고 오셔서 겸손하게 저희들의 죄를 속량하시기 위하여 고난을 받으신 주님! 저희들이 그런 주님의 사랑으로 인하여 감격하며 사는 인생이 되기를 원합니다. 저희로 주님의 평안을 체험하게 하시고, 주님의 평강으로 죄를 이기고, 악의 유혹을 극복하며 교만함과 게으름을 이겨나가게 하여 주옵소서.

주님의 교회는 기도하는 집이라 하셨사오니, 주님의 전에 모여서 늘 기도할 수 있는 저희들이 되게 하시고, 모든 성도가 일치된 기도

속에 성령 충만함을 체험하며, 능력이 나타나고 치료가 나타나는 놀라운 역사가 있게 하여 주옵소서. 말씀을 전하시는 목사님을 성령의 능력으로 붙드시고, 교회와 양떼를 위하여 수고하실 때에 기쁨으로 감당할 수 있도록 도와주옵소서.

이 시간 저희들로 하여금 신앙의 눈이 떠지고, 주님의 음성을 듣게 하시며, 영적인 기쁨이 충만한 시간이 되게 하여 주실 줄을 믿사옵고, 기도의 본을 보여 주신 예수 그리스도의 이름으로 기도드립니다.
아멘.

기도를 잊지 말라. 기도는 그대에게
생생한 용기를 줄 것이며,
이것이 곧 교육이라는 사실을 알게 될 것이다.

도스토옙스키

 어린이 주일 기도

온 땅과 온 하늘을 기쁨과 빛으로 충만케 하신 하나님 아버지! 오늘은 어린이주일로 아버지께 예배를 드립니다. 이 땅에 사는 모든 어린이들이 예수 그리스도를 통해 흠 없는 거룩한 백성이 되도록 복을 내려주옵소서.

저희에게 귀한 자녀를 주심을 감사드립니다. 주님께서 잘 양육하라고 맡겨주신 자녀들이오니, 소유물로 여기지 않게 하시고, 그들이 하나님을 알게 하시며, 하나님의 말씀 안에서 주님의 교양과 훈계로 양육하여, 저들을 향한 하나님의 계획과 비전에 순종할 수 있게 하여 주옵소서.

사랑의 주님, 이 악한 세상에서 주님께서 그들을 눈동자같이 보호하여 주시고, 하나님의 보호의 손길을 한시도 거두지 마옵소서. 올바르게 자라서 교회와 사회의 귀한 일꾼이 되게 하여 주옵소서.

주님께서도 그 키와 지혜가 자라가며, 하나님과 사람에게 더욱 사랑스러워가셨습니다. 저희 아이들도 그 키가 자라는 만큼 지혜도 자라게 하시고, 믿음도 자라게 하셔서 하나님과 이웃에게 사랑받는 사람이 되게 하여 주옵소서. 비뚤어지지 않게 하시고, 영적, 사회적, 신체적, 정신적으로 균형 잡힌 성장을 이루도록 주님이 도와주시기 원합니다.

주님께서 너희가 돌이켜 어린아이들과 같이 되지 아니하면 결단코 천국에 들어가지 못한다고 하신 말씀을 기억합니다. 저희 기성세대들도 어린이들과 같이 순수한 마음을 회복하게 하시고, 어린이들에게 믿음의 본이 되게 하시고, 하나님을 기쁘시게 하는 삶을 살 수 있도록 인도하여 주옵소서.

특별히 결손 가정의 어린이들을 위로하시고, 장애아동에게는 치유와 용기의 은혜를 베풀어 주옵소서. 다문화 가정의 어린이들도 차별 대우 받지 아니하고, 함께 구원받아 예배하는 하나님의 자녀들로 삼아주옵소서. 기근이나 전쟁으로 헐벗고 굶주리는 어린이들에게 먹을 수 있는 복을 허락하여 주시고, 학대받는 어린이들을 악에서 구하여 주옵소서.

오늘 어린이 주일에 드리는 이 예배를 기쁘게 받아주시고, 모든 어린이들이 하나님의 말씀으로 교육받아 신앙의 열매를 맺게 하옵소서.

예수님의 이름으로 기도드립니다. 아멘.

 어버이 주일 기도

"자녀들아 너희 부모를 주 안에서 순종하라 이것이 옳으니라. 네 아버지와 어머니를 공경하라 이것이 약속 있는 첫 계명이니"라고 하신 하나님, 이 거룩한 주일을 어버이 주일로 지키게 하시니 감사합니다. 이 예배를 기쁘게 받아주옵소서.

저희가 주님의 은혜에 합당치 못한 삶을 살고 있음을 고백합니다. 저희가 주님 앞에 부끄러운 자들임을 고백합니다. 기쁨으로 감사드려야 할 부모님께 근심과 눈물을 드린 것을 용서하여 주옵소서. 육신이 연약하고 부족한 저희들을 불쌍히 여기사 용서하여 주옵소서. 사랑을 실천하는 사람으로 살아갈 수 있도록 복 주옵소서.

저희를 낳고 길러주신 어버이가 계시지만 효도하며 받드는 일에 인색했던 저희들이었음을 고백합니다. "네 부모를 공경하라" 명하신 하나님의 법이 저희 입에서만 맴돌 뿐, 가슴에 새겨지지 않았음을 고백하며 저희의 부끄러움을 고백하오니 용서하여 주옵소서.

이제껏 저희를 위하여 모든 것을 희생하신 어버이들에게 평강을 주시고, 늙음에서 오는 외로움과 서러움, 쓸쓸함, 섭섭함 등. 이 모든 것들이 사라지게 하여 주옵소서. 외로운 분들과 허약한 분들과 가난한 분들을 위로하여 주시고, 힘을 더하여 주시며 이 땅에 계시는 동안 끝까지 훌륭한 믿음의 어버이로 모범을 보여줄 수 있게 하여 주옵소서.

부모님 살아 계실 때에 효를 다하도록 도와주시고, 부모님들의 남은 생 위에 하나님의 위로와 복을 더하시며, 그리스도 앞에서 더욱 존귀히 쓰임받게 하옵소서.

먼저 하늘나라에 가신 부모님을 생각하며, 부모님의 믿음을 본받게 하시며, 아직도 주님을 영접하지 않은 부모님들은 속히 주님께로 인도할 수 있는 기회를 허락하여 주옵소서.

이제 저희들의 뜻과 마음과 정성을 다하여 예배드리오니 성령으로 저희들을 인도하여 주시고 진리로 이끌어 주시기를 원합니다. 주님을 떠나서는 아무것도 아님을 고백합니다. 구원의 감격이 저희들 모두에게 골고루 내려지는 역사가 일어나게 하여 주옵소서. 이 예배를 통하여 저희의 근심이 기쁨이 되게 하여 주옵소서.

예수 그리스도의 이름으로 기도드립니다. 아멘.

성령강림절의 기도

거룩하신 하나님! 저희의 찬양과 영광과 예배를 받아 주옵소서. 이 시간 저희가 스스로 하나님의 길에서 벗어난 것을 고백하오니 저희의 죄를 용서하여 주옵소서. 하나님의 길에서 벗어나지 않고 온전히 거할 수 있는 복을 허락하여 주옵소서.

은혜의 하나님! 이 시간 저희가 성령 안에서 기도하고 찬송하며 말씀을 사모할 때에 은혜 받게 하시며, 의로운 인격을 갖추고 새사람으로 새 날을 살아갈 수 있도록 성령님께서 이 시간 오셔서 크신 은총을 내려 주옵소서. 성령의 인도하심 속에서 저희의 신앙이 살찌게 하시고, 주님의 거룩한 뜻을 실현할 수 있는 복된 삶이 되게 하옵소서. 저희의 생각과 계획도 미리 아시는 성령께서 철저하게 이끌어 주시고 주관하여 주시기를 원합니다. 저희들의 전 생활 영역이 성령의 역사와 인도하심을 따라 사는 삶이 되게 하여 주옵소서.

저희 교회도 성령의 불이 타오르게 하여 주옵소서. 아무리 강퍅한 심령도 이 교회에 발을 들여놓을 때 성령의 능력으로 거꾸러지는 역사가 있게 하시고, 죄의 자백이 일어나며, 회개의 역사가 있게 하여 주옵소서. 죄의 자백으로 인하여 탄식하는 회개의 역사가 일어나게 하심으로 삶에 지친 저희들의 영혼이 안식을 얻을 수 있도록 복 주옵소서. 병든 심령은 치료받는 역사가 있게 하시고, 믿음 없는 자들은 믿음 위에 굳게 서고 확신에 찬 생활을 하게 하여 주옵소서. 기도하는 자마다 주님의 사랑의 응답을 받을 수 있는 거룩한 교회가 되게 하여 주옵소서.

이 시간 성령께서 저희들 가운데 함께하심을 믿사옵고, 예수 그리스도의 이름으로 기도드립니다. 아멘.

불에 피운 향이 인간의 생명을 상쾌하게 하는 것처럼,
기도는 인간의 희망을 북돋우어 준다.

괴테

종교개혁주일 기도

거룩하신 하나님 아버지! 그리스도의 생명으로 저희 속에 채워 주시기를 원하여 저희의 마음을 드립니다. 주님의 진리의 말씀으로 저희들을 충만하게 채워 주시옵소서.

자비하신 주님! 알고도 행하지 못하고, 말씀으로 살지 못한 저희들입니다. 육신의 욕망을 위해서만 사용되었던 입술이 영원한 가치를 위해서 사용되게 하옵소서. 보이는 세상의 것들이 저희의 마음에 위로와 평안을 주는 것이 아님을 알면서도 주님을 기쁘시게 해드리기보다는 세상에 종노릇하였음을 고백합니다. 저희의 완악한 심령을 불쌍히 여기시고 저희의 죄과를 도말하여 주시기를 원합니다. 주님, 연약한 저희들을 긍휼히 여겨 주시고, 저희들에게 믿음과 용기를 주사 주님을 끝까지 따르는 종들이 되게 하여 주옵소서.

공의로우신 하나님 아버지! 특별히 오늘은 종교개혁주일로 지킵니다. 주님의 교회가 썩어져 가는 것을 그냥 버려두실 수가 없으셔서 몸의 일부를 도려내는 수술을 친히 주관하신 주님의 놀라운 은혜를 생각하면서 종교개혁 주일로 지키게 됨을 감사드립니다.

"오직 은총, 오직 믿음, 오직 성령으로"라는 진리의 기치를 높이 들었던 개혁자들의 신앙을 되새기며, 저희들의 변화되지 못하고 형식화된 신앙을 과감히 척결하는 시간이 되게 하시고, 새사람, 새신앙으로 새롭게 다짐하는 시간이 되게 하여 주옵소서.

오늘의 교회도 인본주의와 기복주의 신앙으로 오염되어 있습니다. 부패하고 타락하여 잘못된 신앙으로 얼룩진 교회를 성령의 능력으로 새롭게 변화시켜 주시고, 인간의 수단이 아니라 하나님의 주권적인 통치가 역사하는 교회가 되게 하여 주옵소서.

주님이 이 땅에 오셔서 사랑으로 사시며, 죽기까지 자신을 희생하신 그 모습을 본받을 수 있는 교회가 되게 하시고, 가난하고, 헐벗고, 굶주린 자의 친구가 되어주신 주님의 사랑을 본받아 소외되고 외로운 자들을 대접하고 섬기는 교회들이 되게 하여 주옵소서.

주님의 교회를 온전히 세우기 위하여 맡은 바 사명을 잘 감당할 수 있도록, 세워주신 기관들이 단순한 친목 모임이나 사교장이 되지 않게 하시고, 주님의 뜻을 높이고, 주님의 몸된 교회를 세우는 기관들이 되게 하여 주옵소서.

오늘도 단 위에 서신 목사님을 성령의 능력으로 붙들어 주셔서, 말씀을 선포하실 때 그 말씀이 불의 말씀이 되게 하시고, 미지근한 저희들의 신앙이 개혁되는 놀라운 역사를 이루어 주옵소서.

예수 그리스도의 이름으로 기도드립니다. 아멘.

감사절 기도 - 1

은혜로우시고 자비하신 하나님 아버지! 지금까지 입을 것, 먹을 것을 주시고, 베풀고 나눌 수 있도록 은혜 주신 것을 감사하오며, 또한 이토록 풍성한 결실을 얻을 수 있도록 복 주신 은혜를 감사하여 주님께 감사 예배를 드립니다. 저희들이 정성을 모아 드리는 이 예배를 받아 주옵소서.

지난날을 돌이켜 보건대, 하늘의 신령한 은혜와 양식보다 세상의 썩어질 양식을 구하였으며, 주님이 주신 귀한 은사와 복을 주님의 몸 된 교회를 섬기고, 이웃과 나누고 베푸는 데 쓰기보다는 저희 자신의 만족과 쾌락을 위해 더 많이 썼으며, 감사보다 불평이 많았던 것을 이 시간 주님의 보혈로 정케 하여 주시고 용서하여 주옵소서.

복 주시기를 즐겨하시는 하나님 아버지! 오늘 저희들이 드리는 감사의 예물을 기뻐 받으시기를 원하오며, 더욱 감사의 조건이 늘어가는 귀한 믿음이 되게 하여 주옵소서. 그리하여 삶 속에서 소중한 열매를 더욱 더 많이 주님 앞에 드리게 하옵소서.

자비하신 하나님 아버지! 감사 주일을 맞이하여 돌아보건대, 저희 주변에 추수할 영혼들이 많이 있지만, 그 동안 영혼의 추수에 대하여 너무나 태만했던 저희들이었습니다. 이제는 더욱 영혼의 추수에 마음을 쏟을 수 있는 저희들이 되게 하여 주옵소서. 한 영혼이라도 더 주님께로 돌아올 수 있도록 생명의 복음을 힘써서 전파하는 저희들이 되게 하여 주옵소서.

긍휼이 풍성하신 하나님 아버지! 뜻하지 않은 재난으로 말미암아 일 년 동안 땀 흘려 지은 농사를 빼앗겨 버린 농민들을 기억하시고 긍휼을 베풀어 주옵소서. 아픔을 딛고 새로 일어설 수 있는 용기를 더하여 주시고, 주님을 알지 못하는 이들에게는 믿음의 눈으로 만물을 조성하시고 다스리시는 창조주 하나님을 확실히 만나는 계기가 되게 하여 주옵소서.

오늘도 감사 주일을 맞이하여 복된 말씀을 대언하시는 목사님을 붙들어 주셔서 이 시간 말씀을 듣는 저희들 모두가 남은 삶이 항상 감사가 넘치는 복된 삶이 될 수 있도록 이끌어 주옵소서.

예수 그리스도의 이름으로 기도드립니다. 아멘.

하늘에서 비를 내리시며 결실기를 주시는 아버지 하나님! 많은 열매를 맺을 수 있도록 파종에서 추수 때까지 이른 비와 늦은 비를 주시고 가꿔 주시며, 풍성한 열매를 허락하사 저희를 입히시고 먹여 주시는 사랑과 은혜를 감사드립니다. 저희의 감사 예배를 기쁘게 받아 주옵소서.

해마다 풍성한 열매로 저희를 채우셔서 저희로 궁핍한데 처하지 않도록 늘 보살펴 주셨지만, 저희는 욕심에 눈이 어두워 제멋대로 식물을 구하고, 이웃의 것을 탐내며, 먹을 것, 입을 것을 위해 전전긍긍하면서 주님이 저희에게 맡겨주신 귀중한 사명을 망각하였나이다. 저희 심령을 바로 세워 주셔서 통회 자복하게 하시며, 변화시켜 주시고, 용서하여 주옵소서. 세상의 헛된 것을 바라보지 않게 하시고, 하늘의 신령한 것을 간구하는 저희들이 되게 하여 주옵소서.

들의 백합화도 입히시고, 공중의 나는 새도 먹여주시는 은혜의 하나님! 추수감사 주일을 맞이하여 저희들이 정성을 모아 감사 예물을 드리오니 주께서 기쁘게 받아 주시고, 드리는 손길에 복 내려 주시며, 드리는 심령에 은혜의 단비를 내려 주옵소서. 물질만 바치는 것이 아니라 저희의 온 삶을 다 바쳐 주님을 기쁘시게 하는 삶을 살게 하여 주옵소서. 입으로만 감사하는 것이 아니라, 믿음 안에서 거듭난 자로서 시련과 고난 속에서도 기뻐하며, 주님을 찬양하는 귀한 믿음의 자녀들이 되게 하여 주옵소서.

마지막 추수 때가 되어 악한 마귀들이 세력을 떨치고 있는 이 때에 저희들이 늘 깨어 기도하며 진리로 무장하고, 하나님의 말씀으로 방패를 삼아 우리를 둘러싸고 있는 악한 권세에 굴하지 않고 굳건하게 믿음을 지켜, 승리의 주님만을 바라볼 수 있도록 늘 지켜 주옵소서.

주님, 아직도 때의 임박함을 깨닫지 못하고 잠들어 있는 심령들을 깨워주시고, 신랑을 맞을 준비를 하지 않고 있는 다섯 처녀처럼 신랑이 오실 때 당황하여 우왕좌왕하지 않도록 미리 기름을 준비하게 하시고, 추수 때에 저희들이 모두 주님의 곳간에 들어가는 알곡이 되게 하여 주옵소서.

하나님 아버지! 이 기쁜 감사 주일에 마음에 근심과 고통이 있어 주님께 감사드리지 못하는 심령들에게는 위로와 평안을 주시고, 육신의 질병으로 감사 예배에 함께 동참하지 못한 심령들에게는 질병이 깨끗하게 나음을 받는 은총을 허락하여 주시고, 물질이 없어 감사하고 싶어도 감사의 예물을 드리지 못해 낙심하고 있는 심령들을 위로하여 주사 물질의 복도 허락하여 주옵소서.

이 시간 주님의 말씀을 들고 단에 서신 목사님에게 성령의 검으로 무장시켜 주셔서, 그 입술을 통해 나오는 말씀이 저희 심령 골수를 쪼개는 말씀이 되게 하여 주옵소서.

예수 그리스도의 이름으로 기도드립니다. 아멘.

저희를 위하여 이 땅에 오신 주님을 찬양합니다. 주님의 성육신이 없었다면 저희가 사망의 그늘에서 벗어날 수 없었음을 고백합니다. 저희를 긍휼히 여기사 이 땅에 오신 주님을 찬양하고 경배합니다.

주님의 사랑하심과 희생에 감사할 줄을 모르고 죄인의 속성을 벗지 못함을 용서하여 주옵소서. 주님의 사랑을 늘 체험하면서도 주님을 욕되게 하는 삶을 살아온 저희를 용서하여 주옵소서. 이 시간 주님의 은혜를 저버린 것을 회개하오니 용서하여 주옵소서. 회개의 합당한 열매가 맺히게 하시고, 주님의 나라를 유업으로 받는 저희들이 되게 하여 주옵소서. 이제는 저희로 하여금 주님의 강권적인 간섭하심에 순종하게 하시기를 원합니다.

사랑의 열매, 봉사의 열매, 섬김의 열매도 가득히 맺히게 하시고 충성의 열매, 헌신의 열매도 가득히 맺히게 하셔서, 주님의 오심을 진정으로 축하할 수 있는 저희들이 되게 하여 주옵소서. 교회 안에서만 주님의 뜻을 본받아 산다고 외치고 다짐하지 않게 하시고, 선한 사마리아 사람처럼 고통당하는 이웃에게 진정한 이웃으로 다가갈 수 있는 주님의 귀한 성도가 되게 하여 주옵소서.

이번 성탄절은 하늘의 영광 보좌를 버리시고 죄로 말미암아 고통

받는 인간들을 구원하시기 위하여 성육신 하신 주님의 사랑이 곳곳에 스며드는 기쁜 성탄절이 되게 하여 주옵소서. 이런 때일수록 사랑을 베푸는 교회가 많아지게 하시고 소망의 문을 열어 주시기를 원합니다. 천국의 소망을 가지고 살아가는 기쁨을 알게 하여 주옵소서. 오늘도 이 자리에 참석하지 못한 성도들이 있습니다. 어디서 무엇을 하든지 구속의 주로 오신 주님을 기억하게 하여 주옵소서.

이 시간, 늘 주님의 은혜를 사모하는 저희에게 하늘의 신령한 은혜를 맛보게 하여 주실 것을 믿습니다.

예수 그리스도의 이름으로 기도드립니다. 아멘.

천사는 베드로를 감옥에서 나오게 하였지만,
천사를 나오게 한 것은 기도였다.
토마스 왓슨

우리를 구원하시기 위하여 유대 땅 베들레헴 말구유에 탄생하신 예수님을 찬양합니다. 하늘에는 영광이요 땅에는 평화를 허락하신 하나님의 크신 은혜에 감사와 영광을 돌립니다.

주님께서는 하늘과 땅의 통로가 막힌 절망의 역사 속에 오셔서, 저희들에게 새 소망의 길을 열어 만인의 구세주로 탄생하셨고, 사망의 길로 내려가던 저희들에게 새로운 바른 길을 가르치사 천국 길로 인도하셨습니다. 그러나 우리는 죄악의 늪에서 방황하며 소금과 빛의 삶을 살지 못했습니다.

주님께서는 섬김을 받으러 오신 것이 아니라, 오히려 섬기려고 오셨다고 말씀하셨습니다. 그러나 우리는 섬김을 받으려고 할 때가 많이 있었음을 고백하오니, 우리의 어리석음을 용서하여 주옵소서.

주님, 주님이 나신 소식이 온 세상에 널리 퍼지기를 원합니다. 우리가 드리는 성탄 예배가 동방박사의 황금과 유향과 몰약처럼 진실하고 값진 정성으로 하늘 보좌에 이르게 하옵소서.

주님, 아직도 인생의 무거운 짐을 지고 고통을 당하는 심령들이 있습니다. 슬픈 자들에게 기쁨이, 소외된 자들에게 위로를, 절망하는 이들에게 소망을 주옵소서.

 사랑의 주님, 아직도 이 땅에는 복음으로 인한 기쁨을 누리지 못하는 사람들이 많이 있사오니, 주님의 복음이 온 세상에 가득하기를 원합니다.

 이 시간 예배드리는 모든 성도들이 구원의 기쁨을 누리게 하시고, 마음을 열어 주님을 온전히 영접하게 하옵소서.

 주님이 탄생하신 성탄절에 주의 천사들이 잠들었던 베들레헴을 일깨웠듯이, 오늘 주시는 말씀으로 잠들어 있던 우리의 영혼을 일깨워 주실 줄 믿사오며, 오늘 탄생하신 예수님의 이름으로 기도드립니다. 아멘.

송년예배의 기도-1

한해의 마지막을 보내며 저희들이 주의 뜰에 거하게 하심을 찬양합니다. 한 해를 복 주셔서 믿음으로 시작하여 믿음으로 마무리하게 하시니 새해에 주시는 새로운 은혜를 충만히 받게 하여 주옵소서.

주의 은택으로 저희들을 입히시고, 주의 인도하시는 길에는 기름 같은 윤택함으로 복 주옵소서. 주의 사랑하시는 성도들의 가정을 기억하시고, 아직도 하나님을 알지 못하는 가족들에게 구원의 빛을 비추어 주옵소서. 온 가정이 임마누엘의 복으로 하나님의 나라를 이루게 하여 주옵소서. 사업의 터전과 직장을 붙들어 주시고, 건강도 지켜 주시고 가정들마다 안전의 은혜를 허락하여 주옵소서. 자녀들마다 감람나무 같게 하시고, 아내들에게 결실을 주옵소서. 가정마다 허락하신 기도 제목들이 이루어지게 하옵소서. 삶의 문제를 해결 받게 하옵소서. 올해에도 혹독한 경제난을 믿음으로 이기게 하시사 회복의 은혜를 주셔서 꾸어줄지라도 꾸지 않는 은혜를 주옵소서.

저희 교회를 사랑하시고 복 주시는 하나님! 주의 목장에 양떼가 더하게 하시고, 초장에 푸른 꼴들로 덮이게 하여 주옵소서. 교회의 머리가 되시는 주님의 인도를 받게 하시고, 날마다 부흥되는 역사가 있게 하옵소서. 새해에는 더욱 분발하여 전도할 수 있도록 하시고, 주의 복음으로 세상을 변화시키는 데 큰 역할을 감당하는 저희 교회와 성도

들이 되게 하여 주옵소서. 경배로 시작하여 충성으로 열매 맺는 교회
가 되기를 원합니다. 새해에는 인격과 믿음에 큰 성장을 주옵소서.

예수 그리스도의 이름으로 기도드립니다. 아멘.

용서를 구하는 기도는 타락을 방지하고,
마음을 통회하게 하고 거룩한 삶을 영위하게 한다.

윌리암 카터

은혜와 긍휼이 풍성하신 하나님! 주께서 저희들을 택하여 주시고, 주의 뜰에 거하게 하시니 감사합니다. 저희들이 주의 집, 곧 성전의 아름다움으로 만족케 하옵소서. 받은 복이 많음을 알면서도 주님을 찬양할 제목을 잃어버리고, 불평과 슬픔 속에서 살아가는 저희들에게 이 예배를 통하여 확신과 감사가 넘치며 찬양이 솟아나게 하옵소서.

주님께 찬양 드리기에 인색해 하며 교만하게 살아온 지난날을 주님 앞에 고백합니다. 주님, 용서하여 주옵소서. 저희의 마음이 주님을 기뻐하기보다는 세상의 명예와 재물을 더 사랑했음을 고백합니다. 주님께서 임하시는 그 날, 저희가 찬양하는 입과 기뻐하는 마음으로 맞이하게 하여 주옵소서.

은혜의 주 하나님! 연말연시를 맞아 여러 모임들 속에서 주님의 이름을 망각하지 않게 하시고, 주님의 이름을 더럽히는 일을 하지 않도록 저희에게 지혜를 허락하여 주옵소서. 주님의 자녀된 본분을 지키게 하심으로 저희의 삶이 늘 주님께 드리는 귀한 예배가 되게 하여 주옵소서. 성탄절을 하나의 절기로 여기지 않게 하시고, 주님이 저희를 위하여 고난 받으시고 죽으시기 위하여 오심을 깨닫게 하시고, 더욱 경건한 마음으로 주님의 뜻을 기리게 하여 주옵소서.

또한 이 세상의 주님을 모르는 영혼들도 향락에 휘청거리는 성탄절이 되지 않게 하시고, 왜 주님이 이 땅에 오셔야만 했는지 진정으로 깨닫게 하셔서 주님을 영접하여 새 삶을 찾을 수 있는 귀한 계기를 허락하여 주옵소서. 주님의 평화가 그들의 마음속에도 임하여 주시기를 원합니다. 그리하여 이 땅에 주님의 나라가 속히 임하게 하옵소서.

예수님의 이름으로 기도드립니다. 아멘.

악마의 한 가지 관심은 그리스도인들이
기도를 하지 못하게 하는 것이다.
악마는 기도 없는 성경공부, 기도 없는 봉사, 기도 없는
종교의식은 결코 두려워하지 않는다.

사무엘 차드윅

# 교회 설립주일 기도

예수 그리스도로 친히 모퉁이의 머릿돌을 삼으시고 교회를 세우신 전능하신 여호와 하나님께 영광과 찬송을 올립니다.

특별히 주님의 몸된 00교회를 00년 전에 이곳에 세우시고, 많은 영혼을 구원하시며, 말씀으로 양육하게 하시니 진심으로 감사를 드립니다.

오늘 뜻 깊은 설립주일을 맞아 온 성도가 한자리에 모였습니다. 마음과 정성을 다하여 드리는 이 예배를 주님께서 기쁘게 받으시고, 저희의 간구하는 기도를 들어 주옵소서.

긍휼과 자비로 다스리시는 하나님! 교회를 세우신 날로부터 오늘에 이르는 동안 교회가 하나님 앞에 잘못했던 것 용서하여 주옵소서. 뿐만 아니라 교회가 이웃에 대하여 덕을 끼치지 못한 것까지도 다 사하여 주옵소서.

은혜의 주님! 오늘 이때까지 성직에서 주님의 뜻을 따라 영혼구원의 사역을 감당하시며 목회의 일을 위해 헌신하신 담임목사님에게 복 주시고, 이 교회와 양들을 먹이기에 부족함이 없도록 능력으로 채워 주시고 영육 간에 강건함을 허락해 주옵소서.

그동안 교회를 거쳐 간 많은 주의 종들을 기억하시고, 저들의 사역지와 가정 위에 늘 함께하여 주시기 원합니다.

이 교회를 세워가는 동안 몸과 마음과 물질을 바쳐 주님께 충성한 많은 성도들을 기억하시고 크신 복으로 갚아 주시고, 더욱더 충성하는 자리에 머물게 하여 주옵소서.

주님, 이곳에 주님의 능력이 강권적으로 역사하셔서, 저희 교회가 양적으로나 질적으로 부흥 발전하여 하나님께 영광 돌리는 은혜를 베풀어 주옵소서. 전도와 봉사에 더욱 힘쓰며, 교역자와 성도가 합심하여 세상에 빛과 소금의 역할을 다하며, 교회 본연의 사역을 잘 감당하여 나가도록 도와주옵소서.

교회에 세우신 여러 지체가 있습니다. 각기 맡은 자리에서 충성할 수 있도록 이끌어 주옵소서. 그리하여 주님의 뜻이 이루어지기를 간절히 기도드립니다.

오늘 목사님을 통하여 선포되는 말씀이 성령의 인도하심에 따라 능력을 나타내며, 듣는 이들로 하여금 크게 깨닫고 은혜 받는 귀한 시간이 되게 하여 주옵소서.

예배에 참석한 모든 성도들이 오늘 교회 설립예배를 계기로 새로운 마음으로 충성을 결단하는 시간이 되게 하여 주옵소서.

예수님의 이름으로 기도드립니다. 아멘.

V. 국가와 절기를 위한 대표기도문

그러면 어떻게 할꼬
내가 영으로 기도하고 또 마음으로 기도하며
내가 영으로 찬미하고 또 마음으로 찬미하리라
(고전 14:15)

 ## 설날에 드리는 기도

사랑이 풍성하신 하나님! 저희들을 사랑하시어 좋지 않은 날씨 가운데도 예배하는 자리로 불러주심을 감사합니다. 주님의 거룩한 성회를 기억하고 저희의 마음을 주장하시어 주님께로 불러 주신 은혜에 감사합니다. 저희가 주님을 알기 전부터 저희를 알고 구원하기 위하여 예수님의 보혈로 저희를 구원하신 은혜에 참으로 감사합니다.

사랑의 하나님! 이제 조금 있으면 민족의 명절인 설날이 다가옵니다. 이웃을 돌아볼 수 있는 저희가 될 수 있도록 도와주옵소서. 주님 저희에게 세상의 빛이 되라 하셨으니, 빛의 소명을 감당할 수 있게 하옵소서. 사랑이 없는 곳에 사랑을, 썩어져 가는 곳에 소금의 역할을 감당할 수 있는 성도들이 되게 하여 주옵소서. 믿지 않는 이 나라의 많은 이웃을 향하여 기도하게 하시며, 그들을 위하여 봉사의 손길을 쉬지 않게 하여 주옵소서. 하나님의 성호를 찬양하며 주님 앞에 모인 저희에게 서로 협력하며 선을 이루게 하옵소서.

또한 하나님께 간절히 간구하옵기는, 저희 교회를 위하여 기도드립니다. 각 기관 기관마다 하나님께서 친히 역사하심으로 저희의 모든 것들이 주님의 몸된 교회를 위하여 지체의 역할을 감당할 수 있는 믿음을 허락하여 주옵소서. 저희를 향한 주님의 뜻을 찾게 하심으로, 그 안에서 저희가 충성을 다하도록 은혜 베풀어 주옵소서.

늘 저희들을 사랑으로 돌보시는 하나님 아버지! 저희의 심령이 세상 죄악으로 인하여 완악하여졌습니다. 주님의 피 흘리심을 이 시간에도 기억하게 하셔서 저희의 완악한 심령을 주님의 말씀으로 녹여주시고, 주님의 말씀을 대언하실 목사님 위에 크신 은혜와 능력으로 함께하사 저희 심령을 치유하여 주옵소서.

하나님 아버지! 엘리야에게 주셨던 갑절의 능력을 더하여 주옵소서. 주님이 주시는 한없는 복으로 인하여 날마다 승리케 하시며, 저희의 연약함과 부족함을 주님의 강하심과 부요하심으로 채워주실 줄로 믿습니다. 저희의 예배를 기쁘게 받아 주옵소서.

예수님의 이름으로 기도드립니다. 아멘.

전능하신 하나님 아버지! 이 중추절 아침에 기쁨으로 온 식구들이 모여서 예배하게 하시니 감사드립니다.

우리 가족들의 소망을 예수 그리스도 안에 두게 하시며, 세상을 이길 수 있는 신앙을 주셔서 감사드립니다. 앞으로 더욱 강한 믿음으로 생활의 터를 닦게 하시고, 형제와 이웃을 사랑하므로 주님을 더욱 기쁘시게 하는 삶을 살 수 있도록 하여 주옵소서.

저희 가족들은 겸손한 마음과 용서하는 마음으로 서로 존경하게 하시며, 어려움과 즐거움을 함께 나누게 하시고, 우리 가정에 찬송과 기도와 성경을 읽는 소리가 끊어지지 않게 하시며, 이웃들에게 예수님의 복음을 전할 수 있는 신실한 주님의 사람들이 되게 하옵소서.

특별히 저희들에게 훌륭한 선조들을 주시고, 그들의 후손으로 살게 하심을 감사드립니다. 우리는 항상 그 분들의 교훈과 훈계를 잊지 않고 지키며, 가문을 더욱 빛내게 하시고, 후손들에게 부끄럽지 않은 신앙과 삶의 유산을 물려줄 수 있게 하여 주옵소서.

예수님의 이름으로 기도드립니다. 아멘.

은혜가 풍성하신 하나님 아버지! 주님의 명령을 따라 봄에서 여름으로, 여름에서 가을로 계절이 바뀌며, 온갖 곡식들과 나무들이 갖가지 열매들을 맺게 하시니 감사드립니다. 오늘은 우리 민족의 명절인 추석을 맞이하여 하나님의 풍성한 은혜를 기억하면서 감사하는 마음으로 예배드리오니, 이 예배를 받아 주옵소서.

하나님께서 저희들에게 풍요로운 추석을 주셨사오니, 추석을 맞아 땀 흘려 수고한 농부들의 손길과 아름다운 농토를 후손에게 물려 준 조상들의 유산을 소중히 여기는 마음을 주옵소서.

하나님께서 허락하신 아름다운 자연과 환경을 보존하고 지키는 저희들이 되게 하시고, 저희들 또한 후손들을 위해 배려하는 안목과 지혜가 있게 하옵소서.

추석을 맞아 먼 길을 오고가는 발걸음을 지켜주시고, 귀한 만남 속에 행복과 기쁨이 넘쳐나며, 그리스도의 향기를 전하는 시간들이 되게 하옵소서. 아직도 하나님을 믿지 않는 식구들이 하나님을 알고 구원받는 놀라운 역사가 있게 하여 주옵소서.

예수님의 이름으로 기도드립니다. 아멘.

3·1절 기념일의 기도

천지 만물을 창조하시고 역사를 주관하시는 하나님! 온 인류를 하나 되게 하시며, 모든 민족을 그리스도의 이름 앞에 무릎 꿇게 하시어, 그 중에서 특별히 우리 민족을 사랑하셔서 평화를 사랑하는 나라를 이루게 하여주신 사랑의 하나님께 감사드립니다.

오늘은 특별히 우리 민족이 일본의 압제에서 신음하며 고통당하다가, 정의와 자유를 위하여 독립운동을 일으킨 자랑스러운 선배들의 고귀한 정신을 기리기 위해 기념 예배로 드리게 됨을 감사드립니다.

사랑과 공의 아버지 하나님! 나라를 빼앗기고 온 민족이 일제의 노예로 전락 되었을 때, 하나님이 우리 가운데 복음의 씨앗을 키워주셔서, 그 속에서 기드온의 삼백 용사와 같이, 엘리야 시대의 남은 자들과 같은 민족 신앙지도자들이 홀연히 일어나 나라를 찾는 운동을 하였으니, 주님의 은총에 감격하며 진심으로 감사드립니다.

아버지 하나님! 간절히 기도하옵기는, 모세를 통하여 이스라엘을 애굽의 노예생활로부터 구원하신 하나님이 바로 우리 민족의 하나님이시며, 우리를 구원하신 것을 확신합니다.

이스라엘 백성들이 유월절을 기념하며 저들을 구원하신 여호와를 기억함과 같이, 우리와 우리 후손들도 이 민족을 구원하신 하나님의 손길을 영원히 기억하게 하옵소서.

또 우리 민족의 슬픔을 외면치 마옵시고, 복음의 능력으로 이기게 하였사오니, 이제는 우리가 복음의 횃불을 들고 고통당하는 모든 민족에게 나가게 하옵소서. 평화를 지키기 위한 3·1운동의 고귀한 정신을 기억하게 하시고, 주님의 사랑을 끝까지 실천한 선배들의 믿음을 본받게 하여 주옵소서.

주님! 이 민족이 다시는 모욕당하지 않게 하시고, 악한 세력에 굴복하지 않도록 강성함과 부요함을 주옵소서. 그 강함과 부요함으로 부족한 자들을 돕고, 그리스도의 화평의 복음을 전하는 주님의 나라가 되게 하여 주옵소서.

이 나라 정치인들과 모든 국민들이 각자의 책임을 다하며, 역사의 심판자 되시는 하나님을 두려워하는 민족되게 하옵소서. 아직도 복음을 외면하고 있는 백성들을 불쌍히 여기사, 구원하여 주시고, 북녘의 형제들에게 복음의 문이 열려 예수 그리스도를 영접하게 하옵소서.

세상의 모든 권세를 이기신 예수 그리스도의 이름으로 기도드립니다. 아멘.

 현충일에 드리는 기도

거룩하신 주님! 산천이 푸르름을 더해가는 6월에, 주님의 사랑과 은혜를 입은 저희들이 주님 앞에 예배드리게 하여 주심을 감사드립니다.

주님의 십자가 공로를 힘입어 주님 앞에 나왔지만, 아직도 저희들 속에는 아름답지 못한 것들로 가득 차 있음을 고백합니다. 저희들을 긍휼히 여기사 용서하여 주시고, 성령의 능력으로 강력하게 붙들어 주셔서 주님께서 원하시는 길을 기쁨으로 걷게 하시고, 주님의 영광을 드러내고 주님의 뜻을 좇아갈 수 있는 저희들 되게 하여 주옵소서.

위로의 주님! 오늘은 지난날 조국이 풍전등화의 위기에 놓였을 때, 몸을 아끼지 않고 앞장서서 조국의 평화와 자신의 목숨을 맞바꾼 순국선열들의 고귀한 희생을 생각하는 현충일입니다. 아직 까지도 전쟁의 아픔과 사랑하는 아들을 잃은 그때의 아픔을 잊지 못하고 슬픔에 잠겨있는 유족들을 위로하여 주시고, 이 나라가 발전하고 평화로운 나라가 되어, 나라를 위해 목숨을 바친 그들의 고귀한 희생이 결코 헛되지 않았음을 알게 하옵소서.

이 땅에 다시는 젊은이들이 전쟁으로 인하여 피를 흘리는 일이 없도록 하나님께서 막아 주시고, 더 이상 악한 무리들이 득세하지 않도록 그 세력을 멸하여 주옵소서.

은혜의 주님! 아직도 이 민족은 전쟁과 이념으로 인하여 남과 북으로 분단된 채 화합하지 못하고 반목하고 대립하고 있습니다. 저희들의 기도를 들으시고 이 민족을 보호하며 인도하여 주셔서, 속히 복음으로 하나가 되는 귀한 역사를 베풀어 주옵소서.

저희 교회도 복음이 이 민족에 전파되는 날까지 끊임없이 기도하는 공동체가 되게 하시고, 주님의 은혜와 사랑으로 하나가 되는 그 날까지 눈물 흘리며 기도하는 주의 백성들이 되게 하여 주옵소서.

주님을 간절히 사모하는 마음으로 기도하고 예배드리며, 목사님을 통하여 주님의 귀한 말씀을 들을 때, 상처 입고 고통 받는 영혼들이 치유되고 위로받는 역사가 일어나는 복된 시간이 되게 하여 주옵소서.

주님의 위로와 평안이 넘치는 예배로 인도하여 주시기를 바라며, 거룩하신 예수 그리스도의 이름으로 기도드립니다. 아멘.

6·25전쟁 기념일 기도

우리의 생사화복을 주장하시는 전능하신 여호와 하나님, 어렵고 힘든 가운데서도 이 나라를 지켜 주신 하나님의 은혜를 진심으로 감사드립니다.

역사를 주관하시는 하나님! 오늘은 저희들이 잊을래야 잊을 수 없는 6·25 전쟁 기념일입니다. 이 전쟁으로 인하여 국군은 31만 명이나 전사하거나 부상했고, 민간인은 100만 명이 넘는 사상자와 행방불명자가 발생하는 비참한 피해를 입었습니다. 전 국토는 폐허가 되었습니다.

주님, 숱한 세월이 흘렀으나 아직도 아픈 상처를 안고 있는 이 민족을 긍휼히 여겨주시옵소서. 버리지 마시고 지켜주옵소서.

한편 우리는 이 전쟁을 통하여 많은 교훈을 얻었습니다. 후손대대로 이 전쟁의 교훈을 되새기고 기억하며, 다시는 이런 잔혹한 전쟁이 일어나지 않도록 지켜 주옵소서.

자비하신 주님! 남북 간의 관계는 인간의 노력이나 정치적 협상만으로는 해결될 전망이 보이질 않습니다. 전능하신 하나님께서 복음으로 남북이 하나 되게 하시고, 이 땅에 평화가 깃들게 하여 주옵소서.

사랑의 주님! 남과 북이 다 함께 깊이 패인 상처를 안고 있습니다. 그러나 아직도 가난에서 벗어나지 못하고 식량 때문에 큰 고통을 당하며 굶주리고 있는 그 땅에 긍휼을 베풀어 주옵소서. 굶주리다 못해 북한을 탈출하는 탈북자가 끊이지 않고 있으니 주님께서 이 강산을 지켜주시고 보호해 주옵소서.

아직도 북한 지도자들은 회개하지 못하고, 끊임없이 도발을 하고 있습니다. 북한 지도자들을 불쌍히 여기사 하나님을 알게 하시고, 하나님 앞에 굴복하게 하옵소서.

주님, 이 강산에 통일을 이루어 주옵소서. 그 옛날 모세를 앞세워 홍해를 가르시고, 이스라엘을 가나안 복지를 향해 인도하신 여호와 하나님의 그 권능의 손길로 분단된 한반도를 하나 되게 하옵소서. 그리하여 이산가족들이 상봉하며, 힘을 모아 잘 사는 나라를 세우게 하옵소서.

예수님의 이름으로 기도합니다. 아멘.

 **광복절 기념일의 기도**

사랑의 하나님! 오늘은 일제의 잔악무도한 식민지에서 조국해방과 민족해방이 된 날입니다.

전능하사 홍해를 가르시고 길을 내시며, 반석에서 샘물을 솟게 하시며, 사막에서 만나를 내리사 백성들을 매일 매일 먹이시던 능력의 하나님 아버지! 우리 민족을 긍휼히 여기사 일제의 압박으로 부터 해방시켜 주시고, 오늘날 번영과 풍요로움 속에 살게 하신 은혜를 감사드립니다.

일제 36년을 회고해 볼 때, 더욱 하나님의 은혜를 감사하지 않을 수 없나이다. 우리 민족의 고유한 풍속과 언어를 빼앗기고, 순수한 신앙마저 빼앗길 뻔 했던 이 민족의 아픔을 돌아보사, 이스라엘을 구원하시듯 우리 민족을 구원하신 주님의 은총에 더욱 감사드립니다.

조국의 광복을 위하여 우리는 우리 스스로 아무것도 한 것이 없사오나 오직 하나님 아버지께서 역사하신 은혜라 믿습니다. 이제 온 겨레가 다시는 종의 멍에를 메지 않도록 일치단결하여 분열이 없게 하옵소서.

대통령을 비롯한 모든 위정자들로부터 젊은이들과 어린 아이들에 이르기까지 조국을 위하여 전심으로 기도할 수 있도록 도와주사 하나님만을 경외하는 나라가 되게 하여 주옵소서.

국가보다는 자신을 사랑하는 이기주의와 욕심을 버리게 하시고, 국가가 요구하는 일이면 주 안에서 생명까지도 아낌없이 내어 놓을 수 있는 이스라엘 민족 같은 참된 애국자들이 다 될 수 있도록 도와주옵소서.

찬양과 영광을 세세토록 받으실 예수님의 이름으로 기도드립니다. 아멘.

나라를 위한 기도 1

 사랑이신 하나님 아버지! 은혜를 감사드립니다. 선한 목자가 되시어 저희를 늘 인도하시는 주님, 오직 주님만이 저희들의 방패시요, 힘이십니다. 오늘 이 시간도 사랑으로 인도하여 주시고, 예배에 승리를 주옵소서.

 사랑의 주님! 저희의 마음을 주님께 열게 하시고, 강퍅했던 심령에 부드러운 마음을 주셔서 옥토가 되게 하시고, 주의 흡족한 은혜의 단비로 새롭게 하여 주옵소서. 주님의 백성들이 주님의 뜻대로 살지 못한 죄를 회개하고 하나님 앞으로 돌아 올 수 있도록 하옵소서.

 역사의 주관자가 되시는 주님! 나라와 민족, 사회와 이웃을 위하여 기도드립니다. 아직도 남북이 분단된 채 서로 다른 사상과 이념을 가지고 살아가고 있습니다. 이 민족을 불쌍히 여기시고 지켜 주옵소서. 남과 북의 위정자들이 하나님을 두려워하게 하시고, 예레미야와 같은 주의 종들이 많이 나와 부르짖음으로 하나님의 영광이 나타나게 하옵소서.

 백여 년 전 순교의 씨앗으로 인해 믿음의 열매들을 맺게 하시며, 이제 복음을 수출하는 나라로 바뀌게 하심도 감사드립니다. 하지만 아직도 하나님을 모르는 백성들이 많이 있습니다. 이 민족을 불쌍히 여기셔서 온전히 주님만 섬기는 나라가 되게 하옵소서.

요나의 외침으로 니느웨 성 전체가 구원을 받았던 것처럼, 이 땅에도 회개의 역사가 다시 일어나 온 백성이 주님 앞으로 돌아오는 영광스런 광경을 저희들로 보게 하여 주옵소서. 그리하여 세계에서 예수 믿는 사람이 제일 많은 나라, 선교사를 제일 많이 파송하는 나라가 되게 하옵소서.

능력의 주 하나님! 이 사회를 위하여 저희가 먼저 바로 서게 하여 주옵소서. 온 교회와 성도들이 이 나라와 백성을 위하여 눈물의 회개를 할 수 있도록 도와주옵소서. 하루속히 이 나라가 복음화 되고, 이 민족이 복음화 되어서 하나님 앞에 인정받고 복 받는 민족이 되게 하여 주옵소서.

특별히 세우신 대통령에게 은총을 주시고, 하나님의 지혜를 얻어 다스리는 지도자가 되게 하시며, 국무총리 이하 말단 공무원에 이르기까지 국민을 내 형제와 같이, 나라 일을 내 일과 같이 봉사하게 하여 주옵소서.

오늘 이 시간 단 위에 세우신 목사님을 붙들어 주셔서, 저희들에게 생명의 말씀을 전하실 때에 성령 충만, 말씀 충만, 은혜 충만하여 저희들 심령 심령이 변화 받게 하시고, 놀라운 역사가 있게 하여 주옵소서.

예수 그리스도의 이름으로 기도드립니다. 아멘.

 나라를 위한 기도 2

약한 자를 들어서 강한 자를 부끄럽게 하시는 하나님! 오늘도 주님 앞에 나아와 우리나라와 민족을 위해 기도드립니다.

삼면이 바다로 둘러있고, 사계절이 분명하며, 금수강산 아름다운 복되고 좋은 나라를 주신 하나님께 감사를 드립니다.

일제의 36년 압박과 설움과 한 많은 고난 속에서도 나라를 보호하 사 해방을 주신 하나님께 감사드립니다.

우리의 조상들은 어리석어서 하나님을 모르고, 헛된 유교와 불교를 숭상하고, 각종 미신행위와 우상과 헛된 신을 섬기며 깊은 죄악에 빠 졌으나, 사랑의 주님이 우리 민족에게 찾아오셔서 복 받은 나라가 되 게 하심을 감사드립니다.

아직도 우상 앞에 엎드려 절하는 어리석은 백성들을 깨우쳐 주시 고, 속히 주님께로 돌아오도록 도와주시고, 십자가 은혜 앞에 엎드려 감사하게 하옵소서. 주님 세우신 교회를 통해서 예수님 이름 앞에 엎 드려 떨게 하시고, 말씀에 바르게 서는 백성이 되게 하옵소서.

주님께서 이 나라를 살피시고, 모든 부정과 부패와 악독과 강포와 모든 악의 요소들이 뿌리 뽑아 주시며, 물질만능주의와 쾌락주의를 물리치게 하시고, 주님 앞에 바로 서는 나라가 되게 하옵소서.

주님의 교회와 복음을 거부하고, 성도를 핍박하는 세력을 멸하시며, 허탄한 신화를 좇지 않게 하옵소서. 오직 살아계신 하나님만 섬겨 복을 받는 민족이 되게 하옵소서.

자비하신 하나님! 6·25전쟁으로 분단된 우리 민족을 하나 되게 하시고, 북의 공산체제가 무너지게 하시며, 북한 동포들을 자유의 몸이 되게 하시고, 영혼의 구원을 주옵소서. 흩어진 가족들이 상봉게 하옵소서. 앞으로 이 땅에 6·25와 같은 동족상잔의 피 흘리는 비극이 일어나지 않게 하시고, 복음으로 평화통일 되게 하옵소서.

우리 민족적으로 신령한 나라요, 제사장의 나라가 되게 하시며, 선지자의 사명을 받은 나라로서 세계만방에 예수님의 사랑과 복음을 전하는 성령의 위대한 역사를 이루옵소서.

주님의 교회를 바로 세우시고, 주의 사자들을 바로 세워주소서. 온 민족이 하나님과 예수님을 공경하며 성령의 인도를 받아, 하나님 앞에 예배하게 하시고, 하나님의 나라가 이 땅에 임하게 하옵소서.

거룩하신 예수님 이름으로 기도드립니다. 아멘.

 ## 남북통일을 위한 기도

지금도 살아계시며 인류역사를 주관하시는 아버지 하나님! 저희들이 여호와의 의를 따라 감사하며 지극히 높으신 하나님을 찬양합니다. 한 주간도 평안과 안전으로 지켜주시고 인도하여 주셔서 하나님의 존전에 나와 예배를 드리게 하심을 감사드립니다.

남북의 긴장 상태 속에서도 하나님의 인도와 보호하심으로 평안을 허락하심을 감사합니다. 오늘까지 저희들을 지켜 주심으로 기동하며 호흡함을 감사합니다. 남북이 속히 하나 되게 하시고, 평화의 통일이 되어 그리스도의 화해의 복음과 사랑으로 하나 되게 하여 주옵소서. 저들에게도 신앙의 자유를 주시고, 구속의 충만한 은혜를 받게 하여 주옵소서. 너무나 많은 젊은이들이 군복무의 수고를 감당하오니, 파수꾼의 경성함이 허사가 되지 않도록 지켜 주옵소서.

기도의 은혜를 베푸시는 아버지! 저희 교회가 죽어 가는 인류를 향하여 간구할 때 복음의 사역을 감당할 수 있도록 복 내려 주옵소서. 성도들의 생활에 복 주셔서 물질의 풍요로움을 허락하시고, 복음을 위한 헌신에 부족함을 느끼지 않도록 은총을 베풀어 주옵소서. 선교의 큰 비전 속에 가까운 이웃을 잃어버리지 않게 하옵소서. 그리스도의 향기에 취해 구속의 은혜로 인도되게 하옵소서. 인생의 한계를 만날 때마다 주 앞에 나와 기도하오니, 홍해를 가르신 하나님께서 저희들의 앞길을 열어 주옵소서.

교회를 위하여 간구합니다. 연합하여 선을 이루기를 원하시는 하나님 아버지! 저희 온 교회가 하나 되게 하시고, 하나님의 크신 뜻과 의를 이루게 하여 주옵소서. 주신 사명을 감당하게 하여 주옵소서. 저희 교회에 앞장서서 헌신하시는 주의 사자들과 장로님, 권사님들, 또한 여러 제직들과 기관장들이 있습니다. 각자의 역할에 충성하게 하시고, 기관마다 분야마다 활성화되게 하셔서 복음의 풍성한 결실을 할 수 있도록 복 내려 주옵소서. 하나님의 말씀으로 하나 되기를 원합니다.

예수 그리스도의 이름으로 기도드립니다. 아멘.

# 북한동포를 위한 기도

사랑과 은혜의 하나님! 주님을 찬양하게 하시니 감사합니다. 이 시간 성령을 보내셔서 하나님이 기뻐 받으시는 향기로운 예배가 되도록 인도하여 주옵소서. 주의 은혜와 사랑으로 저희 심령이 풍성해지고 충만케 하여 주옵소서. 세상적인 걱정이나 두려움은 모두 사라지게 하시고, 한나와 같이 기도에 취할 수 있는 복된 시간이 되게 하여 주옵소서.

사랑이 풍성하신 하나님! 오늘도 저희들은 세상의 욕심과 생각을 그대로 가지고 나왔음을 발견합니다. 주님의 희생으로 용서받고 살아온 저희들이 다시 한 번 주님께 죄를 자백하며 회개하오니, 진노를 거두시고 불쌍히 여기사 용서하여 주옵소서.

거룩하신 하나님! 이제는 한국 교회도 복음을 수출하고 선교하는 교회가 되었지만, 북녘 땅의 내 동포는 주님께 예배를 드리고 싶어도 자유롭게 예배를 드리지 못하고, 하나님의 성호를 마음껏 찬양할 수 있는 자유도 없사오니, 진정으로 내 동포 내 형제를 가슴에 끌어안고 주님께 울부짖으며 기도할 수 있는 교회가 되게 하여 주옵소서. 전도와 선교를 사치로 하지 않도록 하시고, 주의 십자가로 감당케 하옵소서. 성령의 능력을 힘입어 영혼을 불쌍히 여기는 마음으로 할 수 있도록 도와주옵소서.

주님의 몸된 교회를 위하여 자신의 일보다 더욱 애쓰고 힘쓰는 손길들을 기억하시고, 저들의 몸을 드리는 봉사 위에 이 교회가 날로 든든해지고, 주님의 빛을 환하게 드러내는 복된 교회가 되게 하여 주옵소서. 날마다 새로운 은혜로 함께 하셔서 새로운 각오와 결심으로 신앙의 무장을 하게 하여 주옵소서.

성령의 불길로 태우사 거룩한 산 예배가 되게 하여 주옵소서.

임마누엘 되시는 예수님의 이름으로 기도드립니다. 아멘.

VI. 헌신예배를 위한 기도문

모든 기도와 간구로 하되
무시로 성령 안에서 기도하고 이를 위하여
깨어 구하기를 항상 힘쓰며 여러 성도를 위하여 구하라
(엡 6:18)

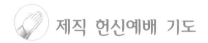 제직 헌신예배 기도

하나님 아버지! 이 시간 제직(임원) 헌신예배로 드리게 됨을 감사드립니다. 이 시간에 드리는 예배를 받아 주시고, 하나님께 대한 헌신의 결단이 우리 각자에게 이루어지는 시간이 되게 하여 주옵소서.

하나님께서 우리를 사랑하시고 귀중히 보시고 교회의 직분과 책임을 맡겼사오나 충성되지 못하였고 성실하지 못했습니다. 이제 새롭게 맡은 직분을 잘 감당할 수 있도록 힘과 용기를 더하여 주옵소서. 이 헌신예배를 통하여 주님이 맡기신 일과 하나님 사업에 충성된 제직들이 되게 하여 주옵소서.

초대교회 집사들 같이 생명을 다하여 사명 감당하는 모습이 있기를 원합니다. 교만과 나태함으로 주님의 영광을 가리는 일이 없도록 겸손과 신앙의 덕을 겸비한 부지런한 일꾼이 되게 하시고, 맡겨진 일이 작건 크건 최선을 다할 수 있는 저희들 되게 하여 주옵소서.

교회뿐만 아니라 지역을 위해서도 구제와 봉사하는 일에 힘쓰기를 원합니다. 교회 안에서만 제직이 아니라 교회 밖에서도 주님의 일꾼된 모습을 잘 보여줄 수 있는 제직들이 되게 하셔서 믿지 않는 자들로 하여금 그들도 하나님 앞에 영광 돌릴 수 있는 자리로 이끌 수 있는 신실한 종들이 되게 하여 주옵소서. 성도들 앞에 모든 일에 모범이 되는 제직들이 되게 하시고, 서로 섬기며 순종하는 제직들이 되게 하여 주옵소서.

제직들에게 성령 충만함과 지혜 충만함을 주시고, 은혜 충만함을 주옵소서. 믿음으로 하나님을 더욱 경외하고 말씀에 순종하며, 교회와 이웃을 더욱 사랑하게 하옵소서. 이를 통하여 하나님의 말씀이 점점 왕성하게 역사하심으로 교회가 날로 흥왕하게 하옵소서.

제직들의 가정과 경영하는 사업장마다 복을 내려 주셔서 물질로 주님의 교회를 섬기고, 이웃을 돌아보는데 부족함이 없게 하여 주옵소서.

교회의 머리 되시는 그리스도의 지체로서의 기능을 온전히 감당함으로 온전한 교회를 세워나가게 하시고, 하나님이 원하는 성경적인 교회로서 사명을 감당할 수 있게 하옵소서.

예수님의 이름으로 기도합니다. 아멘.

우리의 구원자 되신 하나님, 오늘 교사헌신 예배로 드리게 하심을 감사드립니다.

무지한 저희들을 독생자 예수님의 피로 값을 치르고 사셔서 교사의 직분을 주시니 감사드립니다. 어린 심령들을 잘 가르치는 교사들이 되게 하여 주옵소서. 주님이 제자들을 섬기셨던 것처럼, 저희들도 아이들을 섬기고, 그들을 위해 눈물로 기도하며, 주님의 말씀으로 온전히 양육할 수 있도록 도와주옵소서.

그들의 영혼에 말씀을 심어 세상의 때가 묻지 않게 하시고, 오직 예수 그리스도의 이름이 새겨지게 하시며, 주님의 사랑을 알게 하시고, 성령 충만함의 체험도 하게 하셔서, 주님의 귀한 아이들로 자라나게 하여 주옵소서. 우리 교회학교를 사랑하시고 복 주셔서, 날마다 부흥의 역사를 이루어 주옵소서.

하나님, 저희 교사들과 함께하셔서 지혜와 명철을 주시고, 사랑으로 가르치는 교사들이 다 되게 하여 주옵소서.

오늘 말씀을 전하시는 목사님께 성령님 함께하셔서, 전하실 말씀을 통하여 은혜 받게 하시고, 그 말씀 순종하여 교사로서의 의 헌신의 삶을 살게 하여 주옵소서.

주 예수 그리스도의 이름으로 기도드립니다. 아멘.

교사 헌신예배 기도 2

사랑의 하나님! 저희들을 수많은 사람들 가운데 구별하여 불러 주시고, 교사의 직분을 맡겨 주셔서 어린 생명들을 주님의 귀한 말씀으로 양육할 수 있도록 은혜를 주시니 감사합니다. 이 시간 저희 교사들이 헌신을 다짐하며 예배를 드리오니, 주님 홀로 영광과 찬송을 받으옵소서.

긍휼이 풍성하신 하나님! 저희들은 세상과 육신에 관계된 일로 말미암아 여러 가지 이유와 핑계를 대면서 주님이 맡겨주신 귀한 직분과 사명을 충실히 감당하지 못했던 게으르고 무익한 교사들이었음을 고백합니다. 저희들의 죄와 허물을 십자가의 보혈로 깨끗이 씻어 주시고, 긍휼을 베풀어 주시고, 저희의 연약함을 채워 주옵소서.

자비하신 하나님! 한 영혼을 귀하게 여길 줄 아는 교사들이 되게 하시고, 저희들에게 맡겨 주신 어린 양들을 잘 보살피시며, 주님께로 잘 인도할 수 있도록 도와주시고, 언제나 신앙의 모범을 보일 수 있는 교사들이 되게 하여 주옵소서. 또한 지도교역자와 부장, 그리고 모든 교사들이 한마음 한 뜻이 되어 교회학교가 성장하도록 이끌어 주옵소서.

오늘 선포되는 말씀을 통해 모든 교사들이 영적으로 재무장하여 사명을 다하는 충성된 교사로 결단하는 시간이 되게 하여 주옵소서.

예수 그리스도의 이름으로 기도드립니다. 아멘.

천지만물을 창조하신 우리 주 하나님! 심히 어리석고 허물 많은 저희들을 하나님의 자녀로 생명을 주시고, 하나님의 나라를 위하여 교회학교 교사로 쓰임 받게 하심을 감사와 찬송으로 영광을 돌립니다.

주님께서 저희 교사들에게 천하보다 귀한 주님의 어린 영혼들의 교육을 맡겨 주셨는데, 저희들이 믿음과 사랑과 열성이 부족하여 사명을 올바로 감당하지 못했음을 회개하오니, 주여 용서하여 주옵소서.

거룩하신 하나님 아버지! 훌륭한 스승 밑에서 좋은 제자가 나온다고 했사오니, 남을 가르치기 전에 우리가 먼저 성령의 사람이 되어, 올바른 신앙과 고결한 인격과 아름다운 생활로써 본이 되게 하옵소서. 복음에 합당한 사람이 되어 아이들을 그리스도의 참 제자로서 십자가와 부활의 신실한 증인으로 양육할 수 있는 은혜와 능력을 주옵소서.

은혜가 풍성하신 주 하나님! 우리들의 가정과 교회와 국가와 인류의 장래가 교회학교 아이들의 교육에 달려 있음을 바로 인식하고, 예수님의 마음으로 제자들을 사랑 안에서 성경 진리를 가르치게 하옵소서. 저희들이 지도하는 제자들이 온전히 성령 안에서 믿음으로 학행일치, 지행일치, 언행일치, 신행일치의 신실한 그리스도인들이 되기를 원합니다. 좋은 교회 일꾼, 영광스러운 하나님의 천국 일꾼으로 만들어 주옵소서.

이 시간 주님의 말씀을 선포하시는 목사님을 통하여 우리 교사들이 성령의 능력을 힘입어 죽도록 충성하게 하옵소서.

우리를 구원하시고 하늘의 소망을 알게 하여주신 예수 그리스도 이름으로 기도드립니다. 아멘.

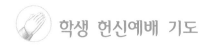# 학생 헌신예배 기도

하나님 아버지! 오늘 이렇게 교회에 나와 하나님을 예배할 수 있도록 은혜를 주시니 감사드립니다.

우리는 하나님 앞에 부끄러운 모습들이 많아, 온전히 하나님을 예배할 자격도 없고 능력도 없음을 고백합니다. 하루하루 말씀에 주의하며 살아가기를 다짐하지만, 우리의 모습은 그렇지 못할 때가 더 많습니다. 이제 하나님의 선하심과 인자하심에 의뢰하여 구하오니 우리를 용서하여 주옵소서.

오늘 드리는 이 예배가 하나님께 기쁨이 되기를 원합니다. 성령으로 우리의 영을 새롭게 하시고, 주님의 말씀에 감동되어 하나님을 예배하길 원합니다. 온 마음과 정성을 다하여 주님의 이름을 높이길 원합니다.

말씀을 전하는 주의 사자에게 은혜를 주시고, 듣는 모든 이에게는 말씀을 통하여 그 삶이 변화되는 은혜를 내려 주옵소서. 찬양팀과 워십으로 헌신하는 친구들이 정성껏 준비한 찬양을 기뻐 받으시고, 이들의 입술을 통하여 고백되는 모든 찬양이 이들 삶의 모습이 되도록 은혜를 내려 주옵소서.

헌신예배를 통하여 믿음을 더욱 굳게 하시고, 주님 따라 살아가도록 도와주옵소서.

예수 그리스도의 이름으로 기도드립니다. 아멘.

# 청년회 헌신예배의 기도

청년의 때에 곧 곤고한 날이 이르기 전에 창조주 하나님을 기억하라고 말씀하신 하나님, 이 시간 우리에게 젊음의 때를 허락하신 하나님의 이름을 특별히 헌신예배를 통해 높여 드립니다.

모든 영광과 존귀를 받으시기에 합당하신 하나님! 저희 청년들에게 젊음과 패기를 허락해 주셨을 뿐만 아니라 무엇보다 그리스도를 알고 그 뜻에 순종할 수 있는 귀한 믿음을 허락해 주심을 감사합니다.

그동안 저희는 아직도 젊기 때문에 하나님이 요청하시는 것보다는 육신의 소욕을 따라 산 적이 많았고, 자신의 건강과 지혜만을 믿으며 살아 계신 하나님을 전적으로 인정하지 않는 교만한 삶을 살아왔음을 인정하며 이 시간 고백합니다.

은혜와 긍휼이 풍성하신 하나님께서 이 시간 강퍅한 우리의 마음을 녹여 주시고, 하나님의 뜻을 밝히 알 수 있는 영적인 능력을 우리에게 허락해 주시기를 원합니다. 우리의 힘으로만 살 수 없고, 주님을 의지할 때 의미 있는 삶을 살 수 있음을 깨닫게 하옵소서.

사랑의 주님! 우리에게 아직 힘이 있고 비전이 있을 때에 하나님의 영광을 드러내는 삶을 살기 원합니다. 젊음이 영원히 주어지지 않는 것임을 우리가 깊이 깨닫게 하시고 이 시간 하나님께 드리는 헌신 예배를 통하여 겸손히 자기를 내려놓고 하나님께서 우리를 통해서 이루기 원하시는 그 뜻을 발견할 수 있는 은혜를 허락해 주옵소서.

거룩하신 하나님! 지금 청년회원들은 학업으로, 혹은 직장 생활로, 또 군대에서 분주한 삶을 살고 있습니다. 혹시 세상 재미에 휩쓸려 죄악된 길로 흘러 떠내려갈까 심히 염려되오니, 능력의 주님께서 믿음의 전신갑주를 우리 청년들에게 입혀 주시고 주님이 주시는 영원한 지혜를 따라 세상을 거슬러 올라가며 사는 강한 주님의 군사가 될 수 있도록 인도하여 주옵소서.

하나님 아버지! 이제 저희 청년회를 긍휼히 여겨 주시기를 원합니다. 우리가 살아가는 이 시대에 빛과 소금의 사명을 다할 수 있도록 모든 회원들이 하나 되게 하시고, 진정한 사랑의 공동체로서 주님의 손과 발이 되어 몸된 교회와 하나님 나라를 위해서 충성할 때에 그리스도의 복음이 더욱 널리 전파될 수 있도록 은혜를 베풀어 주옵소서.

특별히 앞서 섬기는 임원들에게 능력을 더하여 주셔서 그들이 계획하고 진행하는 모든 일들이 주님이 기뻐하시고, 하나님 나라를 더욱 든든히 세워가는 비전 있는 청년부(대학부)가 되게 하옵소서.

구원의 주님! 저희 청년들 중에 아직도 주님을 영접하는데 주저하는 회원들이 있습니까? 그들이 마음 문을 활짝 열어놓고 주님을 받아들일 수 있도록 은총을 허락해 주시고, 그리스도를 이미 영접한 청년들에게는 더욱 성숙하고 날마다 전진할 수 있는 강한 믿음을 허락해 주옵소서.

여호와를 앙망하는 자에게 독수리의 날개침 같은 활력을 허락하시는 하나님 아버지! 오늘 헌신예배를 드리기 위해 머리 숙인 새벽이슬 같은 이 청년들을 붙잡아 주시고, 그들이 계획하며 움직이는 모든 일들 가운데 주관하시고 섭리하셔서 하나님이 주신 새로운 꿈을 가지고 살아갈 때에 악한 마귀의 세력들이 방해하지 못하도록 역사해 주시고, 하나님만이 영광 받으시는 귀한 삶이 되게 하옵소서.

이 시간 우리를 위해서 말씀을 증거하실 목사님을 능력의 손으로 붙드시고, 저희 청년들이 주님을 위해서 더욱 성숙하게 헌신을 다짐할 수 있는 계기가 되게 하옵소서.

주 예수 그리스도의 이름으로 기도드립니다. 아멘.

주님을 앙망하고 의지하는 자에게 새 힘을 주시는 능력의 하나님! 지난 한 주간도 저희들을 주님의 은혜로 지켜 보호하여 주시고, 오늘 이렇게 주의 자녀들이 함께 모여 주님 앞에 찬양하며 예배할 수 있도록 이끌어 주신 은혜를 감사드립니다.

자신의 주장과 패기만을 앞세우며 살기 쉬운 청년 시절부터 주님을 경외하고 의지하는 지혜를 주셔서 하나님의 일꾼으로 쓰임 받으며, 주님의 오묘한 진리를 깨닫게 하시니 감사드립니다.

아직도 저희 가운데 주님을 온전히 영접하지 못하고 기분에 이끌려 교회 문턱을 밟는 청년들도 있습니다. 주님께서 저들의 영안을 밝혀 주시고, 인생의 참된 의미가 되시는 주님을 영접하게 하여 주시고, 주님께 더욱 귀하게 쓰임 받을 수 있는 일꾼들이 되게 하여 주옵소서.

이 시간 청년들의 헌신을 통해서 더욱 건강한 교회, 젊은 교회가 되게 하시고, 독수리의 날개짓함같이 강한 믿음으로 비상하는 힘 있는 교회가 되게 하여 주옵소서.

오늘 이 시간 헌신의 삶을 살고자 다짐하면서 주님께 드리는 저희들의 헌신예배를 받아 주시고, 저희들을 통하여 주님의 역사를 이끌어 나가는 도구로 삼아 주옵소서.

　이 시간 저희들에게 생명의 말씀을 증거하시기 위하여 단 위에 세우신 목사님을 기억하시고, 선포되는 말씀에 능력을 더하여 주셔서, 말씀을 듣는 심령들이 뜨거워지게 하시고, 새 힘을 얻어 승리의 삶을 살아가게 하옵소서.

　거룩하신 예수 그리스도의 이름으로 기도드립니다. 아멘.

여전도회 헌신예배 기도

은혜가 풍성하신 하나님 아버지! 이 시간 여전도회 회원들이 하나님께 헌신의 예배를 드리게 허락하여 주심을 감사합니다.

하나님, 저희들은 여러 가지 일들을 핑계삼아 주님의 일을 소홀히 해왔음을 솔직히 고백하오니, 저희들의 죄를 용서하여 주옵소서.

저희 여전도회 회원들은 각 가정의 주부들로서, 한 아내로서, 한 어머니로서의 역할을 하고 있습니다. 믿음으로 남편을 내조하고, 자녀를 양육하며, 가정에 충실한 여인으로서 그 본분을 다하게 하시고, 여전도회 회원으로서 주님의 일에 충성하는 지혜로운 여인들이 되게 하옵소서.

주님께서 제자들의 발을 씻겨 섬김의 본을 보여주신 것 같이, 주님을 본받아 겸손하게 다른 사람을 섬기며 사랑하게 하옵소서.

한나와 같이 기도의 승리자가 되고, 위기에 처한 가문을 구해낸 나발의 아내 아비가일과 같은 담대한 믿음과 지혜를 주시고, "죽으면 죽으리라"는 굳센 믿음으로 조국을 구해낸 에스더와 같은 믿음을 저희 여전도회 회원들에게 내려 주옵소서.

하나님 아버지! 금년도 저희 여전도회에서 계획한 모든 사업들이 차질 없이 믿음으로 실행되기를 원합니다.

저희들은 연약한 여성이지만 저희들을 믿음의 전신갑주를 입혀 주셔서 "땅 끝까지 이르러 내 증인이 되라"하신 말씀대로 저희들이 복음을 전하는 일에 최선을 다하게 하여 주옵소서.

여전도회 헌신예배를 위해 보내 주신 목사님에게 능력을 주시고, 목사님을 통하여 주시는 말씀을 통하여 나태한 저희 여전도회 회원들의 심령들을 일깨워 주시고, 변화 받아 새로워지고, 주님의 교회를 위해 헌신 봉사하는 놀라운 역사가 일어나게 하옵소서.

저희들이 드리는 이 예배를 기쁘게 받아주옵소서. 이 모든 말씀 거룩하신 우리 주 예수 그리스도의 이름으로 기도드립니다. 아멘.

찬양을 받으시기에 합당하신 하나님 아버지! 가장 연약하고 부족한 저희 여전도회가 하나님께 헌신예배를 드리게 됨을 감사드립니다.

마리아가 옥합을 깨뜨려 그 향유를 주님 발 앞에 붓고 머리털로 씻음같이, 주님을 사랑하는 진실한 마음으로 드려지는 헌신이 되게 하옵소서.

주님의 십자가로 구원하신 그 은혜와 사랑에 감사 감격하여 오직 하나님께만 영광을 돌리는 예배가 되게 하옵소서.

저희들로 하여금 주의 일을 하기 전에 먼저 그리스도의 인격을 소유하고, 그 품성을 닮게 하옵소서. 나보다 남을 낮게 여기고 섬기게 하시며, 온유와 겸손으로 화해와 일치를 이루는 우리 여전도회 회원들이 되게 하옵소서.

저희들의 삶이 자신의 안일과 행복만을 추구하는 것이 아니라, 에스더와 같이 주를 위하여 죽으면 죽으리라는 일사각오의 신앙을 가지고 가정과 교회와 나라를 위하여 무릎을 꿇는 기도의 파수꾼이 되게 하옵소서.

우리를 통하여 복음이 확산되기를 원하시는 하나님! 여전도회원 한 사람 한 사람이 그리스도의 증인이 되기를 원합니다. 우리 각자의 받은 달란트가 주님의 영광을 위하여 합당하게 쓰이도록 도와주옵소서.

세우신 목사님을 통하여 선포되는 말씀이 우리의 심령과 골수를 쪼개며, 마음에 새겨지게 하시고, 겸손히 순종하게 하옵소서.

저희들의 헌신예배를 기쁘게 받아주시옵소서. 우리를 죄악에서 구원하신 우리 주 예수 그리스도의 이름으로 기도드립니다. 아멘.

# 남전도회 헌신예배 기도

참 좋으신 하나님! 이 시간에 저희 남전도회가 헌신예배로 드리오니, 하나님이 영광을 받으시고, 우리 가운데 주를 위해 살며, 하나님의 영광만을 위해 사는 다짐의 시간이 되게 하여 주옵소서.

저희 남전도회를 하나님께서 교회의 봉사기관으로 세우셨사오니, 회장을 비롯해서 모든 회원들이 하나가 되어 하나님의 뜻을 이루어 드리는 남전도회가 되게 하여 주옵소서.

또한 저희 남전도회가 글자 그대로 하나님의 말씀을 전하는 기관이 될 수 있게 해 주옵소서. 저희들은 약하오니 하나님이 함께하여 주셔서 하나님의 도구로서의 역할을 충실히 감당할 수 있는 남전도회가 되게 하여 주옵소서.

회원들의 발길이 닿는 곳마다 예수 그리스도가 전파되게 하시고, 배우고 확신한 일에 거하게 하시며, 믿음이 약한 자들에게는 믿음을, 실망한 자들에게는 위로와 평안을, 외로운 자들에게는 친구가 될 수 있는 남전도회원들이 되게 하여 주옵소서.

저희 남전도회원들의 직장과 사업을 기억하여 주시고, 복을 주셔서 주님을 섬기는데 부족함이 없게 하여 주옵소서. 저희들의 처한 각 처소에서 소금과 빛이 되어, 예수 그리스도를 전하는 남전도회원들이 되게 하여 주옵소서.

회장을 비롯한 임원과 회원들에게 능력을 더하여 주시고, 남전도회가 발전함으로 교회 부흥의 중심 기관으로서의 역할을 감당할 수 있게 하여 주옵소서.

오늘도 말씀을 듣고 서신 목사님께 능력을 더하여 주시고, 전하시는 말씀을 통하여 은혜 받고 깨달음을 얻어 한 해 동안 헌신하며 더욱더 충성하는 저희들이 되게 하여 주옵소서.

우리를 죄에서 구원하신 예수님의 이름으로 기도드립니다. 아멘.

 **찬양대 헌신예배 기도**

찬양을 받으시기에 합당하신 아버지 하나님! 감사와 찬송과 경배를 드립니다.

이 시간 저희들이 찬양대원으로서 헌신을 결단하는 마음으로 헌신 예배를 드립니다. 이 예배를 받아주시옵소서. 저희에게 맡기신 사명이 얼마나 중요하고 귀중한 것인지를 다시 한 번 깨닫게 하시고, 찬양의 도구로 새롭게 거듭나는 시간이 되게 하여 주옵소서.

저희들을 하나님의 노래하는 제사장으로 삼으사 천사도 부러워하는 직분을 주심을 감사드립니다. 저희에게 주신 이 직분을 온전히 감당하여 하나님께 영광을 돌리며, 듣는 이와 부르는 저희들에게는 은혜가 되게 하옵소서.

저희의 입술을 정결케 하사 주님을 찬양하는 입술이 되게 하옵소서. 항상 향기로운 제물을 주님께 드리는 마음으로 찬양하게 하시고, 자랑이나 명예가 아니라 오직 하나님을 사랑하고 감사하는 마음으로 주님을 찬양하며 영광 돌리는 찬양대원들이 다 되게 하여 주옵소서.

또한 지휘자와 반주자에게 재능을 더하여 주셔서 하나님 앞과 사람들 앞에서 더욱더 빛나고 고귀하게 쓰여지게 하옵소서. 특히 대원들과 하나가 되어서 부르는 찬양이 믿음의 찬양, 은혜의 찬양, 능력의 찬양이 되게 하옵소서.

　대원들이 마음과 뜻과 정성을 다하여 하나님께 찬양과 감사와 존귀와 영광을 영원토록 찬양하게 하옵소서. 찬양 연습도 게을리 하지 않도록 도와주시고, 주님의 말씀을 가까이 하고 기도하는 찬양대원들이 되게 하옵소서. 찬양함으로 저희들의 신앙이 성장하게 하시고, 생활 속에서 찬송이 끊이지 아니하는 저희들 되게 하여 주옵소서. 대원들이 하나님을 사랑하는 아름다운 모습에서 교회가 부흥되고 발전되길 소원합니다. 항상 주께서 함께하시며 열심 주시고 성령 충만함을 받게 하시며, 겸손과 온유함으로 예수님을 닮게 하옵소서.

　이 시간 주님의 말씀을 전하실 목사님께 성령으로 권세 있는 말씀을 주셔서 저희들이 깨닫고 힘을 얻어 더욱 충성을 다하게 하옵소서.

　예수 그리스도의 이름으로 기도드립니다. 아멘.

구역 (마을) 헌신예배 기도

연약하고 부족한 저희들을 부르셔서 세상의 어떤 강한 것이나 지혜 있는 것보다 더욱 복되게 하신 은혜에 감사와 영광을 돌립니다. 이 시간에 특별히 (　　)구역(마을) 헌신예배로 드릴 수 있도록 은혜 베풀어 주심을 감사드립니다. 찬양과 경배를 받아 주시옵소서.

교회의 각 구역(마을)들을 기억하여 주시고, 모든 식구들과 구역장들에게 믿음을 주셔서 주님을 섬기기에 부족함이 없게 하옵소서. 구역이 살아야 가정이 변화되고, 교회가 역동적으로 움직이오니, 주님께서 저희들의 구역을 인도하여 주옵소서. 구역장들에게 말씀의 능력을 주시고, 주님의 사랑을 더하여 주셔서 구역을 돌보기에 부족함이 없게 하여 주옵소서. 구역마다 기도가 불같이 일어나게 하여 주시고, 전도의 문이 활짝 열려져서 구역이 배가되는 역사가 일어나게 하여 주옵소서.

사랑의 하나님 아버지, 특별히 저희 (　　)구역(마을)을 사랑하여 주시고 기억하여 주옵소서. 구역의 모든 사정을 아시는 주님께서 저희 구역의 필요를 채워 주셔서 주님의 일을 하기에 부족함이 없게 하시며, 구역 모임을 게을리 하지 않게 하시고, 부지런히 주님을 섬기게 하옵소서.

구역(마을) 식구들에게 건강을 주시고, 가정에도 복 주셔서 맡은 일에 어려움이 없도록 인도하여 주옵소서. 모든 식구들에게 성령 충만케 하셔서 강하고 담대한 믿음으로 주님의 일을 하게 하옵소서. 저희 모두가 구역을 위하여 더욱더 뜨겁게 기도하게 하시고, 서로 돌아보며 섬기게 하옵소서.

주님, 저희 구역(마을)이 부흥되기를 원합니다. 새로운 변화가 일어나게 하옵소서. 저희(   )구역(마을)을 통해서 전도의 문이 열려짐으로 저희 교회가 부흥, 성장하는 역사가 일어나게 하옵소서.

오늘 헌신예배를 통하여 말씀을 대언하실 목사님께 하늘의 능력에 능력을 더하사 생명의 말씀을 선포하게 하옵소서.

예수님의 이름으로 기도드립니다. 아멘.

 헌금봉헌의 기도

은혜의 주님! 귀하고 복된 날, 주님 앞에 나와 예배드릴 수 있는 복된 저희들 되게 하심을 감사드립니다.

주님 앞에 찬양과 경배를 드리며, 회개의 은총을 더하여 주시고, 말씀을 통하여 주님의 신령한 은혜를 체험케 하신 것을 감사드립니다. 저희들에게 날마다 필요한 것들로 채워 주셔서, 주님 안에서 부족함 없이 살게 하심을 감사드립니다.

이 시간 주님의 은혜에 감사하여 주님 앞에 작은 정성을 드립니다. 기쁘게 받아 주옵소서. 여러 가지 은혜에 감사하여 감사의 예물을 드린 손길들이 있습니다. 더욱 감사할 일들이 많아지는 복을 더하여 주옵소서. 십의 일조를 하나님의 것으로 구분하여 드린 손길들에게 하늘 문을 여시고 복으로 채워 주옵소서.

어려운 환경 가운데서도 주님께 드리는 손길들을 기억하여 주시고, 부자가 드리는 헌금보다 과부가 드린 두 렙돈을 더 크게 보신 주님께서 더욱 복 있게 하시고, 사렙다 과부가 받은 복을 허락하여 주옵소서.

물질이 없어서 드리지 못하는 손길도 있습니다. 저들에게도 복을 주시어서 많은 것으로 주님께 드릴 수 있는 풍족한 삶이 되도록 도와 주옵소서.

주님께 드린 헌금이 사용될 때에 주님의 영광을 나타내시며, 복음이 확장되며, 주님의 몸된 교회가 든든히 서 가는데 바르게 사용되게 하시고, 어려움 당하는 이웃을 구제하고 섬기는데 사용되어질 수 있게 하옵소서.

예수 그리스도의 이름으로 기도드립니다. 아멘.

VII. 행사와 예식을 위한 대표 기도문

너희는 먼저 그의 나라와 그의 의를 구하라
그리하면 이 모든 것을 너희에게 더하시니라
(마 6:33)

 ## 수련회를 위한 기도

하나님의 은혜를 찬양합니다. 주님이 주시는 힘으로 살다가 예배하기 위해 함께 모이게 하심을 감사합니다. 오늘도 저희들의 예배를 기뻐 받아 주시고, 한없는 기쁨의 시간이 되게 하여 주옵소서.

전교인 수련회를 위하여 간구하오니, 기획에서 집행까지의 모든 과정을 주님께 맡깁니다. 오고가는 길을 안전하게 도와주시고, 은혜 중에 행사가 진행될 수 있도록 인도하여 주옵소서. 많은 성도들이 교제의 계기로 삼게 하시고, 인간관계의 형통함을 주셔서 서로 용납하며 이해하게 하시고, 그리스도의 사랑으로 용서의 훈련을 감당하는 수련회가 되게 하옵소서.

특별히 말씀의 사역을 감당하시는 목사님과 강사들을 기억하시고, 믿음과 말씀과 성령으로 충만케 하셔서 영이 새롭게 되는 시간들이 되게 하여 주옵소서. 회개의 운동이 일어나게 하시며, 결단의 은혜가 있게 하여 주옵소서. 이 일을 위하여 모든 성도들이 협력하게 하시고, 주의 사역에 동참할 수 있도록 시간들을 허락하여 주옵소서. 이번 행사로 인하여 더욱 연합하게 하심으로 구제하고 선교하며, 전도하는 일에 더욱 뜨거워지게 하옵소서.

저희 교회에 복을 내려 주옵소서. 베드로의 신앙 고백 위에 교회를 세우신 것과 같이, 저희 성도들의 헌신적인 믿음이 교회를 견고하게 하며 부흥시킬 수 있도록 인도하여 주옵소서.

오늘 하나님의 말씀을 전하시기 위하여 기도와 눈물로 준비하신 목사님을 기억하여 주옵소서. 성도를 아끼고 사랑하는 마음으로 복음을 증거하실 때 믿음으로 받게 하옵소서. 하나님의 말씀을 생활에 푯대로 삼게 하셔서, 치우치지 않게 하시며 침륜에 빠지지 않게 하시므로 승리를 보장하여 주옵소서.

예수 그리스도의 이름으로 기도드립니다. 아멘.

구하라. 만약 저희들이 구하는 대로 받지 못한다면,
찾으라. 만약 찾는데도 받지 못한다면, 그때는 두드려라.
토마스 맨톤

# 성경학교를 위한 기도 1

거룩하신 아버지 하나님! 이제 우리 교회학교 성경학교를 준비하고자 합니다. 모든 준비에 앞서 기도로 시작하게 하옵소서. 모든 교역자와 교사들이 먼저 은혜로 채워지게 하옵소서.

교사들과 아이들이 모두 참여할 수 있도록 도와주시고, 빈자리 없이 가득 채워 주시며, 아이들의 각각의 형편을 돌아보시고, 방해하는 세력과 역사를 막아 주옵소서. 성경학교를 통하여 어린 영혼들이 구원의 확신을 갖게 하시며, 마음을 열어 주님 사랑하는 마음을 눈물로 고백하는 감격의 성경학교가 되게 하여 주옵소서.

말씀의 풍성한 꼴을 먹여 주시고, 유익한 프로그램으로 철저히 준비하여 질서 있게, 은혜롭게, 모든 것이 아름답게 이루어지도록 성령님께서 인도하여 주옵소서.

우리 교사들에게 어린 영혼들을 위해 깨어 기도하게 하시고, 사랑과 헌신으로 가르치며 섬기게 하여 주옵소서. 모든 일정을 성령님께서 지도하시고 인도하셔서 아름답게 이루어 주시고, 저희들은 기쁨과 사랑으로 섬기며 아름다운 열매를 거두게 하옵소서.

예수님의 이름으로 간절히 기도드립니다. 아멘.

성경학교를 위한 기도 2

은혜로우신 하나님! 우리 교회의 00부 성경학교를 통하여 놀라운 역사를 이루어 주시기를 원합니다.

교사와 아이들 모두가 성경학교를 사모하는 마음으로 기도하게 하시며, 먼저 자신의 죄를 통회하는 마음을 가지고 진정한 회개를 하게 하옵소서.

성경학교에 성령이 함께하시며, 참석하는 아이들에게 분명한 비전과 삶의 목적을 발견하며, 인격의 변화가 있게 하옵소서. 나아가 우리 아이들이 민족 복음화와 세계 복음화를 위해 헌신하는 영적 부흥의 불씨가 되게 하옵소서.

말씀과 프로그램을 담당한 교사들에게 지혜를 주시고, 성령 충만하고 영육이 강건하게 하시며, 한마음으로 성경학교를 아름답게 이루게 하옵소서. 어린 영혼들을 향한 사랑과 열정으로 담대히 말씀을 전하게 하옵소서.

성경학교 기간동안 받은 은혜대로 살게 하시고, 이후 지속적으로 교회에서 훈련이 이루어지고, 충성된 일꾼으로 육성되게 하시며, 이 시대에 하나님의 귀한 일꾼들이 되게 하옵소서. 성경학교를 통하여 우리 00부가 더욱 성장하며 발전하여 하나님께 영광을 돌릴 수 있게 하옵소서.

예수님의 이름으로 기도드립니다. 아멘.

# 캠프를 위한 기도

캠프의 계획자이시며 진행자이신 하나님! 이번 캠프를 통하여 주님의 명령인 하나님 나라의 확장을 위해 저희들이 도구로 쓰임 받을 수 있도록 인도하시고, 필요한 것들을 채우사 주님 홀로 영광 받으옵소서.

캠프를 통하여 성령의 역사를 깊이 체험하게 하시고, 캠프 기간 동안에 피곤치 않게 하시고, 성령의 능력으로 모든 프로그램에 적극적으로 동참하게 하옵소서.

모든 프로그램이 잘 준비되게 하시고, 아이들이 적극적으로 참여하여 최고의 효과를 얻게 하시며, 캠프 기간 동안에 좋은 날씨를 주시고, 필요한 재정도 넉넉히 채워 주옵소서.

캠프 기간 동안에 선생님들이 서로 돕고 이해하며, 함께 모여 기도하며 준비하여 하나님께 영광 돌리며 기쁨으로 일을 감당케 하옵소서. 처음부터 끝까지 기도로 준비하게 하시고, 성령 충만함으로 게으르지 않고 충성되게 사명을 감당하는 교사가 되게 하옵소서.

캠프 기간 동안에 조그마한 사고도 일어나지 않게 도와주시고, 캠프를 통하여 생명의 기쁨을 나누고 성령의 역사를 체험하는 시간이 되게 하옵소서.

예수 그리스도의 이름으로 기도드립니다. 아멘.

성경학교 캠프를 위한 기도

하나님 아버지! 이제 성경학교 캠프를 하고자 합니다. 아이들을 지도할 교사들을 보내주옵소서. 선생님들을 통하여 아이들이 잘 훈련받게 하옵소서. 성경학교가 학교 행사와 학원시간이 겹치지 않게 하시고, 어떤 것보다도 성경학교에 우선순위를 두고 참석하게 하옵소서.

식사를 맡아 봉사하시는 집사님들에게 열정을 허락하여 주시고, 우리에게 주시는 모든 음식을 감사히 먹게 하시고, 그 음식으로 말미암아 하나님께 아름다운 모습을 보여드리는 성경학교가 되게 하옵소서.

성경학교 동안에 질병으로 어려움을 당하는 일들이 없도록 지켜주시고, 차량 운전 시에도 지켜주셔서 작은 사고도 없게 하여 주옵소서.

전체 시설을 사용할 때, 시설물(샤워장, 화장실, 식당, 숙소, 예배실 등)을 깨끗하고 질서 있게 사용하며, 운동 및 물놀이 할 때 안전을 지켜주옵소서.

캠프기간 동안에 은혜 받기에 좋은 날씨를 허락하여 주시고, 더위나 소나기로 인해 진행에 어려움이 없게 하옵소서.

예수님의 이름으로 기도드립니다. 아멘.

 바자회를 위한 기도

사랑하는 하나님 아버지! 이렇게 좋은 날씨를 주시고, 바자회를 열게 하시니 감사드립니다. 이번 바자회에 많은 이들이 참석하여 아름답고 행복한 자리가 되게 하옵소서.

이 바자회를 통하여 저희가 주님을 사랑하고, 이웃을 사랑하는 마음을 키워 갈 수 있도록 이끌어 주옵소서. 저희부터 먼저 솔선수범하여 세상의 빛과 소금의 역할을 충실히 하게 하시고, 이웃과 더불어 이 세상에 주님의 나라를 건설하는 데 한 몫을 감당하고자 하오니, 저희 발걸음에 복 주옵소서.

나눔과 섬김을 통하여 하나님의 기적이 나타나게 하옵소서. 이 날 많은 사람들이 참여하게 하시고, 저희들이 목적으로 하는 기금이 넉넉하게 모아져서 어려운 이웃을 돕는데 요긴하게 쓰이게 하시며, 하나님의 영광이 나타나게 하옵소서.

바자회에 참여하는 모든 이들이 다 한가지로 구원을 얻는 복을 주시고, 저희들 마음에 자원하는 마음과 헌신의 마음을 주옵소서. 이 일을 통하여 더욱 주님의 사랑을 느끼고 열정적으로 영혼에 대한 사랑의 마음을 갖게 하여 주옵소서.

예수님의 이름으로 기도드립니다. 아멘.

 **부흥회를 위한 기도**

"내가 거룩하니 너희도 거룩할지어다"고 하신 하나님 거룩히 여김을 받으옵소서.

믿음으로 승리하는 삶을 살아가도록 귀한 은혜의 부흥회를 베풀어 주시니 감사를 드립니다. 하나님을 기쁘시게 하는 자의 믿음으로, 죽음을 보지 않고 옮겨간 에녹같이, 하나님을 기쁘시게 하는 믿음이 온전히 회복되는 은혜를 간절히 사모합니다.

이 시간을 통하여 살아계신 하나님을 만나서 막혔던 담이 무너지고, 병마가 떠나가고, 맺힌 것이 풀리고, 간구하는 것이 다 응답되는 기적과 권능의 부흥회가 되게 하옵소서. 예수님이 친히 행하시는 치유의 사역과, 복음을 전파하시고 가르치시던 말씀의 기적과 능력을 체험하는 시간이 되게 하여 주옵소서.

성령으로 권능을 받고 예루살렘과 온 유대와 사마리아와 땅 끝까지 이르러 주의 증인되는 은혜도 허락하여 주시기를 기도합니다. 부흥회를 통하여 저희 교회가 더욱 성장하며, 은혜와 은사와 능력과 하나님의 권세로 충만하게 하옵소서.

하나님 아버지, 우리의 겉 사람을 깨트리시고, 속사람을 깨끗하고 강건하게 하여 주옵소서. 예수님 앞에 저희들의 연약함과 영육간의 더러움을 자복하며 기도하오니, 저희의 죄를 흰 눈같이 깨끗하게 사하여 주시고, 은혜받기에 합당한 정결한 성령님의 전으로 변화되게 하여 주옵소서.

하나님께서 모세처럼 엘리야처럼 귀하게 쓰시는 목사님을 강사로 보내 주심을 감사드립니다. 바울의 몸에서 손수건이나 앞치마를 가져다가 병든 사람에게 얹으면 그 병이 떠나고, 악귀도 나가던 능을 행하시던 하나님, 그 능력이 오늘은 강사 목사님을 통하여 역사하여 주옵소서.

사모하는 영혼을 생명의 말씀으로 만족케 하시고, 굶주린 영혼들에게 좋은 것으로 채워주시는 하나님의 은혜가 충만한 시간이 되게 하옵소서.

해 돋는 데서부터 해지는 데까지 여호와의 이름이 찬양을 받으심이 마땅하오니, 저희들의 찬양을 받으시고 영광을 받으옵소서. 저희들의 기도에 귀 기울이시고, 저희들의 간구를 들어 주옵소서.

회개의 눈물과 구원의 확신과 기쁨, 새로운 결단과 산 소망, 치유와 회복을 얻어, 독수리 날개쳐 올라감같이 새 힘을 얻는 은혜와 복된 부흥회가 되게 하여 주옵소서.

예수님 거룩한 이름으로 기도드립니다. 아멘.

결혼예배의 기도

창 2:24 "이러므로 남자가 부모를 떠나 그 아내와 연합하여 둘이 한 몸을 이룰지로다."

하나님께서 창세 전에 택하신 귀하고 아름다운 (   ), (   ) 두 젊은이가 오늘 결혼예배를 드릴 수 있도록 은혜를 베풀어 주심을 감사합니다.

오늘 새 가정을 꾸미는 두 젊은이를 사랑해 주시고, 영혼이 잘 됨같이 범사가 잘되는 은혜를 허락하여 주옵소서.

하늘의 신령한 복을 주시옵소서. 땅 위의 기름진 복을 주시옵소서. 후손들의 복을 주옵소서. 영혼과 몸이 하나 되어 하나님이 주신 은사와 재능까지도 하나 되게 하옵소서.

지금까지 이들을 양육하며 교육시켜 주시며, 오늘이 있기까지 기도와 헌신을 아끼지 않으신 양가 부모님들께 하늘의 신령한 복을 풍성하게 주옵소서.

오늘 결혼식을 올리며 새 가정을 꾸미는 이 부부에게 복 주시고, 하나님 앞과 사람 앞에서 존귀함을 받는 아름다운 가정이 되게 하옵소서. 하나님의 위대하심을 드러내는 가정되게 하옵소서.

예수 그리스도의 이름으로 기도드립니다. 아멘.

 백일기도

온 세상을 사랑으로 다스리시는 하나님 아버지! 이 가정에 귀한 생명의 선물로 허락하신 (   )이를 지난 백일 동안 하나님의 사랑의 품에 품으셔서 길러 주신 은혜에 감사드립니다.

오늘 이 시간 하나님께서 지금까지 베푸신 은혜와 사랑에 감사하면서 사랑하는 가족과 친지들이 같은 시간 같은 자리에 모여 (   )이의 백일을 기쁨으로 맞이할 수 있게 하시니 참 감사합니다. 하나님 이 아이를 받아 주옵소서.

주님, (   )이가 건강하고 예쁘고, 씩씩하고 지혜롭게 자라도록 은총을 베풀어 주시고, 악한 것들로부터 보호하여 주옵소서. 그래서 자라갈수록 하나님께는 영광이 되며, 사람들에게는 믿음의 자랑감이 되는 귀한 사람이 되게 하옵소서.

사랑이 풍성하신 하나님 아버지! (   )이를 통해서 하나님이 계획하신 뜻을 이루시며, 양육하는 부모에게 더 큰 믿음과 지혜와 물질의 복을 주셔서 이 시대 우리 사회에 꼭 필요한 인물로 키워낼 수 있도록 은혜를 주옵소서.

이 가정의 모든 식구들과 모인 무리들에게 하나님의 크신 복이 임하기를 간절히 원하오며, 생명의 근원이 되시는 예수님의 이름으로 기도드립니다. 아멘.

 첫돌기도

하나님 아버지! 이 가정에 일년 전에 자녀를 주셔서 오늘 첫돌을 맞이하여 하나님께 감사 예배를 드립니다.

하나님 아버지, (   )이는 이 가정에 사랑의 열매이기도 하지만, 하나님의 사랑의 증거요 복 주시는 증거입니다. 이 자녀가 이 가정에 기쁨과 행복을 위해서만 아니라, 이 땅에 하나님의 뜻을 이루기 위하여 주신 자녀인 줄 믿습니다.

살아계신 하나님, (   )이가 세상을 살아가는 동안 보호자가 되어 주옵소서. 인도자가 되어 주옵소서. 지혜와 지식을 더하여 주시고, 하늘의 신령한 복으로 채워 주옵소서.

시간이 지날수록, 자라가면서 하나님과 사람 앞에 사랑 받으며, 이 시대에 꼭 필요한 인물로 자랄 수 있도록 인도하여 주옵소서.

예수 그리스도 이름으로 기도드립니다. 아멘.

 생일기도 (어른)

하나님께서 영원 전부터 예정하신 귀한 생명 (　　　)씨를 이 땅에 보내셔서 귀한 삶을 살게 하심을 감사드립니다.

하나님의 은혜로 우리는 살 수 있고 일할 수 있고, 건강한 몸으로 생활할 수 있게 하심은 하나님께서 무조건 베풀어 주신 은혜입니다.

오늘 생일을 맞이하는 (　　　)씨의 삶 가운데 평생토록 하나님께서 보호자가 되어 주옵소서.

"사랑하는 자여 네 영혼이 잘 됨같이 네가 범사에 잘 되고 강건하기를 내가 간구하노라."고 하신 말씀과 같이, (　　　)씨의 영혼이 잘 되는 복을 주옵소서. (　　　)씨의 범사가 잘되는 복과 건강의 복을 주옵소서.

오늘 생일을 맞이하는 (　　　)씨의 인생길에 하나님과 사람 앞에 사랑받고 하나님의 귀한 일을 감당하는 하나님의 사람이 되게 하여 주옵소서.

예수 그리스도 이름으로 기도드립니다. 아멘.

생일기도 (자녀)

이 세상의 모든 생명 있는 것들을 지으시고, 오늘도 생명의 주인이 되시는 하나님 아버지, 베푸신 사랑과 은혜를 감사드립니다.

특별히 오늘 이 시간 (   )의 생일을 맞이하여 온 가족과 친척들, 또 믿음의 식구들이 한 자리에 모여 감사 예배를 드립니다. 지난날 힘들고 어려운 일들이 있었지만, 하나님께서 이기게 하시고, 늘 동일한 손길로 지켜 주심을 감사드립니다.

(   )에게 육신의 건강뿐 아니라 영적인 성숙과 성령의 충만함을 내려 주시기를 기도합니다. 그래서 이 가정이 사랑하는 (   )을 통해서 승리하게 하시고, 기쁨과 감사가 넘치게 하옵소서. 또 주위 모든 사람들의 본이 되어서 많은 사람들에게 덕을 끼치며, 하나님의 은혜를 나누어 주는 복의 근원이 되도록 인도하여 주옵소서.

주님께서 늘 함께하시고, 내년에 다시 생일을 맞이하는 시간까지 영육 간에 건강함과 주님의 인도하심을 따라 살아가는 귀한 믿음의 식구들이 될 수 있도록 지켜주옵소서.

예수님의 이름으로 기도 드립니다. 아멘.

 칠(팔)순 감사 기도

살아계신 하나님! 특별히 오늘은 (   ) 어르신의 (칠, 팔)순을 맞이하여 그 자손들과 일가친척과 성도들이 한자리에 모여 하나님께 감사 예배를 드립니다.

(   ) 어르신은 예수님을 구주로 영접하고, 무엇보다 주님을 위해서 일생을 헌신하며 봉사와 충성을 하시는 가운데 자손의 복과 장수의 복을 주셔서 이 자리에까지 오게 하심을 감사드립니다.

하나님 은혜 가운데 가정을 이룰 수 있도록 좋은 반려자를 만나게 하시고, 슬하에 많은 자녀를 허락해 주셔서 기쁨과 소망으로 살게 하시고, 자녀들을 훌륭하게 양육하여 좋은 일꾼들로 성장하게 하심을 감사합니다.

은혜로우신 하나님! 오늘 칠(팔순)을 맞이한 (   ) 어르신은 하나님이 사랑하는 자요, 하나님이 기뻐하시는 자이오니, 주 안에서 남은 여생도 하나님의 은혜 가운데 주의 일을 하다가 주 앞에 서게 하시고, 잘했다 칭찬 받으며 면류관을 쓰게 하옵소서.

하나님 아버지! 자손들은 어르신의 그 넓고 깊은 사랑과 신앙을 상속 받아 부모에게 더욱 효도하는 자손들이 되어, 성경에 약속한 복을 받아 누리게 하옵소서.

예수 그리스도 이름으로 기도드립니다. 아멘.

임종 기도

"한 번 죽는 것은 사람에게 정하신 것이요, 그 후에는 심판이 있으리니"(히 9:27).

인간의 생사화복을 주관하시는 하나님! (   )씨가 이 땅에 사는 동안 후손들과 가족들을 주셔서 가문을 이루고 살 수 있게 해 주신 은혜 감사드립니다.

이제 (   )씨는 이 세상 삶을 마치고 돌아가오니, 이별의 슬픔에 잠긴 가족들을 위로하여 주시고, 이 기회를 통해 가족 간의 사랑과 화목으로 하나 되게 하시고, 이 땅에 사는 동안 최고의 가치 있는 일은 예수님을 믿고 구원받는 일이오니, 후손들이 꼭 주님을 만날 수 있는 기회를 주옵소서.

예수 그리스도 이름으로 기도드립니다. 아멘.

장례 위로예배 기도

우리의 영혼을 구속하시며 성도들의 힘이 되시는 하나님! 주 안에서 세상을 떠난 (   )씨가 이제 모든 수고와 시련을 끝내고 주님의 품안에서 영원한 안식을 얻게 하여 주옵소서.

우리의 소망이 되시는 하나님! 주님의 높고 크신 경륜을 다 깨닫지 못하오나, 저희들로 하여금 주님의 약속과 영생의 복음을 확실히 믿고, 이 땅에서 어려움과 고통을 이기며, 하늘의 소망을 얻게 하여 주옵소서.

고인이 이 세상에 살 때 선한 모습으로 우리에게 본이 되었고, 또 믿음으로도 주님 앞에 순복하여 주님을 구세주로 영접하여 영생을 얻게 하심을 감사합니다. 저희들도 그의 뒤를 따라 하나님의 영원한 나라의 유업을 받게 하여 주옵소서.

장례를 잘 마치게 하신 주님께 감사를 드립니다. 이제 유족들을 위로하여 주시고, 또 수고한 모든 이들에게 주님의 크신 은혜를 더하여 주옵소서.

예수 그리스도의 이름으로 기도드립니다. 아멘.

추도예배 기도

오늘 고 (　　　)의 (　　)주년 추도예배를 드리게 됨을 감사드립니다.

이미 하나님 나라의 백성이 된 사랑하는 고 (　　　)에게 하나님께서 영원한 안식을 허락하신 은총을 감사합니다. 하나님 아버지, 삶과 죽음, 이곳과 저곳으로 갈라져 있사오나 산 자와 죽은 자 모두에게 하늘의 영원한 은총을 베풀어 주옵소서.

또한 오늘까지 고 (　　　)의 가족과 관계 깊던 모든 이들을 믿음 안에서 붙들어 주시고 인도해 주신 것을 진심으로 감사합니다. 우리들은 살아 있는 동안 부지런히 주님을 섬김으로 믿음의 아름다운 자취를 남길 수 있도록 인도하여 주옵소서.

또한 후손들은 먼저 가신 분이 못다 한 업적을 이어 나가게 하시고. 고 (　　　)의 믿음을 자손들이 이어받게 하옵소서.

예수 그리스도 이름으로 기도드립니다. 아멘.

영적 성장을 위한 대표기도문

그러므로 형제들아
내가 하나님의 모든 자비하심으로 너희를 권하노니
너희 몸을 하나님이 기뻐하시는 거룩한 산 제물로 드리라
이는 너희가 드릴 영적 예배니라
(롬 12:1)

 화평을 구하는 기도

　저희들의 목자가 되신 주님! 저희들을 광야와 같은 세상에 버려두지 않으시려고 주님의 푸른 초장으로 인도하시니 감사합니다. 하나님의 말씀을 받을 때마다 꿀과 송이 꿀보다 더 한 말씀임을 체험하도록 하옵소서. 말씀이 갈급하여 모인 저희들에게 신령한 말씀의 은혜를 허락하셔서 믿음의 양식이 되게 하옵소서. 인간의 의지와 노력으로 실패했던 은혜의 생활이 하나님의 도우심으로 다시 회복되는 시간이 되게 하옵소서.

　저희들의 싸움은 혈과 육에 대한 것이 아니요, 하늘에 있는 악의 영들과 어두움의 세력들임을 알면서도 혈기로 말미암아 마음을 지키지 못하여 늘 넘어지고 있습니다. 저희들의 씨름의 대상을 바로 깨달을 수 있는 은혜를 주시며, 눈에 보이는 것 때문에 감추어져 있는 영적인 보화들을 잃어버리지 않도록 하여 주옵소서.

　하나님이 저희에게 허락하신 은혜의 풍성함을 알고도 기도하기보다는 저희들의 생각이 앞섰고, 사랑하기보다는 판단하며, 전도하기보다 정죄했던 저희들을 용서하여 주옵소서. 저희의 신앙이 세상 권세에 위축되지 않도록 도우시며, 세상을 변화시키는 능력 있는 그리스도의 종들이 되게 하옵소서.

　교만한 자를 물리치시며 상한 심령을 받으시는 주님! 이 시간 상처 입은 심령들이 치유되기를 원하오니 위로의 말씀을 주옵소서. 권능 있는 말씀을 주옵소서. 하나님이 다스리시는 살아있는 말씀을 허락하여 주옵소서. 저희가 선교의 도구가 되기를 원합니다. 화평의 도구가 되기를 원합니다. 저희들이 가는 곳마다 그리스도의 빛이 드러나게 하옵소서.

예배 중심이며 하나님 중심의 삶을 살아가도록 인도하여 주옵소서. 예배에 승리함으로 생활예배에도 승리케 하옵소서. 오늘 예배를 통하여 기도하는 성도들의 소원이 이루어지게 하시고, 주의 사랑으로 충만케 되어 돌아가도록 복 내려 주옵소서. 저희들의 귀가 복된 귀가 되게 하셔서 언제나 말씀을 들을 때마다 깨닫게 하여 주시고, 말씀을 행하는 믿음의 사람이 되게 하여 주옵소서.

예수 그리스도의 이름으로 기도드립니다. 아멘.

무릎을 꿇은 그리스도인은 발돋움을 한
천문학자 보다 더 멀리 본다.

토플레디

 영혼 구원을 위한 기도

사랑과 은혜가 충만하신 하나님! 저희에게 주님을 경외하며 주님을 찬양할 수 있게 하심을 감사합니다.

사랑이 충만하신 하나님 아버지! 저희의 연약함으로 하나님을 원망한 죄를 용서하시고, 공의의 주님을 기억하게 하옵소서. 주님을 부인했던 죄를 용서하시고 저희를 위한 주님의 고난을 기억하게 하셔서 고난을 주님의 사랑으로 이겨낼 수 있는 믿음을 더하여 주옵소서. 돌아보면 하나님의 은혜요 사랑이었음을 기억합니다. 저희에게 건강이 있게 하시고, 생명이 있게 하심으로 오늘도 주님께 나왔사오니 받아 주옵소서.

죽어 가는 영혼들을 사랑하셔서 이 곳에 교회를 세우심을 인하여 또한 감사하오니, 교회에 속하여 있는 저희 모두가 오직 하나님의 영광을 위하여 삶을 영위하게 하시고, 저희에게 주님의 빛과 사랑을 실천할 수 있는 지혜를 주옵소서. 저희가 하나님의 자녀로 세상에서 성별되어 승리할 수 있도록 믿음을 주옵소서.

저희 교회를 통하여 고난 중에 있던 사람이 평안을 얻게 하시고, 고통 중에 있던 영혼이 놓임을 받을 수 있는 거룩한 성소가 되게 하여 주옵소서. 또한 저희들의 이웃을 위하여 기도하오니, 주님의 보혈을 의지하여 그들의 영혼을 위하여 기도할 수 있는 저희가 되게 하시며, 저희의 사랑 없음으로 인하여 그들을 고난 중에 두지 마시고, 주님의 사랑을 실천할 수 있는 믿음을 더하여 주옵소서.

저희들의 이웃과 믿지 않는 가족을 위하여 간구하오니, 그들의 영혼을 불쌍히 여기사 죄악 가운데서 해방 될 수 있는 은혜를 허락하여 주옵소서. 저희가 그들에게 주님의 사랑을 실천함으로 전도의 문이 열리게 하시고, 저희들의 선한 행실이 복음을 심는 일에 유익하게 하옵소서.

오늘 설교하실 목사님을 위해 기도하오니, 성령과 진리로 충만케 하시어 영감 있는 말씀을 증거하게 하시고, 들을 때 마음이 뜨거워지는 역사가 있게 하옵소서.

예수 그리스도의 이름으로 기도드립니다. 아멘.

싸움터에 나갈 때는 한 번 기도하라.
바다에 나갈 때는 두 번 기도하라.
그리고 결혼할 때는 세 번 기도하라.
러시아 격언

봉사와 헌신을 위한 기도

여호와 닛시, 승리케 하시는 하나님 아버지! 지난 한 주간 동안도 하나님의 섭리 가운데 거하게 하시며, 저희로 하나님의 권능을 힘입어 승리하게 하시다가 주의 전에서 거룩한 예배를 드리게 하심을 감사합니다. 신령과 진정의 예배를 드리게 하시며, 응답받는 예배가 되게 하옵소서.

이 시간 드리는 찬양에 하나님의 영광이 나타나게 하시며, 저희들의 기도를 통하여 하나님의 뜻이 더 빨리 이루어지기를 원합니다. 저희들의 입술에 감사가 넘치게 하시고, 하나님을 향한 헌신의 손길이 끊이지 않도록 도와주옵소서.

사랑이 많으신 아버지! 저희들의 모든 허물과 절망과 좌절이 아버지의 도움으로만 해결될 수 있나이다. 사유하심의 은혜로 용서하여 주옵소서. 믿음으로 하나님 아버지의 보좌로 담대히 나왔습니다. 저희들에게 충만한 은혜를 주옵소서.

이 자리를 사모하면서도 함께 하지 못한 여러 성도들이 있습니다. 그들을 위하여 기도하오니, 하나님을 힘 있게 섬길 수 있는 형편과 여건을 허락하시며, 믿음을 더하여 주옵소서. 저희들의 삶이 하나님을 경배하는 생활이 되게 하시고, 하나님의 역사하심과 동행을 인정하는 삶이 되게 하옵소서. 성도들과의 교제에 승리하게 하시고, 목회자들과의 관계에 승리케 하셔서 하나님의 나라가 날마다 확장되게 하옵소서.

주님의 몸을 드려 희생하신 사랑을 배우게 하셔서 행함 가운데 봉사하며 헌신하게 하옵소서. 어두운 곳에 빛이 되게 하시고, 썩어지는 곳에 소금이 될 수 있는 믿음을 더하여 주옵소서.

또한 이 시간 목사님을 통하여 주시는 말씀이 은혜가 되게 하사, 저희들의 신앙이 뿌리를 내리고 인격이 성숙하여 성장하게 하시고, 저희들을 선하게 인도하여 주옵소서. 저희들을 시험에 들지 않도록 주장하여 주시고, 하나님의 영광을 구하게 하옵소서.

저희들의 연약함으로 죄 범하지 않도록 함께하시길 원하오며, 거룩하신 예수님의 이름으로 기도드립니다. 아멘.

잘 기도한 자는 잘 배운 자요
많이 기도한 자는 많이 운 자이다.

루터

영혼의 갈급함으로 드리는 기도

거룩하신 아버지 하나님! 하나님께 예배를 드리며, 하나님을 섬길 수 있는 믿음과 환경을 허락하신 아버지께 감사와 찬송을 올려 드립니다. 내주하시는 성령의 감동을 따라 감사와 기도가 끊이지 않는 주의 제자들이 되기를 원합니다. 더 크고 위대한 이상을 주시되 영혼을 위해 기도하고, 헌신하고, 구령하는 전도의 삶을 살게 하여 주옵소서.

저희들의 생활이 예배가 되도록 인도하시며, 저희의 삶에 하나님의 나라가 이루어지게 하여 주옵소서. 저희들의 마음이 성령의 전이 되게 하시고, 저희들이 움직이는 교회가 되게 하셔서 범사에 하나님을 인정하고 찬미하는 믿음의 역사가 있도록 하옵소서.

저희의 마음이 순결하게 하옵소서. 하나님이 아니고는 채울 수 없사오니, 아버지의 사랑을 늘 갈급해 할 수 있는 마음을 주옵소서. 청결한 마음이 되게 하시고, 의에 주리고 목마른 자들이 되어 하늘나라의 기쁨으로 행복을 보장받게 하여 주옵소서. 먹고 마시는 것으로만 즐거워하지 않게 하시고, 하나님의 나라가 이 땅에 이루어져 가는 것으로 기뻐 할 수 있는 주님의 마음을 주옵소서.

저희로 세상과 구별하사 거룩한 성도가 되게 하시며, 저희를 성결하도록 지켜 주옵소서. 세상과 타협하게 마시고, 저희에게 세상에서 승리할 수 있도록 권능을 허락하여 주옵소서. 주의 나라가 이 땅에 이루어 질 수 있도록 저희로 주님의 증인이 되게 하옵소서.

저희가 드리는 예배를 위하여 기도하오니 저희의 예배를 기쁘게 받아 주시고, 특별히 성가대의 찬양으로 하늘 문이 열리게 하셔서 성령의 충만한 은혜를 받게 하여 주옵소서. 목사님을 통하여 하나님의 복된 말씀이 생명력 있게 증거될 수 있도록 힘을 주옵소서.

보는 교인에서 드리는 성도로 변화되게 하시고, 수동적인 성도에서 움직이는 성도로 변화되게 하옵소서. 저희가 새롭게 됨으로 교회가 변화되게 하시고, 온 성도들의 열심으로 주님의 나라가 확장되도록 인도하여 주옵소서.

주님의 고난을 기억하여 어떠한 어려움도 인내로 이겨 낼 수 있도록 하시고, 용서하기 어려운 억울함도 견딜 수 있는 힘을 더하여 주옵소서.

예수님의 이름으로 기도드립니다. 아멘.

오늘 할 일이 아무리 많더라도 하루를 시작하는
처음 3시간은 기도하며 보내리라.

마틴 루터

 ## 성령의 도우심을 바라는 기도

저희들의 모든 것을 주관하시는 하나님! 주님의 은혜를 사모하여 오늘도 이 자리에 모였습니다. 주님의 전으로 나아오게 하시는 은혜에 감사합니다. 저희가 세상에서 어두움에 있어 주님을 부인하지는 않았습니까? 저희의 죄를 용서하여 주옵소서. 알면서도 연약하여 저지른 허물들을 고백하오니 용서하여 주옵소서.

저희들의 목자가 되셔서 늘 지켜 주시는 하나님! 오늘까지 지켜 주신 은혜에 감사드리며, 늘 주의 능력으로 승리케 하옵소서. 광야의 이스라엘 백성들처럼 불순종하여 40년의 세월을 유리하지 않도록, 주의 인도하심에 순종하게 하옵소서. 저희의 마음 밭을 옥토와 같게 하시어, 오늘 예배를 통하여 주시는 말씀에 열매를 맺게 하여 주옵소서.

지금 저희의 만족이 저희들 스스로의 힘과 자랑이 되지 않게 하시고, 오직 주님만을 바라보며 순종하고, 오직 주님께 영광 돌릴 수 있도록 은혜를 더하여 주옵소서. 저희의 입술을 열어 마땅히 구해야 할 것들을 위해 간구하게 하시며, 저희가 기도할 때 성령님의 도우심을 간구하오니, 저희의 기도를 들어 주옵소서.

늘 주님 앞에 부끄러운 저희들을 고백하오니 오래 참으시는 주께서 저희를 긍휼히 여기심으로 용서받게 하옵소서. 오늘의 예배 또한 주님의 임재하심으로 주께서 받으시는 거룩한 예배가 될 수 있게 하여 주옵소서. 저희에게 이 예배에 적극적으로 헌신하며 동참할 수 있게 하시고, 성령의 교통하심을 강하게 느끼는 승리하는 예배가 될 수 있도록 하여 주옵소서.

오늘도 지친 저희의 심령이 위로 받게 하시고, 상처받은 심령이 말씀을 통하여 치유함을 얻게 하옵소서. 이 시간 저희에게 주님의 주권을 고백하는 귀한 시간이 되게 하시고, 담대한 복음의 전도자로 부름을 받을 수 있는 시간이 되게 하여 주옵소서.

저희가 주님을 찾기 전에 먼저 저희들을 부르신 주님께서 오늘도 사랑의 손길로 어루만져 주실 줄 믿사옵고, 예수 그리스도의 이름으로 기도드립니다. 아멘.

진심으로 기도하면 어느 때 어떻게 해서든지
어떤 형태로든지 응답을 받게 마련이다.

아도니람 저드슨

헌신을 위한 기도

믿음의 주가 되시며, 성도를 온전케 하시는 하나님! 혼란 속에서도 주님을 의지할 수 있는 믿음을 주시니 감사합니다. 이 시간 저희의 심령을 주께로 향하오니, 저희들의 삶을 주관하시는 주께서 날마다 기도하는 삶을 살게 하여 주옵소서.

주님 앞에 설 때마다 저희들의 연약함을 고백합니다. 입으로는 "부름 받아 나선 이 몸 어디든지 가오리다"라는 찬송을 부르면서도 아무 데도 가지 않고 순종하지 않았던 거짓말쟁이였던 사실에 마음 깊이 회개하오니 용서하여 주옵소서. 주님의 뜻을 실천하기 위하여 힘쓰고 노력하기보다는 세상의 영광과 세속적인 영화를 유지하려고 힘쓰던 저희들의 모습을 용서하여 주옵소서. 세속적인 것을 버리지 못하는 나약한 믿음을 붙들어 주옵소서.

주님께서 진정한 일꾼을 찾으시는 이때에 주님의 음성을 들을 수 있는 영적인 귀를 열어 주옵소서. 주님 앞에 설 때마다 거룩함이 회복되게 하시고, 세속의 종으로서가 아닌 주님의 충성스러운 종으로 살기에 부족함이 없는 인생이 되게 하여 주옵소서.

저희들 자신만을 위하여 구원을 지켜 가는 성도가 아니라, 주님의 몸된 교회를 세우기 위하여 헌신하는 성도가 되게 하여 주옵소서. 아직도 결단을 내리지 목한 영혼들을 권면하고 기도하며, 주님의 전에 같이 나올 수 있게 하여 주옵소서. 주님을 닮아 가기를 원합니다. 주님의 향기를 발하는 믿음의 사람이 되게 하옵소서.

저희에게서 그리스도의 냄새가 나게 하시고, 그것으로 세상에 주님의 살아 역사하심을 드러낼 수 있는 믿음을 더하여 주옵소서. 주님과 같이 영혼 구원을 위하여 십자가를 지며, 주님을 따를 수 있는 성도가 되게 하여 주옵소서.

귀한 말씀을 대언하실 목사님과 함께하시고, 저희가 오늘도 말씀을 듣는 가운데 하나님의 섭리를 바로 깨달을 수 있는 영안이 열리게 하옵소서. 주님의 십자가의 아픔을 경험하는 시간이 되기를 원합니다. 지금도 여전히 사랑으로 인도하시는 주님의 사랑을 체험하기를 원합니다. 주여 이 시간도 주의 능력의 말씀으로 저희를 변화시켜 주옵소서.

예수님의 이름으로 기도드립니다. 아멘.

사람들은 저희들의 호소를 일축하고, 저희들의 복음을 거절하고,
저희들을 경멸할 수 있을지 모르지만,
성도들의 기도에 대해서는 꼼짝하지 못한다.

시드로우 박스터

 ## 새 힘을 간구하는 기도

구원의 주가 되시는 하나님! 연약한 저희를 구원하시려고 십자가를 지신 주님을 생각할 때마다 주님의 한없는 사랑과 은혜에 감사합니다. 이 시간에도 주님의 고난을 기억하며 저희들의 허물과 죄를 고백하며 예배를 드리오니 받아 주옵소서.

"구하라 그리하면 얻을 것이요, 찾으라 그리하면 찾을 것이요, 두드리라 그리하면 열릴 것이니"라고 하신 말씀을 의지하여 구하고 간구하는 기도의 사람들이 되게 하여 주옵소서. 저희에게 기도를 통해서 평화와 기쁨을 얻게 하시고, 기도로써 하나님의 은총의 풍성함 속에 있음을 알게 하시어 기도로 승리하는 삶이 되게 하옵소서.

말씀을 사모하여 하나님의 전에 나아오게 하심을 감사합니다. 하나님의 말씀이 저희의 삶의 지표가 되게 하시고, 말씀으로 하나님의 복을 받을 수 있도록 하여 주옵소서. 주님의 전으로 불러 주신 하나님께서 저희에게 복을 주실 줄로 확신하오니, 복을 받을 만한 심령으로 변화되게 하여 주옵소서.

일용할 양식을 구하도록 허락하신 하나님 아버지! 하나님의 사랑을 실천할 수 있는 저희가 되게 하여 주시기를 원하오니, 주님 저희에게 새 힘을 허락하여 주옵소서. 고통에 몸부림치는 이웃들에게 고상한 지식을 앞세우기 보다는 그들의 고통을 함께 나누게 하시고, 주님의 십자가의 사랑을 심령 깊숙이 깨닫게 하심으로 이웃을 사랑하게 하여 주옵소서. 주님을 증거하게 하심으로 그들의 심령에 주님의 사랑을 알게 하셔서, 그들로 다시금 주님의 증인이 될 수 있는 복을 허락하여 주옵소서. 그들의 영혼을 불쌍히 여기사 하나님의 사랑과 자비와 긍휼을 알게 하여 주옵소서.

오늘도 신령과 진리로 예배드리기 위하여 수고하는 손길들과, 십자가의 사랑을 증거하시기 위하여 단 위에 서신 목사님을 능력으로 붙들어 주시기를 원합니다. 특별히 성가대를 기억하사 찬양의 직분을 온전히 감당케 하셔서 영광의 예배가 되게 하옵소서. 저희들의 정성을 담고 힘을 다하여 드리는 예배를 기뻐 받아 주옵소서.

예수님의 이름으로 기도드립니다. 아멘.

# 말씀을 사모하는 기도

　교만한 자를 물리치시고, 겸손한 자에게 은혜를 베푸시는 자비로우신 하나님 아버지, 은혜와 사랑을 감사드립니다. 죄로 인하여 고통 받던 저희들을 구원하시고, 예배하는 사람이 되게 하심으로 하늘에서 주시는 은혜와 은사와 능력과 복을 누리게 하심을 감사합니다.

　주 앞에 나올 때마다 영광 중에 하나님을 만나게 하시고, 들어가며 나가며 신령한 꼴을 얻도록 풍성함을 허락하여 주옵소서. 슬픔 중에 나온 성도들을 위로해 주시고, 근심 중에 나온 성도들에게 새 힘을 주시며, 은혜를 사모하여 나온 성도들에게 영적 충만함을 허락하여 주옵소서.

　아버지의 말씀을 그리워하며 모였습니다. 오늘 저희들에게 주시는 말씀이 복음이 되게 하시고, 생활을 움직이는 능력이 임하게 하여 주옵소서. 저희들의 믿음이 환경으로 인하여 변질되지 않도록 인도하시고, 오히려 고난 중에 기뻐하며 하나님을 찬양할 수 있도록 복 내려 주옵소서.

　다니엘은 기도할 수 없는 중에도 기도했사오며, 그의 친구들은 기뻐할 수 없는 중에도 여호와를 인하여 기뻐했사오니, 저희들의 믿음이 기도와 감사, 기쁨과 소망이 끊어지지 않는 은혜를 주옵소서.

저희들의 믿음이 전도의 삶으로 이어지기를 사모합니다. 복음을 증거하고, 하나님의 살아 계심을 간증할 수 있는 은혜를 주시고, 저희들의 선행이 하나님 아버지의 사랑을 증거할 수 있도록 하여 주옵소서. 정체되어 있는 저희들의 믿음이 성장하게 하시고, 경직되어 있는 신앙이 역동적으로 변할 수 있는 부흥을 주옵소서.

가난과 어려운 중에 있는 성도들의 고통을 아시는 아버지! 가정의 문제와 사업과 직장의 문제들이 해결되게 하시고, 자녀들의 필요가 부모된 저희들의 기도로 채워지게 하옵소서. 믿음의 본이 되게 하시고, 먼저는 믿는 자들의 본이 되게 하옵소서. 성령과 동행함으로 생활에 열매가 있게 하시고, 아버지의 능력을 의지하여 살도록 하옵소서.

예수님의 이름으로 기도드립니다. 아멘.

악마는 저희들의 수고를 비웃고,
저희들의 지혜를 조소하지만,
저희들이 기도할 때에는 두려움에 떤다.

사무엘 차드윅

 부흥을 위한 기도

저희를 사망에서 영원한 생명의 자리로 옮기신 주님! 지난 일 주일 동안에도 저희를 보호해 주셨다가 다시 만민이 기도하는 주의 전으로 나와 엎드려 기도하게 하시니 감사합니다. 이 예배를 통하여 영광을 받으옵소서. 하나님의 이름이 거룩히 여김을 받고, 하나님의 나라가 건설되며, 하나님의 뜻이 이 땅에서 기도하는 저희들을 통해서 이루어지게 하옵소서.

주님께서 고난을 당하시고 십자가를 지신 것이 오직 저희를 죄에서 구원하여 주신 것임을 생각할 때, 오직 저희들을 구원하신 주님을 기념하는 삶이 되기를 원합니다. 이 놀라운 십자가의 사건을 알리는데 저희 몸을 드리기를 원합니다.

오늘도 갈급한 심령으로 나왔사오니 저희들의 기도를 응답하여 주시고, 일용할 양식뿐 아니라 영의 양식과 신령한 양식을 허락하여 주시고, 육적 건강뿐 아니라 영적인 건강과 평강의 복도 허락하여 주옵소서.

저희 교회를 위해서 기도하오니, 금년에 영적 성장을 이루는 교회가 되게 하시되, 좋은 일꾼들을 많이 보내주셔서 크게 부흥할 수 있도록 도와주옵소서. 여러 가지 조건 때문에 교회로 발걸음을 옮기지 못하는 많은 성도들이 하나님의 전으로 나와 함께 예배드리며 하나님을 찬양할 수 있는 은혜를 허락하여 주옵소서. 병든 자들로 건강케 하시고, 믿음 없는 자가 더 큰 믿음을 가지게 하시며, 이 시간 물이 변하여 포도주가 된 것 같이 변화됨의 복을 받는 저희가 되게 하옵소서. 성령의 불로 뜨거워지게 하셔서 승리하는 생활이 되게 하옵소서.

주님의 몸된 교회를 위해서 수고하시는 목사님과 그 가족에게 은혜와 진리로 충만케 하여 주시고, 목회자들과 장로님들, 권사님들과 집사님들에게도 크신 은혜를 내리셔서 연합하여 주님의 몸된 교회를 이루는데 부족함이 없도록 하여 주옵소서.

오늘 말씀을 전하시는 주의 사자를 붙들어 주셔서 능력 있는 말씀을 전하실 때에 아멘으로 받는 은혜를 허락하여 주옵소서. 그 말씀을 통하여 모든 문제가 해결되게 하여 주옵소서.

모든 영광을 하나님께 돌리며, 예수님의 이름으로 기도드립니다. 아멘.

# 십자가를 사모하는 기도

평화와 사랑의 왕이신 주님! 주님께서 온 인류에게 평화를 주시기 위해 이천 년 전 예루살렘에 입성하시며 찬송과 영광을 받으시던 그 주님을 오늘 저희가 찬미하게 하심을 감사합니다.

저희들을 다스리시기 위하여 이 땅에 임하시고, 하나님 나라가 이루어 감을 생각할 때 감사와 찬양을 드립니다. 저희들의 아집과 고집이 깨어지고, 저희들 속에 온전한 하나님 나라가 이루어지게 하여 주옵소서.

사랑의 주님! 십자가의 진리는 교회가 가져야 할 마르지 않는 샘물임을 믿사오니, 이 생수로 죄에 빠져 허덕이는 목마른 영혼들을 구원할 수 있도록 하옵소서. 길을 잃었던 영혼들이 주님 앞으로 돌아올 때, 십자가의 사랑이 얼마나 크고 놀라운지를 보여줄 수 있는 교회가 되게 하여 주옵소서. 저희 교회도 고난의 십자가를 지신 주님을 생각하며, 십자가의 진리를 전하고자 애쓰는 교회가 되게 하옵소서.

또한 저희의 이웃들을 위해서 기도드립니다. 하나님 나라의 확장을 인하여 하나님의 복음을 그들에게 전할 수 있는 복된 입술과 복된 발이 되게 하셔서 이웃에게 하나님을 증거할 수 있는 저희들이 되게 하여 주옵소서. 또한 하나님의 교회의 지체된 저희도 서로 섬기며, 서로 사랑하라 하신 주님의 말씀에 순종하여 섬기고 사랑할 수 있는 저희가 되게 하여 주옵소서.

오늘도 말씀을 전하시는 목사님에게 함께하여 주시고, 저희들은 말씀을 깨닫는 시간이 되게 하옵소서. 저희들의 수고로 하나님의 나라가 더욱 확장되게 하시며, 저희가 더 많은 은혜를 체험하게 하시며, 하나님의 성호를 찬양하는 일을 평생에 쉬지 않도록 하옵소서.

예배의 시종을 주님께 의탁하옵고, 예수 그리스도의 이름으로 기도드립니다. 아멘.

당신은 기도한 뒤에는 기도한 것 이상으로
실천할 수 있지만, 기도할 때까지는
결코 기도한 이상으로 실천할 수 없다.

존 번연

복음 전도를 위한 기도 - 1

진리의 길을 보여 주시는 하나님! 주님의 영원하신 나라를 기대하며 예배드리게 하신 은혜에 감사합니다. 이 시간 저희의 모든 삶을 전폭적으로 드리며, 그 은혜에 감사하는 시간이 되게 하여 주옵소서.

먼저 저희의 죄를 고백합니다. 예수님의 고난을 망각하고 저희에게 맡겨진 십자가를 외면한 채 인간의 욕망과 헛된 목적을 위하여 살아온 죄를 용서하여 주옵소서. 저희들 속의 거짓된 마음들을 성령의 능력으로 변화시켜 주옵소서. 주님의 은혜 안에 살면서도 늘 교만한 습성을 버리지 못하는 저희들을 긍휼히 여기사 용서하여 주시기를 원합니다.

인간의 몸을 입으시고 이 땅에 오셔서 십자가에 달려 죽으시기까지 하나님의 영광을 나타내고자 하셨던 주님처럼, 저희들도 주님의 영광을 위하여 겸손의 삶을 실천할 수 있는 주님의 사람이 되게 하여 주옵소서. 제자들의 발을 씻기셨던 주님처럼 진정으로 섬길 수 있는 마음을 주시고, 슬픔과 괴로움 속에서 한숨짓는 자들을 보면서 정성을 다해 주님의 위로를 심어줄 수 있는 저희들이 되게 하여 주옵소서.

교회의 머리가 되시는 주님! 주님의 몸된 교회를 이곳에 세우셔서 죄 중에 헤매던 영혼들을 참 생명의 길로 인도할 수 있는 등대가 되게 하여 주심을 감사드립니다. 교회가 생명을 구원하는 등대임을 잊지 않게 하시고, 죄악에 빠진 영혼들을 살리기 위해서 늘 기도하고 전도하는 교회가 되게 하여 주심을 감사드립니다. 교회에 발을 들여놓는 자마다 낙심과 좌절이 변하여 새로운 희망을 얻게 하시고, 병든 심령들이 치료받는 주님의 능력이 나타나는 교회가 되게 하옵소서.

교회를 위하여 주님께서 친히 세우신 목사님을 늘 성령으로 붙들어 주시고, 교회를 섬기며 양들을 보살피기에 부족함이 없도록 능력으로 채워 주옵소서. 저희 심령이 주님의 말씀을 받을 때마다 성령의 뜨거운 역사가 있게 하여 주옵소서.

예수 그리스도의 이름으로 기도드립니다. 아멘.

어려운 환경에서 기도하고 싶은 마음마저 없다면
저희들은 짐승만도 못한 사람들이 아닐 수 없다.

칼뱅

사랑의 하나님 아버지! 저희들에게 예수 그리스도를 통하여 참 생명과 천국의 소망을 주시고, 거듭난 백성이 되게 해 주시니 감사드립니다.

하나님 아버지! 우리 아이들이 전도를 하려고 합니다. 말씀과 기도로 무장하고 주의 복음을 담대히 전하는 전도자들이 되게 하여 주옵소서.

전도활동에 하나님 친히 임하셔서 영광을 받으옵소서. 믿지 아니하는 많은 심령들이 저희의 전도를 받아서 예수님을 영접하고 영혼이 구원받게 하옵소서.

전도대원들에게 성령 충만과 말씀의 지혜를 주시고, 친절하고 겸손함으로 전도하게 하옵소서. 전도대상자들의 마음 밭을 옥토와 같이 준비시켜 주시고, 사단의 방해를 물리쳐 주옵소서. 전도대원들이 사역을 잘 감당할 수 있도록 지혜를 주시고, 담대함을 주옵소서.

전도를 통하여 저희들의 믿음이 더욱 성장하게 하시고, 하나님의 말씀을 더욱 의지하게 하옵소서.

예수님의 이름으로 기도드립니다. 아멘.

은사를 사모하는 기도

아바 아버지가 되셔서 저희들의 모든 삶을 주장하시고, 간구할 때마다 거절치 않으시며 허락하시는 응답의 하나님 감사합니다. 이 시간 저희들의 예배와 찬양 중에 함께 하시며, 말씀 의지하여 기도하오니 응답하여 주옵소서.

은혜의 하나님! 주님께서 쓰시는 사람은 주님과 많이 대면하는 기도의 사람임을 생각할 때, 저희들이 이 시간 주님께 드리는 기도가 주님의 보좌를 움직이는 기도가 되게 하시고, 기도에 깊이 빠져들수록 저희에게 향하신 주님의 뜻이 무엇인지 깨닫는 시간이 되게 하여 주옵소서.

더 많은 기도와 더 깊은 기도를 드리기 위하여 몸을 깨뜨릴 수 있는 저희들이 되게 하시고, 기도를 통해서 주님의 무한한 능력과 신비를 체험할 수 있는 저희들이 되게 하여 주옵소서. "내 집은 만인이 기도하는 집"이라 하셨사오니, 기도가 차고 넘치는 교회가 되게 하시고, 기도의 능력과 응답이 강하게 나타나는 교회가 되게 하여 주옵소서.

이 시간 주님께 기도하면서, 행여 경박한 기도로 주님의 마음을 아프게 하는 일이 없도록 저희의 중심과 입술을 성령의 능력으로 붙들어 주시기를 원합니다. 주님의 몸 된 교회를 위하여 세움을 받은 직분

자들도 기도의 종이 되게 하심으로, 불꽃처럼 살 수 있는 종들이 되게 하여 주옵소서.

기도로 말씀을 준비하셔서 단 위에 서시는 목사님을 붙드시고, 주님의 오묘하신 말씀이 증거될 수 있도록 입술을 지켜 주옵소서. 이 예배를 위하여 봉사하는 손길들에게 복 주시고, 하나님의 전에서 큰 상급을 받을 수 있도록 은혜를 더하여 주옵소서.

저희를 죄에서 구원하신 주 예수 그리스도의 이름으로 기도드립니다. 아멘.

늘어 갈수록 기도를 더 많이 하라.
그래해야 신령한 일에 냉랭해 지지 않는다.

죠지 물러

기도하는 교회가 되도록

많고 많은 사람들 중에 저희들을 구속해 주시고, 하나님 자녀로 삼아 주시고, 하늘나라의 소망을 주심을 감사드립니다.

그러나 자녀답게 살지 못함을 용서하여 주옵소서. 잘못된 저희들의 언행을 반성하게 하시고, 그리스도인으로서의 새로운 언행으로 많은 사람들에게 덕을 세우는 생활이 되게 하여 주옵소서.

이 시대를 바라볼 때 저희들은 마땅히 깨어 기도할 때이므로 나라와 민족, 교회와 가정을 위한 기도의 운동이 날마다 일어나게 하시고, 기도에 응답 많이 받는 교회로 소문나게 하여 주옵소서.

세우신 목사님을 능력의 장중에 붙들어 주시고, 건강과 성령 충만, 말씀 충만 주셔서 양떼들을 먹이기에 부족함이 없게 하시고, 수고하시는 목사님들과 전도사님들도 능력으로 붙들어 주셔서 은혜 가운데 거하게 하시고, 그 가정들 위에도 주의 평강이 넘치게 하여 주시옵소서.

어두움에 처한 백성들에게 복음을 주셨사오니, 이제부터 저희들은 복음의 빚을 갚을 수 있도록 말씀으로 충만케 하여 주셔서 주님의 지상 명령을 기쁨으로 순종하게 하여 주시옵소서.

예수님의 이름으로 감사하며 기도드립니다. 아멘.

교회의 하나 됨을 위한 기도

저희들을 죄악의 세상 가운데 버려두지 않으시고 또다시 하나님께로 불러주신 섭리와 사랑에 감사합니다. 하나님의 성호를 찬양할 수 있는 귀한 성도의 직분을 허락하신 은혜에 감사합니다. 주님의 자녀로 삼으사 저희로 하나님을 아버지라 부르게 하신 은혜에 감사합니다. 저희의 삶에 기쁨과 사랑이 넘치게 도와주옵소서. 주님만을 바라보게 하시고, 하나님이 지으신 이 산과 들이 푸르름을 더해 가는 것처럼 저희의 삶에도 희망과 사랑이 넘치게 도와주옵소서.

때때로 저희가 주님의 섭리와 계획에 순종하지 못하고, 육신이 약하고 의지가 약하여 선한 일을 이루지 못하였음을 용서하여 주옵소서.

교회의 머리가 되시는 주님! 교회를 위해서 기도드립니다. 하나님의 자녀로 이루어진 교회가 세상에서 방황하면서 인생의 무거운 짐을 지고 고통하는 심령들에게 주님이 약속하신 신령하고 기름진 복을 나눠줄 수 있게 하시고, 안식과 평안을 심어줄 수 있는 교회가 되게 하여 주옵소서. 주님의 몸 된 교회가 솔선하여 허물이 있는 곳을 치유하고, 모자란 곳을 채우며, 분열된 곳을 하나 되게 하는데 최선을 다하게 하시고, 주님의 영광을 높이 드러낼 수 있는 교회가 되게 하여 주옵소서.

주님께서 세우신 기관들마다 하나님의 섭리에 순종하여 선하신 계획을 이루게 하시고, 특별히 기관을 감당하는 기관장들 위에 하나님의 사랑과 은혜가 늘 충만하게 역사하여 주옵소서. 저희 교회가 자신을 드리신 주님의 사랑을 본받아, 하나님의 영광을 나타내기에 최선을 다할 수 있는 복된 교회가 되게 하여 주옵소서.

주님이 기뻐 받으시는 향기로운 기도를 드릴 수 있도록 인도하여 주시고, 이 시대를 향한 주님의 음성을 저희가 들을 수 있도록 지혜를 더하여 주옵소서.

예수 그리스도의 이름으로 기도드립니다. 아멘.

어려움으로부터 구원받기 위해
여러 가지 방법을 강구하는 것은 잘못된 신앙이다.
참된 신앙은 오직 한 가지 방법, 곧 필요할 때마다 하나님 앞에 나아가
지혜를 달라고 기도하는 방법만을 따른다.

데이비드 딕슨

 충성을 다짐하는 기도

거룩하신 주님! 이 시간 주님의 고난을 생각하며 감사를 드립니다. 주님의 고난과 죽음으로써 저희가 구원을 받고, 믿음으로 주 앞에 예배드릴 수 있는 특권을 주심을 감사합니다. 주님의 영이 지금도 저희들 속에서 강하게 역사하사 어리석은 것을 지혜롭게, 약한 것을 강하게, 의욕과 용기를 얻게 하여 주심을 믿습니다.

저희의 낙심함을 용서하시고 기도로 승리하신 주님을 생각하게 하심으로 기도하게 하여 주옵소서. 구습을 좇는 옛 사람을 버리고 새 사람의 거룩한 옷을 입혀 주옵소서. 이전의 것은 지나가게 하시고 새 것을 보게 하여 주옵소서. 그리하여 십자가의 신앙을 가진 자로 새롭게 살아갈 수 있도록 하옵소서.

원하옵기는, 저희 모두가 주님의 사랑을 본받아 실천할 수 있는 사랑의 본이 되게 하여 주옵소서. 말씀과 진리로 날마다 바르게 성장하게 하시며, 주님이 분부하신 전도와 선교에 힘을 다하여 실천할 수 있는 저희들이 되게 하여 주옵소서. 또한 믿음의 일이라면 주저하지 않고 할 수 있게 성령의 능력을 입혀주시고, 사랑의 수고와 봉사에 몸을 드려 실행하며, 인내로써 소망을 이루어 가는 거룩한 자녀가 되게 하옵소서.

교회의 머리되시는 주님! 주님의 몸 된 교회를 위하여 충성을 다하는 제직들을 기억하시고, 저들의 수고를 통하여 온 교회가 성령으로 충만해지고, 주님의 크신 영광이 드러나게 하여 주옵소서. 믿음의 아름다운 열매가 알알이 맺혀지는 기쁨의 역사가 있게 하옵소서.

특별히 주님의 교회가 분열이 가득한 이 사회를 성령의 하나 되게 하시는 역사로 치료할 수 있게 하옵소서. 미움과 다툼이 쉼 없이 일어나는 곳에서 주님의 사랑을 심어줌으로써 한마음 한뜻으로 하나 됨을 이룰 수 있는 역할을 감당하는 교회가 되게 하여 주옵소서.

예수님의 이름으로 기도드립니다. 아멘.

평안을 얻는 한 가지 방법은 기도로 하나님의
약속을 탄원하고, 하나님께 그 필적을 보여주는 것이다.
하나님이 그분의 말씀의 감독자이시기 때문이다.

토마스 맨톤

 용기를 구하는 기도

할렐루야! 거룩하신 하나님을 찬양합니다. 오늘도 주님의 택한 백
성들이 주님의 전에 모여 주님을 찬양할 수 있도록 하신 은혜에 감사
합니다. 이 세상의 고통스러운 현실을 생각하면 절망이지만 저희들을
붙들고 계시는 주님의 사랑을 생각할 때 샘솟는 기쁨을 감사합니다.
삶 속에서 주님이 주시는 말할 수 없는 평안의 기쁨을 맛보게 하여 주
옵소서.

의로우신 하나님! 저희의 불의함을 용서하여 주시고, 큰 믿음을 더
하여 주옵소서. 이 시간 저희들을 새롭게 하여 주사, 마음도 새롭게
하시고 저희의 삶 또한 날마다 새롭게 하여 주옵소서.

거룩하신 하나님! 이 험한 세상에서 세상 사람들에게 복음을 전할
때 강건한 믿음을 주사 낙심하지 않게 하시며, 어려운 일을 당할 때마
다 주님의 십자가를 더 굳세게 붙잡아 주셔서 조금도 흔들림이 없게
하여 주옵소서. 슬픔과 고통 중에 있는 심령들에게 위로와 평안을 허
락하사 더욱더 주님을 사모할 수 있도록 인도하여 주옵소서.

주님의 교회를 위하여 달음질하던 발걸음이 뒤쳐지지 않게 하시고,
어쩔 수 없음을 핑계삼는 식어 가는 열정들이 되지 않게 하여 주옵소
서. 이 세상에서 강함과 용기를 잃지 않게 하셔서, 늘 주님을 신뢰하

는 복된 삶을 살게 하여 주옵소서.

　말씀을 사모하여 피곤한 몸을 이끌고 주님의 전으로 달려 나온 저희들에게 이 시간도 송이 꿀보다 더 단 말씀으로 저희 심령을 가득 채우셔서, 주님의 말씀을 먹고사는 것이 인생의 최대 행복이 되게 하여 주옵소서.

　비록 이 자리에 참석한 심령은 적을지라도 주님께서 저희가 드리는 예배를 향기롭게 받아주실 줄로 믿사옵고, 거룩하신 예수님의 이름으로 기도드립니다. 아멘.

성도들이 아침 일찍, 저녁 늦게, 오랜 시간 동안 기도하지
않기에, 복음은 느린 속도로 머뭇거리며
늑장을 부리고 있다.

Ⅸ. 특별한 보살핌을 위한 대표기도문

그들이 부르기 전에 내가 응답하겠고
그들이 말을 마치기 전에 내가 들을 것이며
(사 65:24)

 ## 교회교육을 위하여

믿음을 주시는 하나님! 폭염과 무더위를 참고 이기어 비로소 약속의 절기를 얻게 하심을 감사드립니다. 인내의 결실이 이처럼 달고 보람된 것임을 깨닫게 하시고, 무엇보다도 신실한 믿음으로 하나님께 나아가도록 하옵소서.

이 시간 육신의 고통을 가지고 나아온 심령들이 있사오니 주님의 치료하시는 광선으로 치료하여 주시고, 마음의 상처를 가지고 나아온 심령들을 주님의 사랑으로 어루만져 주옵소서.

소망을 주시는 주님! 이 어려운 시대에 교회의 교육이 더욱 중요함을 깨닫습니다. 하나님의 뜻을 찾고 구현하며 행하는 교육이 되게 하시고, 어린이와 청소년과 청년의 삶을 변화시키는 교육이 되게 하여 주옵소서. 교회의 교육이 올바른 목표와 방향으로 향해 갈 수 있도록 좋은 지도자들을 세워 주시고, 그들을 통하여 이 땅에 온전한 사상과 세계관에 입각한 인물들이 꾸준히 늘어가게 하여 주옵소서.

주님! 이 시간도 저희의 따뜻한 손길을 기다리며 뜨거운 사랑을 원하고 있는 심령들이 있습니다. 저들의 기다림을 외면하지 않는 저희들이 되게 하시고, 저들의 고통과 외로움에 힘써 동참할 수 있는 사랑을 주옵소서.

오늘도 단 위에 서신 목사님 위에 함께 하사 준비하신 말씀을 힘있게 전하게 하시고, 주님의 능력이 나타나고 성령의 역사가 강하게 일어나는 시간이 되게 하여 주옵소서. 예배를 돕는 성가대와 예배위원, 봉사위원들에게도 성령 충만함을 허락하여 주옵소서.

승리하는 예배로 인도하실 줄 믿고, 예수 그리스도의 이름으로 기도드립니다. 아멘.

결코 지지 않는 한 비밀스런 저 태양은
새벽을 고대하는 사람의 마음에서 비로소 떠오른다.
기도실에서 헐떡이며 하나님을 찾는 사람은
하나님 나라의 깊숙하고 고요한 새벽의 분위기를 맛보게 된다.”

교회학교 교사를 위하여

사랑이 많으신 아버지 하나님! 저희 교회에 주일학교를 세워주시고 여러 교사들을 허락해 주셔서 감사합니다. 이 모든 것이 하나님의 은혜요 또한 하나님의 계획임을 알게 하옵소서. 먼저 모든 주일학교 기관들이 하나님의 은혜 가운데 부흥 성장하는 기관들이 되기를 기도합니다. 한 기관도 세상 닮아가지 않도록 도와주시고 말씀 중심, 복음 중심으로 성장하게 해 주옵소서.

멀티미디어 시대에 상대적으로 주일학교 시설이 위축되는 경향이 있지만, 저희는 과학적인 인간의 수단보다 하나님의 능력을 믿습니다. 세상을 좇아가기 위해 발버둥치는 주일학교가 아니라 말씀대로 가르치는 주일학교, 주님을 따라가는 주일학교가 되게 하옵소서.

또한 교사들에게 신령한 눈을 뜨게 하셔서 세상의 학문을 가르침이 아니라 하나님의 진리의 말씀을 선포하는 선지자적인 사명감을 갖게 하옵소서.

눈물로 씨를 뿌리는 자는 정녕 그 단을 거둔다고 하셨사오니, 눈물로 기도하는 교사가 되게 하시고, 정성으로 말씀의 씨앗을 심는 교사의 직분을 잘 감당하게 하옵소서.

예수님 이름으로 기도드립니다. 아멘.

# 교육기관의 발전을 위하여

하나님 아버지 감사합니다. 저희들을 사랑하셔서 영원한 복음 주시고자 이 곳에 저희 교회를 세우심을 감사합니다. 불신자들을 구원하기 위하여 저희들로 증인 삼으셨으니, 저희 교회를 구원의 방주로 부족함 없이 하여 주옵소서.

교회 모든 교육과 기관의 발전을 위하여 계획하며 기도하는 목사님과 모든 교역자들에게 주님의 은혜와 말씀과 기도의 능력이 충만케 하여 주옵소서. 각 교육기관마다 금년에 계획한 교육 목표와 전도의 목표를 넘치게 감당할 수 있도록 은총 베풀어 주시고, 온 교우가 하나가 되어서 마지막 때에 어린이나 청소년이나 장년이나 노년이나 모두 말씀으로 무장하여 익은 곡식 거두어들이는 추수꾼들이 되게 하옵소서.

저희들 주위에는 어린아이로부터 노년에 이르기까지 하나님을 모르고 믿지 않는 이들이 너무 많습니다. 저희 성도들이 말씀 교육으로 무장하여 저들을 구원하는 영혼 구조대가 되게 하옵소서.

예수님 이름으로 기도드립니다. 아멘.

# 구역(셀)을 위한 기도

상한 갈대를 꺾지 않으시며 꺼져가는 등불도 끄지 않으시는 공의의 하나님 아버지! 지난 5일 동안도 주님의 보호 아래 잘 지내게 하시고, 이렇게 구역(셀)식구들이 주님 앞에 모여 예배하게 하시니 감사합니다.

입술로는 주님의 이름을 찬양하며, 주님께 모든 것을 바친다고 하면서도, 주님의 이름을 망령되이 일컫고, 모든 것을 제 마음의 소견대로 행하는 가증스런 저희들을 용서하여 주옵소서. 성령께서 저희 마음을 깨끗하게 하시고, 정결한 맘으로 주님을 모실 수 있도록 은혜 내려 주옵소서.

주님! 저희 구역(셀) 식구들이 모이기에 힘쓰며, 기도에 힘쓰며, 전도에 힘씀으로 주님의 뜻을 이루어 나가는 구역이 되게 하여 주옵소서. 다른 구역의 본이 되게 하시고, 교회와 세상에 덕을 끼치는 구역이 되도록 주님의 능력의 오른 팔로 붙들어 주옵소서.

또한 저희 구역 식구들에게 은총을 내려주셔서, 주님 안에서 평안을 누리며, 세상의 일로 어려움 당하는 일이 없도록 지켜주옵소서. 아픈 식구는 치유하여 주시고, 문제가 있는 가정은 문제의 해결을 허락해 주옵소서.

또한 저희 구역을 위해 항상 애쓰며 늘 기도하는 구역장에게 힘주시고, 피곤치 않게 도와주옵소서. 주님을 사모하는 마음이 날마다 더하게 하여 주옵소서.

예배드리는 가정에도 주님 함께하여 주셔서 어려움이 없는 평안한 가정이 되게 하시며, 물질의 복도 허락하여 주시고, 모든 일들이 형통하게 하여 주옵소서.

우리 주 예수 그리스도의 이름으로 기도드립니다. 아멘.

선교사를 위한 기도 1

황무지 같은 이 땅 위에 복음의 씨앗을 뿌려 주시고, 교회를 세우시고 구원의 역사로 열매 맺게 하시니 감사와 찬송을 드립니다. 주님께서 저희들을 위하여 당하신 십자가의 고통을 생각하며 복음의 동역자가 될 수 있도록 은혜를 주옵소서.

저희들은 작은 십자가도 지기 싫어서 회피하고 다가서지 않았던 지난날을 회개합니다. 찬송과 기도로 성령의 은혜와 도우심을 간구하는 심령 위에 흡족한 은혜를 베풀어 주옵소서. 예배 중에 임하시는 주님의 은혜가 생수같이 흐르게 하여 주옵소서.

선교사역을 주관하시는 하나님! 이 땅 위에 흩어져 주님 나라의 확장을 위해 헌신하시는 많은 선교사님들을 위해서 기도드립니다. 오늘 저희들이 일일이 선교 현장에는 동참하지 못한다 할지라도 눈물의 기도와 물질로 그 분들과 동역하게 하시며, 주님의 나라가 이 땅에 이루어지기까지 이 같은 관심과 열정이 식어지지 않게 하옵소서. 가까운 이웃에게도 주님의 사랑을 증거할 수 있는 저희들이 되게 하여 주옵소서.

예수 그리스도의 이름으로 기도드립니다. 아멘.

선교사를 위한 기도 2

사랑의 하나님! 모든 인류의 소망이 되시는 주님께서 부족한 저희들에게 각각의 능력과 달란트대로 해야 할 일을 주셨음을 감사드립니다.

땅 끝까지 이르러 내 증인이 되라고 하신 주님의 말씀을 듣고 다른 기후와 음식, 토양에서 어려운 환경을 극복하며 주님의 일을 하고 있는 선교사들을 위해 이 시간 기도합니다. 그들에게 더욱더 영육 간에 강건한 힘을 더하여 주시고, 그들의 가정에 복 내려 주시고, 함께하여 주시옵소서.

각각 그 나라의 방언에 익숙해져 그들과 대화하며 그들을 이해하는데 언어의 장벽이 없게 도와주시옵소서. 주님의 말씀을 전파할 때 주님의 능력과 기사로써 오지의 많은 사람들이 주님의 살아 계심을 느끼고 주님을 믿게 하옵소서. 더욱이 이런 일들을 위해 물질적으로 어려움이 없도록 돕는 손길이 끊이지 않게 하시고, 돕는 손길들 위에 복 내려 주옵소서.

저들의 어려움을 아시는 능력의 주님! 오지에서의 모든 애로사항을 타개하여 주시고, 복음전파의 능력을 주시고 영적인 지혜와 권세를 충만히 부어 주셔서 각각의 임지에서 맡겨진 사명을 부족함 없이 잘 감당하게 도와주옵소서.

예수님의 이름으로 기도합니다. 아멘.

 태신자를 위한 기도

아버지 하나님! 이 시간 태신자를 위하여 기도합니다.

누구나 복중에 어린 아이를 잉태하면 기뻐하며 축하하듯이, 우리 마음에 새 생명을 꿈꾸며 태중에 간직함을 기뻐합니다. 열 달 동안 조심하여 건강한 아이를 해산하듯이, 천하보다 더 귀한 '거듭난 새 생명'을 마침내 해산할 수 있도록 주님 도와주옵소서.

성령께서 태신자의 마음과 삶에 역사하셔서 구원에 이르는 부드러운 마음 밭으로 준비되게 하옵소서. 태신자의 마음을 감동하시어 영생을 갈망하게 하옵소서. 저와 만나는 모든 과정들을 통해 저의 마음이 열려 예수님을 구주로 영접하는 역사가 일어나게 하시고, 교회와 예수님의 사랑을 느끼게 하옵소서.

교회는 그리스도의 사랑으로 보살피며, 아름다운 교제가 생활 속에서 열매로 나타나게 하시며, 보다 넓은 마음으로 용납하며 소망으로 인내하며 믿음의 역사를 이루게 하소서.

그들과 교제하며, 자신이 가진 믿음에 덕을 세우며, 주님의 교회 안에서 함께 봉사의 일을 하게 하는 성숙함을 보여주는 성도들이 되게 하옵소서. 우리 모두가 하나님의 형제자매이며 한 가족임을 알게 하옵소서.

예수님의 이름으로 기도드립니다. 아멘.

 새신자를 위한 기도

한 생명을 귀히 여기시는 하나님! 오늘 우리 교회학교에 새로 나온 친구가 있습니다. 기뻐 받아 주옵소서.

주님을 믿기로 작정한 사랑하는 00이에게 성령의 은혜를 충만하게 주시고, 영혼이 거듭나게 하시고, 하나님의 진리를 깊이 깨닫게 하옵소서.

이제부터는 주님만 사랑하고, 하나님께 영광을 돌리는 생활을 할 수 있게 하시며, 00이의 가정에도 함께하시고, 부모님이 하시는 모든 일들이 잘되게 하여 주옵소서. 00이를 통하여 온 가족이 하나님을 섬기는 역사가 일어나게 하옵소서.

00이가 공부할 때에도 지혜와 총명을 주셔서 공부 잘하게 하시고, 다른 친구들에게도 모범이 되게 하옵소서. 00이의 앞길을 주님께서 인도하여 주옵소서.

00이의 믿음이 날로 성장하여, 나중 된 자가 먼저 되게 하시는 우리 주님의 능력을 체험할 수 있게 하시고, 주님의 교회를 위해서도 귀하게 쓰임 받는 일꾼이 되게 하여 주옵소서.

예수님의 이름으로 기도드립니다. 아멘.

 해외에 있는 이들을 위한 기도

사랑의 하나님, 이 시간에는 해외에 나가 있는 이들을 위해서 기도합니다.

우선 학업과 미래의 꿈을 이루기 위해 타국에서 공부하는 유학생들을 위해 기도합니다. 그들의 최종 목적이 학업이 아니라 그 수단들을 통해 하나님께 영광을 돌리는 것임을 기억케 하옵소서. 함께 공부하는 타민족 학생들에게 유학생들을 통해 그리스도를 영접하는 기회를 날마다 허락하여 주시길 원합니다. 공부하는 데 있어서 지혜를 주셔서 머리가 될지언정 꼬리가 되지 않게 하시고, 강건한 체력을 허락하사 원하는 기간 내에 학업을 마칠 수 있도록 인도하여 주옵소서.

또한 회사의 필요에 의해 해외에서 근무하는 지체들을 위해 기도합니다. 현지의 기업 환경이나 비즈니스 문화의 차이로 인해 어려움을 겪지 않게 하여 주옵소서. 날마다 말씀을 통해 지혜를 얻게 하사, 현지에서도 인정받는 자들로 세워주시길 기도합니다.

또한 이들을 보내고 노심초사하는 고국의 가족들에게도 평안을 허락하옵소서. 그래서 걱정보다는 기도로 그들을 중보하게 하옵소서. 저희들이 어디 있든 저희들과 함께 하겠다고 약속하신 그리스도 예수님의 이름으로 기도합니다. 아멘.

아픈 이를 위한 기도 1

우리를 긍휼히 여기시는 하나님! 언제나 은혜와 사랑으로 우리를 감싸주시는 아버지 하나님께 감사와 찬양을 드립니다.

원하는 것은, 000씨가 (   )이 아픈 중에 있사오니, 질병과 싸워 이길 수 있는 담대한 믿음을 주시고, 건강을 회복하여 더욱 하나님께 충성하며 봉사할 수 있는 은혜를 허락하여 주옵소서.

000씨의 가족들에게도 힘을 주시고, 위하여 기도할 때 들어 응답하여 주옵소서. 이 시간 예배를 통하여 치료의 역사가 임하옵소서.

저희들에게도 질병이 틈타지 못하도록 보호하여 주시고, 새 힘과 능력을 허락하셔서 교회와 학업에 열심을 다하게 하시고, 더욱 풍성한 성령의 열매를 맺는 생활이 되게 하옵소서.

저희들의 마음이 항상 주님의 말씀과 사랑으로 가득 차게 하시고, 주님의 지체로서 건강하게 성장할 수 있게 하시며, 서로 합력하여 선을 이루게 하옵소서.

주님의 말씀대로 살 때에 저희들과 동행하여 주시고, 온전한 믿음 생활을 할 수 있도록 성령님께서 인도하여 주옵소서.

예수님의 이름으로 기도드립니다. 아멘.

여호와 라파, 치료의 하나님! 지금 병환 중에서 고통당하는 OO씨를 위해 기도드립니다. OOO씨가 (   )병으로 말미암아 심히 고통하고 있사오니, 전능하신 주님의 능력을 허락하사 치료의 빛을 비추어 주시고, 속히 나음을 주옵소서.

이 땅에 오셔서 인간의 모든 질병을 대신 짊어지셨으며, 온갖 병과 약한 것을 친히 치유해 주셨던 주님, 지금 이 곳에 오셔서 OOO씨의 아픈 곳을 어루만져 고쳐 주옵소서. 더욱 강한 믿음을 허락하시고, 믿음으로 승리하게 하옵소서. 그리하여 OOO씨가 더욱 주님만 사랑하며, 주님께 더 가까이 나아가게 해 주옵소서.

결코 염려나 낙심하는 마음을 갖지 않게 성령으로 지켜 주시고, 부정적인 마음은 사탄이 주는 것임을 깨달아 물리치게 해 주옵소서. 담당 의사에게도 함께 하시고, 실수 없이 진단하고 치료하게 하옵소서.

OOO씨의 가족들에게도 함께 하시고, 위로하여 주시며, 믿음으로 주님께 맡기고 기도하게 하옵소서. 주님께서 고쳐주실 것을 믿으며 예수님의 이름으로 기도드립니다. 아멘.

하늘에 계신 우리 아버지, OOO씨를 위하여 기도드립니다.

OOO씨가 (   )병에 걸려 고통하고 있사오니, 오셔서 병마를 몰아내어 주시고, 질병과 질고로부터 자유하게 하시고, 주님을 노래하게 하옵소서. 저를 향하신 하나님의 뜻을 이루사, 그 영혼의 즐거움을 알게 하시고, 질병에서 놓임을 받게 하옵소서. 하나님의 보배로운 백성된 것을 감격하여 찬미하게 하옵소서.

예수님께서 십자가를 지실 때 죄와 죽음과 질병의 고통도 지고 가셨나이다. OOO씨가 주님의 십자가를 바라보게 하시고, 새 힘을 얻게 하옵소서. 혹시 회개하지 못한 죄가 있을지라도 용서하시고, 사죄와 자유함의 은혜를 주옵소서.

OOO씨가 질병 중에 시험에 들지 말게 하시고, 주님을 찬양하는 굳은 믿음으로 끝까지 싸워 승리하게 하시고, 악한 질고에서 건져 주옵소서.

나라와 권세와 영광이 주님께 있사오니, 주님 영광을 받으시옵시고 예수 그리스도의 이름으로 기도드립니다. 아멘.

 **투병환자 위한 기도**

만병의 의사되시며 사람의 영혼을 천하보다 귀히 여기시는 하나님께 간절히 기도합니다.

(간경화와 당뇨합병증)으로 고통 받는 (　　　)씨를 고쳐 주옵소서. 38년된 환자도 일으켜 세우신 주님, (간경화) 진행과 배에 복수가 차는 것을 중단시켜 주옵소서.

(간디스토마)를 죽여주시고, 간 기능이 활성화 되게끔 간세포를 새롭게 하여 주옵소서. 기도 외에는 이런 유가 나갈 수 없다고 하신 주님, 주님의 치료와 구원 외에는 아무런 대책이 없음을 고백하오니, 도와주옵소서.

무엇보다도 (　　　)씨의 병수발을 하는 가족들에게 힘을 주시고, 모든 것을 주님께 맡기고 기도하는 식구들이 되게 하여 주옵소서.

병원에서 수고하는 의사와 간호사, 그리고 봉사자들에게도 은혜를 주시고, 주님의 사랑으로 환자들을 잘 돌아보게 하옵소서.

우리를 구원하신 예수님 이름으로 간절히 기도드립니다. 아멘.

 수술 받는 이를 위한 기도

치료의 하나님, 00수술을 받는 000씨를 돌보아 주옵소서.

"너희는 마음에 근심하지 말라 하나님을 믿으니 또 나를 믿으라"고 하신 예수님의 말씀을 기억하게 하시고, 걱정과 근심과 두려움과 의심 대신에 믿음으로 그들의 마음이 채워지게 하옵소서.

그를 위해 수고하는 의사와 간호사와 돌보는 가족과 믿음의 형제자매들에게 복 주시고, 의사들에게 명철과 지혜를 허락하셔서 아픈 곳을 분명이 진찰하여 잘못된 부분을 깨끗이 제거하는데 실수함이 없게 하옵소서. 저들의 손을 우리 주님의 능력의 손으로 잡아 주시고, 수술을 하는 동안 손이 떨리지 않게 하시며, 저들에게 믿음을 주옵소서.

저들이 창조주 하나님이 계심을 믿게 하시고, 제한된 능력 위에 하나님의 무한하신 능력이 있음을 믿게 하시며, 하나님은 모든 것을 하실 수 있음을 믿고 최선을 다하게 하옵소서.

수술을 시작할 때부터 회복이 되어 온전해지기까지 치료의 광선을 발해 주시고, 병에서 온전히 나음을 얻고, 건강을 회복하여 하나님의 영광을 위해 더 열심히 살게 하옵소서.

만병의 의사가 되신 우리 주 예수님의 이름으로 기도드립니다. 아멘.

 방황하는 사람을 위한 기도

진리이신 하나님! 오늘 방황하는 000씨를 위해 기도드리오니, 그에게 필요한 은혜를 베풀어주옵소서. (   )으로 인하여 주님 곁을 떠나서 방황하고 있습니다.

000씨가 주님 품에 머무르는 것은 사는 것이고, 주님을 떠나는 것은 죽음임을 깨닫고, 속히 주님께로 돌아올 수 있도록 은혜를 베풀어주옵소서.

000씨를 잘 돌아보지 못하고, 위하여 항상 기도하지 못한 것 용서하여 주옵소서. 이제부터는 더욱 000씨를 위하여 기도하며 사랑할 수 있도록 도와주옵소서. 이 세상을 살아가는 동안 서로 돕고 위로하며 함께 주님을 섬기는 아름다운 우정을 가꾸게 도와주옵소서.

성령님 저희와 늘 함께 하셔서 서로가 서로에게 기쁨이 되며, 든든한 지지자가 되며, 위로자가 되옵소서.

예수님의 이름으로 기도드립니다. 아멘.

고통 중에 있는 사람을 위한 기도

위로자 되시는 하나님 아버지! OOO씨가 (   ) 때문에 마음이 많이 아픕니다. 자신의 환경과 처지를 원망하며, 자기 올무에 걸려서 헤어나지 못하고 있습니다. OOO씨의 마음을 어루만져 주시고, 좀 더 긍정적인 시각으로 자신과 환경을 바라볼 수 있도록 도와주옵소서.

성령님께서 OOO씨의 마음에 오셔서 위로하여 주시고, 용기를 주옵소서. OOO씨가 당하는 고통을 속히 제하여 주옵소서. 지금 당하는 모든 것들이 오히려 큰 힘이 되게 하시고, 믿음이 자라고 교우들과 함께 열심히 기도하며, 하나님께 찬양하는 하나님의 귀한 자녀로 살아가게 힘을 주옵소서.

예수님의 이름으로 기도드립니다. 아멘.

 갈등을 해결을 위한 기도

저의 모든 사정을 아시며, 가장 좋은 길로 인도하시는 하나님 아버지! 이 시간 제가 당하는 고통을 살펴 주시고, 문제를 해결해 주시기를 간구합니다.

고통이 심하여 마음의 상처는 점점 깊어 가고, 마음은 무너져 일어설 기력을 잃었습니다. 상황은 점점 악화되고, 오해와 불신의 골은 점점 깊어만 갑니다. 주여, 도와주옵소서. 이 혼란과 갈등 속에서 나를 속히 건져 주옵소서.

하나님 아버지! 남의 허물과 잘못을 먼저 지적하기보다는, 저의 잘못을 먼저 보게 하옵소서. 저를 비판하고 무시한 사람을 향해 똑같은 말로 저주하고 비난하지 않게 하옵소서. 저에게 욕하는 사람을 불쌍히 여기고 기도하게 하옵소서. 악으로 악을 갚지 않고 선으로 악을 갚을 수 있는 용기를 주옵소서.

모든 것을 합력하여 선을 이루시는 하나님을 온전히 믿사오며, 갈등과 고통을 선하게 해결해 주실 주님을 찬양합니다.

예수님의 이름으로 기도드립니다. 아멘.

수험생을 위한 기도 1

우리 인간의 삶을 섭리하시며, 보살펴 주시는 아버지 하나님! 크고 넓으신 사랑에 감사드립니다.

이제 시험을 치르게 된 00으로 하여금 당황하여 실수하는 일이 없도록 은총을 내려 주옵소서. 이 시험을 통하여 하나님의 사랑을 깊이 깨닫는 기회가 되게 하여 주옵소서.

사랑의 주님! 00으로 하여금 자기 자신의 노력과 재능만을 의지하고 시험에 임하는 어리석음을 범하지 않게 하여 주시고, 자신이 할 수 있는 데까지 힘쓰고, 부족함은 하나님의 은총을 기다리는 믿음을 주옵소서. 하나님께서 지혜를 주셔야만 아는 지식이라도 바르게 쓸 수 있사오니, 00이를 도와주옵소서.

부정직한 방법은 생각하지 않게 하시고, 이번 시험으로 신앙과 생활에 걸림돌이 되는 일이 없도록 하시며, 시험장에 들어갈 때 주님이 동행하심을 믿게 하시고, 시험의 답안을 작성할 때는 기도하며 실수하지 않도록 지켜 주옵소서.

지혜의 원천이신 아버지 하나님! 00이의 마음을 지혜로써 비추어 주시고, 기억을 새롭게 하옵소서.

예수 그리스도의 이름으로 기도드립니다. 아멘.

수험생을 위한 기도 2

지혜의 근본이신 하나님 아버지! 사랑하는 00이가 이제 수능시험을 치루고자 합니다. 하나님 지혜를 허락하여 주옵소서.

세상의 모든 지식을 얻는다고 하여도 하나님을 아는 지식이 없으면 아무 소용이 없음을 고백하오니, 우리 00이가 입시 준비 때문에 바쁘다는 이유로 말씀을 멀리 하지 않게 하시고, 말씀을 통해 새 힘을 얻을 수 있게 하옵소서. 먼저 하나님의 은혜를 사모하며, 하나님의 말씀을 읽고 깨닫게 하시고, 말씀 가운데 지혜를 얻을 수 있도록 하옵소서.

하나님을 아는 지혜가 깊어지고 충만할수록 학업을 함에도 동일한 지혜를 허락하여 주시고, 공부를 잘하여서 하나님께 영광을 돌리는 귀한 자녀가 되게 하옵소서.

이제 얼마 있지 않아서 저희의 자녀들이 대학입시라는 큰 관문을 통과해야 하는 시기에 와 있습니다. 그 동안 꾸준히 인내하며 학업에 전념하며 힘써온 시험 준비가 헛되지 않게 하시고, 기쁨의 열매를 맺을 수 있도록 함께 하옵소서. 성실하게 공부해 온 학생들에게 평강과 담대함을 허락하시고, 마지막까지 최선을 다하게 하여 주옵소서.

지금까지 애쓰고 고생한 수험기간이 헛되지 않도록 시험치는 시간에도 주님께서 동행하여 주시고, 배우고 익힌 모든 것을 생생하게 기억하게 하옵소서.

우리 00이가 세상의 지혜와 지식을 감당할 만한 영성을 허락하시고, 아름다운 성품을 허락해 주옵소서. 이 다음에 세상에 나갔을 때, 어디에서 무엇을 하든지 하나님이 함께하셔서 승리하는 삶을 살게 하옵소서.

지혜이신 예수 그리스도의 이름으로 기도드립니다. 아멘.

수험생을 위한 기도 3

지혜이신 아버지 하나님! 우리 아이들이 (중간고사, 기말고사, 수능)을 준비하는 중에 있습니다. 우리 아이들에게 지혜와 명철을 허락하여 주옵소서.

학교 공부와 시험 준비 등으로 매일 힘들고 어려운 가운데 있지만, 하나님 지치지 않도록 도와주시고, 건강을 지켜 주옵소서. 비록 머리가 명석하지 못하고 실력은 부족하오나, 열심히 공부하고 최선을 다하고 있사오니, 하나님께서 도와주셔서 좋은 성적을 얻게 하여 주옵소서. 그 동안 배우고 공부했던 것들을 최대한 발휘할 수 있게 하옵소서.

1등, 2등이 목표가 아니며, 좋은 성적을 받는 것만이 목표가 되지 않도록 하시고, 입시 때문에 마지못해 공부하지 않도록 하시며, 하나님이 주신 재능과 지혜를 다하여 하나님의 일꾼으로 자라는데 필요한 지식을 얻을 수 있도록 도와주옵소서.

항상 공부하기 전과 시험을 치르기 전에 하나님의 도우심을 구하는 기도를 드리게 하시고, 시험을 통해서 배우고 공부한 것을 확인하는 시간이 되며, 자신의 실력을 정당하게 평가받는 시간이 되게 하옵소서. 언제나 하나님께 귀하게 쓰임 받는 일꾼으로 인도하여 주옵소서.

예수 그리스도의 이름으로 기도드립니다. 아멘.

 ## 소외된 자들을 위한 기도

이 세상에서 빛과 소금의 역할을 감당할 수 있도록 역사하시는 성부, 성자, 성령 하나님께 영광 돌리며 그 은혜에 감사합니다.

우리 주위에는 소년 소녀 가장들과 무의탁 노인, 그리고 고아들이 많이 있습니다. 이 외에도 정부나 사회단체로부터, 그리고 가정으로부터 소외된 사람들이 너무 많습니다. 이런 현실을 볼 때 제사장과 레위인처럼 고개를 돌리지 않게 하시고, 사마리아인처럼 가까이 다가가서 따뜻한 마음과 사랑을 나눌 수 있는 저희들이 되게 해 주옵소서.

소외된 심령들에게 소망을 주셔서 현재의 삶을 비관해서 좌절하지 않게 하시고, 낙심하여 절망에 이르지 않게 하옵소서. 좌절하기 전에, 낙심하기 전에, 절망하기 전에 먼저 창조주이신 하나님을 찾을 수 있는 지혜를 주시기를 원합니다. 또한 앞에 가로막혀 있는 걸림돌을 디딤돌로 만들 수 있는 삶의 지혜도 함께 주옵소서.

현재 처해 있는 고난과 역경의 삶을 단련의 기회로 여기며, 하나님의 뜻이 이루어지기를 겸손한 마음으로 참고 기다리며 기도하는 영혼들이 되게 해 주옵소서.

주님이 친히 저희들의 목자가 되셔서 푸른 초장과 쉴 만한 물가로 인도해 주옵소서.

예수님의 이름으로 기도합니다. 아멘.

가난한 이들을 위한 기도 1

사랑과 은혜가 풍성하시며 언제나 저희들에게 복 주시기를 원하시는 거룩하신 하나님 아버지, 은혜에 감사드립니다.

이 세상에 많은 사람들 가운데 육신적으로 헐벗고 굶주린 자들이 있습니다. 그들을 불쌍히 여기시고 긍휼히 여겨 주옵소서. 부모 잃고 아픈 가슴을 가지고 살아가는 어린 소년소녀 가장들에게 힘을 주옵소서. 먼저 예수님을 영접하게 하시고 주님에게 향하는 마음을 가질 수 있도록 도와주옵소서. 모든 생활이 궁핍한 중에 있사오니 주님께서 그들을 늘 지켜 주시고 넉넉하게 채워 주시기를 원합니다.

저희들이 그들을 위해 해야 할 일을 구체적으로 깨닫게 하옵소서. 먼저 그들을 위하여 눈물로 기도하게 하시고, 저희들이 할 수 있는 작은 일부터 행동으로 옮기며, 그들에게 예수님의 이름으로 선행을 베풀게 하옵소서.

주님이 도와주시지 아니하시면 이 모든 일을 감당할 수 없사오니, 주님이 동행하여 주시고 이루어 나갈 수 있는 은혜를 내려 주옵소서.

저들의 참된 이웃이 되시는 주 예수 그리스도의 이름으로 감사하며 기도드립니다. 아멘.

# 가난한 이들을 위한 기도 2

고아와 과부와 가난한 자들의 벗이 되시는 하나님 아버지! 이 땅에는 불편한 몸을 갖고 힘들게 살아가는 사람들이 많이 있습니다. 먼저 선천적인 불편함을 갖고 사는 사람들의 마음을 위로해 주옵소서. 그들의 불편함 때문에 일어날 수 있는 원망이 사라지게 하옵소서. 그리고 뜻하지 않은 사고로 지체 부자유함을 겪는 이들의 아픔을 나의 아픔으로 받아들이게 하옵소서. 그들에게 하나님의 사랑을 전하기 원합니다.

그리고 부모 없는 슬픔을 누르고 살아가는 어린 고아들과 그들을 돌보는 고아원을 위해 기도합니다. 먼저 어린 마음들을 위로하여 주시고, 그들에게 담대함을 주셔서 자신의 인생을 힘 있게 개척해 나가게 하옵소서, 또한 연로하신 분들을 돌보는 양로원을 위해 기도합니다. 맡은 자들이 사랑으로 섬기며 성실하게 자신의 사명을 감당하게 하옵소서.

저희들 믿는 모든 성도들에게 이 시간 성령 하나님께서 역사하셔서 그리스도의 사랑을 깨닫게 하시며, 저희들도 그 사랑 본받아 선한 삶을 살게 하옵소서. 소외된 자들의 참된 이웃이 되게 하옵소서.

예수님의 이름으로 기도합니다. 아멘.

 **배우자를 구하는 기도**

하나님 아버지! 이삭을 위해 리브가를, 룻을 위해 보아스를 예비해 놓으셨던 것처럼, 저에게 가장 좋은 사람을 준비해 놓으신 것을 압니다. 제게도 좋은 배우자를 허락하여 주옵소서.

제가 만날 그 사람을 아프게 할 수 있는 저의 모난 부분들이 깎이게 하여 주시고, 그 사람을 진정 주님의 사랑으로 섬길 수 있도록 하옵소서.

제 안에 있는 교만을 버리고, 그 앞에서 진정 낮아질 수 있게 하시고, 한평생 그만을 사랑하고, 그를 위해 살아가는 사랑이 제 안에 영원히 있게 하옵소서. 바라옵기는, 저보다는 하나님을 더 사랑하는 사람을 허락하옵소서.

하나님 아버지! 험한 세상 가운데 살다가 지칠 때 서로 위로할 수 있는 상대가 되며, 세상 가운데서 가장 신뢰하고 함께 해주는 한 사람이 있다는 사실로 인하여 새 힘을 얻는 배우자를 허락하여 주옵소서.

둘이 가정을 이루어 더욱 하나님을 사랑하게 하시고, 아름다운 가정과 세상을 만들어 가도록 하옵소서.

예수님의 이름으로 기도드립니다. 아멘.

임신한 가정을 위한 기도

시 115:4 "여호와께서 너희 곧 너희와 또 너희 자손을 더욱 번창케 하시기를 원하노라.

시 27:3 자식은 여호와의 주신 기업이요 태의 열매는 그의 상급이로다".

모든 생명의 창조주 되시는 하나님 아버지! 오늘 이 시간 새로운 생명을 창조하신 하나님께 영광과 찬양을 드립니다.

하나님의 뜻하신 바가 있어서 이 가정에 새 생명을 잉태케 하셨사오니, 허락하신 생명을 사랑해 주시고, 세상에 나오는 날까지 산모와 태아를 강건하게 지켜 주옵소서.

특별히 생명을 잉태한 부모에게 은혜를 더하여 주셔서 생명을 키워가는데 부족함이 없도록 하여 주옵소서. 새 생명이 탄생하는 기쁨을 누릴 수 있는 그 시간까지 하나님의 말씀을 사모하면서 항상 아름다운 뜻을 품고 생활하게 하시고, 선한 성품을 가진 아이가 이 땅에 태어날 수 있도록 인도하여 주옵소서.

이제 부모들로 하여금 하나님께서 양육하도록 위탁하신 새 생명을 잘 양육할 수 있는 마음의 준비를 잘 하여서 이 시대에 필요한 인물로 키우기에 부족함이 없도록 인도하여 주옵소서.

예수 그리스도의 이름으로 기도드립니다. 아멘.

온 세상 만물의 창조주이신 하나님! 이 가정에 귀한 새 생명을 허락해 주심을 감사드립니다.

하나님의 계획 중에 새로운 생명이 이 가정에 허락된 줄로 믿사오니, 이제 아기의 부모에게 더 큰 믿음을 허락하셔서 사랑스러운 아기를 하나님의 뜻과 법도로 양육할 수 있도록 은혜를 베풀어 주옵소서. 새 생명을 통해서 하나님의 영광이 더욱 크게 나타나고, 이 가정과 부모에게 복이 되게 하옵소서.

하나님 아버지! 그 동안 새 생명을 잉태하고 온 정성을 다해 몸 안에서 기르다가 해산에 이르는 수고를 아끼지 않은 산모의 몸과 마음이 회복되도록 도와주옵소서. 특별히 새 생명이 자라는 동안에 모든 악한 것들과 질병들의 공격으로부터 막아 주옵소서.

몸만이 아니라 지혜와 믿음도 날마다 커갈 수 있도록 인도하여 주시고, 이 시대 이 나라에 꼭 필요한 큰 인물로 자랄 수 있게 하옵소서. 세상 살아가는 동안 하나님의 뜻을 잘 분별하고, 부모에게 순종하며, 형제간에 우애하며, 하나님과 사람 앞에서 인정받는 아이가 되게 하여 주옵소서.

예수 그리스도의 이름으로 간절히 기도드립니다. 아멘.

 **식탁에서의 기도**

사랑의 하나님 아버지! 오늘도 저희에게 때를 따라 일용할 양식을 주셔서 감사합니다. 이 식탁에 함께 둘러앉은 우리 모두에게 하나님께서 주신 음식을 먹고 마심으로 인하여 육신이 강건하여지고, 우리의 삶이 더욱 풍성해지는 은혜를 더하여 주옵소서.

특별히 이 음식을 준비하기 위해서 땀 흘리며 수고한 많은 사람들에게 복을 내려 주시고, 주님이 허락하신 이 음식을 먹고 힘을 얻어 주님 나라의 영광만을 위해서 사는 저희들이 되게 하옵소서.

지금 이 시간에도 양식이 없어서 굶주리며 고통당하는 사람들을 기억하여 주시고, 주님께서 속히 그 어려움을 해결할 수 있도록 은혜를 베풀어 주옵소서.

오늘 하루도 주신 음식에 부끄럽지 않는 삶을 살며, 이 식탁에 복 내려 주시기를 원하오며, 예수님의 이름으로 기도드립니다. 아멘.

 이사한 가정에서의 기도

살아계신 하나님 아버지! 새로운 장막으로 이사하게 하여 주시니 감사드립니다.

"사랑하는 자여 네 영혼이 잘됨" 같이, 새로운 장막에서 하나님께 예배와 기도를 늘 드리게 하시며, 이 장막에서의 삶이 서로가 소중하게 생각하여 하나님의 은혜와 사랑이 가득 차고 넘쳐서 예수의 향기를 나타내는 가정이 되게 하옵소서.

"네가 범사에 잘됨" 같이, 기도할 때마다 가정 문제, 자녀 문제, 사업 문제, 직장 문제들이 다 해결되게 하시고, 이 가정에서 하는 모든 일 마다 복되며, 삶 속에서 풍성한 열매 맺는 복을 허락하여 주옵소서. 자녀들의 앞길이 활짝 열려 하나님과 사람 앞에서 존귀함을 받게 하옵소서.

"들어와도 나가도 복을 받을 것이라" 약속하셨으니, 이 가정이 하나님의 말씀에 순종함으로 복을 받아 누리는 가정이 되게 하옵소서.

예수 그리스도의 이름으로 기도드립니다. 아멘.

 ## 개업한 가정에서의 기도

살아계신 하나님! 오늘 이 가정이 하나님이 주신 새로운 사업을 시작하면서, 먼저 하나님께 감사 예배를 드리게 하시니 감사드립니다.

이 사업을 할 수 있도록 지혜를 주심을 감사드립니다. 많은 사람들이 이 기업을 위해 축복하며 기도하게 하옵소서.

하나님께서 친히 도우사 이 가정의 사업이 날로 번창하게 하여 주옵소서. 이 사업을 통하여 아름답게 세워지고 쓰임 받게 하옵소서.

이 사업을 경영하는 동안 세상의 방법과 자신의 경험과 실력보다는 하나님을 더 의지하게 하시고, 항상 이 사업을 이끌고 계시는 하나님의 능력을 체험하는 경영이 되게 하여 주옵소서.

이 사업이 확장되는 복을 주시고, 이 일을 통하여 하나님의 나라가 확장되는 일에 더욱 앞장서는 가정과 사업장이 되도록 복 주옵소서.

예수 그리스도의 이름으로 기도드립니다. 아멘.

 자녀를 축복하는 기도

사랑하는 아들(딸) (   )을 위하여 예수 그리스도의 이름으로 축복하며 기도합니다.

하나님은 (   )이의 삶을 통해 새로운 일을 행하시기를 준비하고 계심을 믿습니다. (   )이는 하나님의 사랑을 받으며, 큰 비전을 품고 나아가는 하나님의 복된 자녀입니다.

하나님이 (   )이의 발걸음을 인도해 주시고, 하나님의 은혜로 (   )이를 항상 채워 주옵소서. 하나님의 선하심과 인자하심이 소망을 이루시는 하나님이 늘 함께하여 주옵소서.

하나님의 은혜로 (   )이에게 기회의 문이 열리고, 하나님의 은혜로 (   )이에게 성공이 다가오며, 하나님의 은혜로 모든 사람들이 (   )이를 신뢰하고 돕게 하옵소서. 하나님이 주시는 놀라운 능력으로 무한한 능력을 펼치는 큰 일꾼이 되게 하옵소서.

예수님의 이름으로 축복하며 기도합니다. 아멘.

 가정을 위한 기도

사랑이신 하나님! 우리를 한자리에 불러 주심에 감사드립니다. 늘 우리와 함께하시고자 기다리시는 주님께 마음을 활짝 열어 참 생명의 말씀을 듣게 하옵소서.

저마다의 길을 걸어온 우리들이 욕심과 이기주의의 벽을 허물고, 슬픔과 기쁨을 함께 나누며, 주님께 의탁하는 믿음으로, 주님만을 바라는 희망으로 주님과 하나되는 사랑으로 덕을 실천하는 가족이 되게 하옵소서.

사랑이신 아버지! 가족이라는 든든한 울타리를 주셨으니 감사드립니다. 가족 한 사람 한 사람은 무엇보다도 하나님 사랑의 선물입니다. 가족을 통하여 사랑이 무엇인지를 가르쳐 주시고, 사랑하는 법을 알려 주시고, 더 큰 사랑의 길로 인도하여 주시니 감사합니다.

저희 가족 한 사람 한 사람이 서로 아끼면서 사랑하게 하시며, 어려움은 서로 나누어서 반으로 줄게 하시고, 기쁨은 나누어서 배로 늘게 하시어, 평화로운 가정이 되게 하옵소서. 하나 되어 날마다 주님께 영광드리는 아름다운 가정이 되게 하옵소서.

예수 그리스도의 이름으로 기도드립니다. 아멘.

 **부모를 위한 기도**

사랑이신 하나님! 저에게 좋은 부모를 주시고, 부모님을 통하여 저희에게 필요한 모든 것을 주셨으니 감사드립니다.

자녀들의 성실하고 착한 삶을 통해 하나님께는 영광이 부모에게는 기쁨과 보람이 되는 은혜도 아끼지 마옵소서. 또한 자녀인 저희는 부모를 통하여 배운 것을 실천하고 기억하며 살아가게 하옵소서.

저희 부모에게 필요한 은혜가 무엇인지 아시는 하나님! 부모님의 필요를 넉넉히 채워 주시고, 그 생애가 하나님의 은혜로 넘치게 하옵소서.

주님! 더욱더 부모를 위해 기도하는 자녀가 되게 하옵소서. 부모를 기쁘게 해드리고, 공경하는 것이 이 땅에서 행복하게 잘 사는 것임을 알아 순종이 억지가 되지 않게 하시고, 섬김을 미룸으로 후회하지 않게 하여 주옵소서.

"자녀들아 너희 부모를 주 안에서 순종하라 이것이 옳으니라. 네 아버지와 어머니를 공경하라 이것이 약속 있는 첫 계명이니, 이는 네가 잘 되고 땅에서 장수하리라."고 하신 하나님의 말씀대로 부모에게 순종하는 삶을 살게 하옵소서.

예수님의 이름으로 기도드립니다. 아멘.

 **부부의 기도**

　인자하신 하나님 아버지! 저희 두 사람이 만나 부부로 맺어주시고 보살펴 주시니 감사합니다.

　오늘까지 혼인 계약을 충실히 지키도록 도와주시니 감사드립니다. 우리 사이를 갈라놓으려는 장애물을 치워 주시고, 서로에게 충실할 수 있는 마음과 의지를 주시고, 더욱 사랑하게 하옵소서.

　베풀면 베풀수록 받는다는 깨달음을 주시고, 지쳤을 때는 용기와 힘을, 낙담과 실패에는 위로와 격려를, 언제나 섬세함과 부드러움과 친절로 늘 변함없는 은혜를 베풀어 주옵소서.

　서로의 모습이 다른 것처럼 우리 서로가 다른 존재임을 인정하며, 서로를 보완하여 완성하는 기쁨을 허락하여 주옵소서. 언제까지나 소중한 존재로서 곁에 머물며, 늘 변함없는 마음으로 감사하게 하옵소서.

　세상을 바라보며 불평 불만하지 않게 해 주시고, 마음이 흔들릴 때마다 서로 위로하며, 자신의 위치가 소중하다는 것을 잊지 않게 하옵소서.

　서로에게 상처를 준 것과 무관심 한 것을 용서하여 주시고, 하잘 것

없는 호의에도 감사가 넘쳐 즐거운 말을 하게 해 주시고, 서로의 장점을 찾아내어 칭찬하며, 마음이 하나가 되어 모든 어려움을 이겨나가게 하시고, 나날이 새로워지는 사랑을 더하여 주옵소서.

저희 부부가 함께 걸어가는 인생행로에서 끊임없이 파고드는 세상의 유혹을 막아주시고, 가정을 위협하는 온갖 악한 풍조로부터 지켜 주옵소서.

크고 작은 문제들이 생길 때 해결할 수 있는 지혜를 주시고, 걱정과 고민을 서로 들어주고 바람직한 조언을 할 수 있는 부부가 되게 하소서.

주님! 저희에게 주어진 현재의 삶에 감사하며 열심히 일하게 하옵소서. 인생을 주님과 함께, 주님 안에서 살아갈 수 있는 겸허함과 평화를 내려주옵소서.

예수님의 이름으로 기도드립니다. 아멘.

 사회를 위한 기도

주님! 우리가 주의 법이 얼마나 실제적이고 이로우며, 주의 법대로 사는 사회가 얼마나 조화로운 사회인가를 알게 해 주옵소서.

생명경시의 풍조가 사라지게 하시고, 낙태가 죄가 아니라는 사람들의 생각이 변화되고, 그들의 양심이 이 일에 눈뜰 수 있게 하옵소서.

음란과 간음의 죄가 이 사회에 만연하도록 방조한 죄를 회개합니다. 청소년들이 올바른 성윤리를 갖게 하옵소서. 혼전 성관계가 죄악이라는 것을 모든 사람이 깨닫게 하옵소서. 비인간적인 인신매매와 성폭행 등 사회악이 제거되게 하옵소서.

사회 전반에 팽배한 뇌물 수수 행위가 근절되고, 근로에 의한 정당한 소득만을 추구하는 사회가 되게 하옵소서.

부모의 죄악으로 인해 상처 입은 자녀들의 곤경을 돌아보시며, 결손 가정의 어린이들에게 자비를 베풀어 주옵소서.

외국인 근로자들에게 복음이 전파되어서, 한국 체류 기간 중에 예수님을 영접하여, 장차 선교의 동역자가 되게 하옵소서.

예수님의 이름으로 기도합니다. 아멘.

X. 성경 묵상기도

우선순위

사람이 살아가는 데는 모든 것이 순서가 있다.
순서가 뒤바뀌게 되면 인생이 힘들게 된다.
인생의 가장 우선순위에 하나님을 두라.
임마누엘의 주님

# 중심을 보시는 하나님

마태복음 1:21 "아들을 낳으리니 이름을 예수라 하라 이는 그가 자기 백성을 저희 죄에서 구원할 자이심이라 하니라"

주권적인 섭리로 자기 백성을 양육하시고 다스리시는 하나님! 저희의 대선지자시며 유일하신 대제사장이시오, 영원하신 왕 예수 그리스도를 이 땅에 보내 주셨음을 감사드립니다. 저희로 아브라함과 다윗의 자손 예수 그리스도를 내 인생의 왕으로 모시고 살게 하옵소서.

나의 뒤에는 하나님의 영원한 섭리가 있음을 보는 안목을 갖고 살게 하시며, 제 인생에 어려운 일, 풀 수 없는 난제에 봉착했을 때, 성급히 대하지 않고 심사숙고할 수 있기를 원합니다. 무엇보다 하나님 말씀에 적극 순종함으로써 모든 일을 지혜롭고 여유 있게 처리할 수 있는 사람이 되게 하옵소서.

저의 중심을 보시는 하나님! 저의 속사람을 새롭게 하사 사랑과 용서로 관용을 베풀 수 있게 하시고, 하나님 보시기에 의로운 마음으로 간주되게 하옵소서. 사람의 평을 의식하기 전에 하나님이 뭐라고 말씀하실지 항상 먼저 생각하는 신앙적 의식구조를 갖게 하여 주옵소서.

하나님께서 늘 저와 함께하시는 이 놀라운 은혜를 감사드리오며, 예수님의 이름으로 기도드립니다. 아멘.

 시험을 이기신 주님

마태복음 4:10 "이에 예수께서 말씀하시되 사단아 물러가라 기록되었으되 주 너의 하나님께 경배하고 다만 그를 섬기라 하였느니라"

만물의 주인이신 하나님 아버지! 아버지에 의해 이 세상에 있는 모든 존재들이 유지되며, 성령의 도우심으로 이제까지 제가 살고 있음을 믿고 감사를 드립니다.

광야와 같은 이 세상에 사는 동안 저희가 받는 유혹과 시련을 이길 힘을 주옵소서. 삼킬 자를 찾아 두루 다니며 우는 사자처럼 기회를 엿보고 있는 마귀의 올무에 넘어지지 않도록 정신을 차리고 근신하여 기도하고 말씀에 순종하기를 힘쓰는 사람이 되길 원하오니 도와주옵소서.

말씀으로 능력을 행하시는 주님! 제가 주야로 주의 말씀을 묵상하여 말씀으로부터 오는 위로와 평안을 누리며, 참으로 세상이 알지 못하는 신령한 능력을 힘입어서 날마다 승리하는 삶을 살 수 있게 하옵소서.

'나를 따라오라'고 하시는 나의 주님, 주 되시는 예수님의 뜻에 따라 제 자신의 모든 것을 포기하는 결단력을 갖기를 원하나이다. 지나간 시절의 잘못된 가치관과 습성에서 돌이켜 전 인격의 몸부림으로 살기를 간절히 원하오며, 예수 그리스도의 이름으로 기도드립니다. 아멘.

 빛이 되신 주님

마태복음 5장 16절 "이같이 너희 빛을 사람 앞에 비취게 하여 저희로 너희 착한 행실을 보고 하늘에 계신 너의 아버지께 영광을 돌리게 하라"

만복의 근원이신 하나님! 이 세상에 살면서 이미 하늘나라의 복을 누리며 살게 하시니 참으로 감사합니다. 저의 내적인 마음과 영혼의 상태가 이 신령한 복을 누리며 살기에 합당케 하옵소서. 저에게는 아무런 의가 없사오니 주의 의와 평강과 희락으로 채워 주옵소서.

자비하신 주님! 이 세상은 비록 죄로 오염되어 있지만 여전히 하나님의 깊은 관심과 사랑의 영역 속에 있음을 믿습니다. 미천한 저를 택하신 족속이요 왕 같은 제사장이요 거룩한 나라요 주님의 백성으로 삼아 주셨사오니, 저에게 주신 빛을 사람 앞에 비취게 하여, 저희로 하늘에 계신 아버지께 영광을 돌릴 수 있는 거룩한 사명과 의무를 감당할 힘을 주옵소서.

평화의 왕이신 아버지! 이 죄인의 삶이 마음의 악을 씻어버리고, 깨끗한 행위로 구별된 정직한 삶이 되도록 인도하옵소서. 핍박하는 자에게 그리스도 안에서 더욱 적극적인 사랑을 베푸는 사람이 되게 하옵소서. 그리하여 날마다 주의 온전하심에 가까워지길 원합니다.

예수님의 이름으로 기도드립니다. 아멘.

 평안을 주시는 주님

마태복음 11장 28절 "수고하고 무거운 짐진 자들아 다 내게로 오라 내가 너희를 쉬게 하리라"

빛과 진리이신 주님! 이 부족한 죄인의 삶의 모습을 통해서 하나님 나라의 통치와 영광이 드러나길 원합니다. 악인의 힘과 권력은 역사에서 사라져 버리지만, 의인의 양심은 영원히 살아있음을 믿습니다. 이 연약한 것을 붙드사 우유부단하고 세상과 타협하는 자세로 살 것이 아니라 하나님 앞에서 사명에 최선을 다하는 성실한 사람으로 살게 하옵소서.

죄인의 친구요 구세주이신 하나님! 주님께 감사와 찬양을 드립니다. 하나님의 구원의 기쁨을 누리며, 낙망하지 않고 믿음에 굳게 서서 말씀대로 살기를 원합니다. 수고하고 무거운 짐진 자를 부르시는 주님, 지금 이 시간도 죄의 짐을 지고 고통하며 살아가는 사람이 너무도 많습니다. 그들에게는 또한 장차 임할 무서운 심판이 있음을 생각하면 민망한 마음을 금할 길 없습니다.

죄인을 의인되게 하시고 죄악 가운데 신음하는 자에게 진정한 안식과 평안을 주시는 주님! 그들로 주 앞에 나오게 하사 주님 주시는 사죄의 은총을 받게 하옵소서. 나아가 사랑하는 마음으로 인생의 고난을 기쁨으로 짊어지고 살아가게 하옵소서.

예수님의 이름으로 기도드립니다. 아멘.

나의 중심을 보시는 주님

마가복음 2장 21절 "생베 조각을 낡은 옷에 붙이는 자가 없나니 만일 그렇게 하면 기운 새것이 낡은 그것을 당기어 해어짐이 더하게 되느니라"

인생문제의 진정한 해결자가 되시는 하나님 아버지! 쉽게 절망하고 낙심하는 저의 연약함을 용서하여 주옵소서. 예수님 안에서 진정한 해결이 가능함을 믿고 예수님께 문제를 들고 나가는 저희가 되게 하옵소서. 모든 짐을 내려놓기를 원하시는 주님 앞에 다 내려놓고 인생을 다시 시작하게 하옵소서.

외적인 행위보다 내적인 심령상태를 중시하시는 주님! 저의 믿음은 말보다 실천을 앞세우는 신앙이기를 원합니다. 마음과 행동으로 예수님을 신뢰하여 주님의 복된 선언을 받을 수 있게 하옵소서. 주님, 현대인들은 속사람은 변화되지 않고 겉사람만 다듬기에 정신이 없습니다. 저희들 온 민족의 옛 습관, 사고방식, 고정관념이 깨어지게 하옵소서.

구원의 은총을 베푸시기를 기뻐하시는 주님! 제가 병든 자임을 인정함으로 주님이 의원이 되시고, 제가 죄인임을 인정함으로 주께서 저의 구주가 되시며, 주님 앞에 겸손히 무릎을 꿇고 엎드림으로 주님의 은혜를 받기를 원합니다. 저에게 은혜를 풍성케 하사 주의 일에 헌신하게 하옵소서.

예수님의 이름으로 기도드립니다. 아멘.

목자 되시는 주님

마가복음 6장 34절 "예수께서 나오사 큰 무리를 보시고 그 목자 없는 양 같음을 인하여 불쌍히 여기사 이에 여러 가지로 가르치셨더라"

전능하신 하나님! 제게 필요한 것을 날마다 공급해 주심을 감사드립니다. 하나님께서 풍성히 주셨음에도 불구하고 욕심에 빠져 시기와 질투와 불건전한 경쟁심에 가득한 저의 죄를 용서하여 주옵소서. 저에게 필요한 것은 저의 힘이나 재주가 아니라 하나님의 능력임을 믿사오니, 주여, 저에게 그 능력을 주옵소서.

거룩하신 하나님! 오늘 저는 불의가 관영한 이 세대를 살고 있습니다. 저에게 용기를 주사 불의한 것은 죽음도 두려워하지 않고 지적하는 하나님 중심의 인물이 되게 하옵소서. 저의 상황이나 환경이 어떠하든 결코 불의를 용납하거나 타협하지 않게 하옵소서.

선한 목자이신 주님! 지금도 목자 없는 양같이 유리하는 자들이 참으로 많습니다. 그들의 영이 굶주리고 있사오니 제가 그들에게 말씀의 꼴을 먹일 수 있는 작은 목자가 되게 하옵소서. 잃은 양을 찾아 산을 넘고 강을 건너는 수고를 보람 있게 감당할 수 있게 하옵소서.

예수님의 이름으로 기도드립니다. 아멘.

# 섬김의 본이신 주님

마가복음 10장 45절 "인자의 온 것은 섬김을 받으려 함이 아니라 도리어 섬기려 하고 자기 목숨을 많은 사람의 대속물로 주려 함이니라"

고난과 섬김의 본을 친히 육체로 보여주신 하나님! 제가 주님 앞에 설 때 언제나 어린아이처럼 순수하고 진실한 모습을 갖게 하옵소서. 그리하여 어린아이를 뜨겁게 사랑하셨던 주님의 사랑의 마음을 읽을 수 있게 하옵소서. 주님, 저의 마음이 때 묻지 않은 순박한 마음으로 존속되기를 소원합니다.

영원한 안식을 이 땅에서 사모하게 하시는 하나님! 저에게 육신의 안식처인 가정을 주심과 그 위에 영적인 가정을 주심을 감사드립니다. 저의 온 식구가 하나님의 뜻대로 살아갈 수 있도록 제가 영적인 큰 힘을 나타내 보일 수 있게 하옵소서. 그리고 영적인 모든 가족들과 잘 협력하여 주의 뜻을 이루어 갈 수 있게 하옵소서.

창조주 하나님! 주님을 본받아 섬기는 종이 되게 하시고, 많은 사람들을 위하여 언제나 솔선하여 봉사하며 희생하는 삶을 살기를 원합니다. 현재도 하나님 나라의 시민이지만, 장차 영원한 하나님 나라에 들어가게 될 것을 믿습니다.

이 땅에 사는 동안도 하나님 나라의 질서를 준수하길 다짐하오며, 예수님의 이름으로 기도드립니다. 아멘.

역사의 주관자이신 주님

마가복음 13장 33절 "주의하라 깨어 있으라 그 때가 언제인지 알지 못함이니라"

저의 중심을 보시는 전지하신 하나님! 제가 외적인 화려한 조건들만 내세우다 책망을 받지 않도록 속 사람을 가꿔가게 하옵소서. 오늘 이 불안한 세상에 소망을 두고 살다가 거짓 진리에 미혹되지 않도록 저를 붙잡아 주옵소서. 그리하여 세상에 굴복하지 않고 나중까지 견딜 수 있게 하옵소서.

주님, 영적인 가치가 뒤바뀌고 세상이 극도로 악해졌습니다. 이러한 때일수록 제가 세상에 대한 미련을 온전히 버릴 수 있게 하시고 하나님의 절대주권과 사랑을 믿고 환난의 날을 감해 주시기를 기도합니다.

역사를 주관하고 계시는 주님! 격동하는 역사의 흐름 속에서 하나님의 징조를 보는 눈을 갖기를 원합니다. 그 날과 그 때는 아무도 모른다고 하셨으니, 영적 긴장을 풀지 않고 하나님께서 맡기신 일을 충성스럽게 감당할 수 있게 하옵소서. 제가 환난의 시련을 당할 때에 주께서 지키사 염려하며 좌절하는 일이 없게 하시고 온전한 믿음을 소유하게 하옵소서.

사랑의 주님! 주께서 원하시는 사랑은 부모나 처자식에 대한 사랑보다 훨씬 더 우선적임을 기억하오며, 예수님의 이름으로 기도드립니다. 아멘.

 나의 진심을 원하시는 주님

마가복음 14장 8절 "저가 힘을 다하여 내 몸에 향유를 부어 내 장사를 미리 준비하였느니라"

인간의 진심을 받으시는 주님! 주님을 위해 자신의 옥합을 깨뜨린 여인의 신앙을 저도 본받기를 원합니다. 저의 옥합이 무엇인가를 알게 하시고, 또한 기꺼이 바칠 수 있는 믿음을 주옵소서. 행여나 남이 하고 있는 봉사에 대해 뒤에서 비난하는 죄를 범치 않도록 저를 다스려 주옵소서.

영의 일을 우선순위에 두기를 원하시는 주님! 일이 분주한 때일수록 어떤 일을 먼저 할 것인가 하는 우선순위를 잘 결정하는 지혜를 주옵소서.

이러한 때에 친히 기도의 본을 보여주신 주님! 제가 저의 연약함과 한계성을 바로 알고 전폭적으로 하나님께 매달려 기도할 수 있게 하옵소서. 주의 뜻에 온전히 순종하기 위한 영적인 투쟁에 승리하게 하옵소서. 예수님의 기도하시는 모습을 본받아 간절하고 열심 있는 기도생활을 하길 원하오니 믿음을 주옵소서.

전능하신 주님! 제가 연약하여 범죄할 때가 많습니다. 그 때마다 믿음의 새 출발을 하게 하옵소서. 주어진 나날이 날마다 새로워지는 희망찬 하루하루가 되기를 간구합니다.

예수님의 이름으로 기도드립니다. 아멘.

 ## 거역한 자를 받으시는 주님

마가복음 15장 34절 "제 구 시에 예수께서 크게 소리 지르시되 엘리 엘리 라마 사박다니 하시니 이를 번역하면 나의 하나님 나의 하나님 어찌하여 나를 버리셨나이까 하는 뜻이라"

구원의 주 하나님! 극진하신 사랑에 감사와 영광을 돌립니다. 주님께서 당하신 고난은 자신의 죄로 인한 것이 아니라 바로 나의 죄로 인함임을 생각할 때에 더욱 가슴이 미어집니다. 이제 주님께서 벌 받으심으로 용서되었고, 주님께서 죽으심으로 영생을 얻게 된 것을 믿습니다. 주님, 저는 죄악된 세상에 거하면서 피곤하고 낙심할 때가 많습니다. 그러나 이 때야말로 예수님의 고난에 동참하고 십자가의 은혜를 덧입을 수 있는 가장 좋은 기회인 것을 알게 하옵소서.

자기에게 거역한 자를 참으신 주님! 십자가에 못 박히시기까지 죄인을 참으신 주님의 크신 사랑에 감격하여 눈물이 납니다. 제게도 죄인들을 향해 죽기까지 참을 수 있는 참 사랑을 허락하여 주옵소서.

사죄의 은혜를 덧입을 수 있도록 새롭고 산 길이 열리게 하신 주님! 예수께서 묻히심으로 저의 죄도 장사된 것을 믿습니다. 주 안에서 다시 살게 된 저는 이제 더 이상 죄의식에 시달릴 필요가 없음을 믿습니다.

예수님의 이름으로 기도드립니다. 아멘.

 나와 동행하시는 주님

마가복음 16장 16절 "믿고 세례를 받는 사람은 구원을 얻을 것이요 믿지 않는 사람은 정죄를 받으리라"

죽음을 정복하시고 부활하신 주님! 인류의 가장 큰 불행인 사망을 이기심을 감사드립니다. 주님의 부활은 모든 성도의 첫 열매인 것을 믿습니다. 장차 새 몸으로 부활하게 될 때까지 주께서 늘 저와 함께 하심을 믿습니다.

저의 삶 속에서 주님께서는 분명히 함께해 주시겠다고 하셨는데도 때론 영안이 어두워서 주님의 존재를 깨닫지 못하고 실의와 좌절에 빠져서 점점 세상의 절망으로 빠져 가는 일이 많사오니, 저를 불쌍히 여겨 주옵소서. 이후로 믿음의 눈을 떠서 저와 함께 동행하시는 주님을 바라보게 하옵소서.

만민에게 복음을 전파하라고 하신 주님! 제가 부활신앙으로 온 천하에 다니며 만민에게 복음을 전파하는 선교사가 되기를 원합니다. 지금도 이 땅에는 하나님의 사랑을 배반하고 주님을 섬기지 않는 이들이 너무도 많사오니, 저들을 구원하여 주옵소서.

만민의 구세주이신 주님! 불신자들이 주님의 크신 구원을 결코 등한히 여기지 않게 하옵소서.

예수님의 이름으로 기도드립니다. 아멘.

 약속을 이루어 주시는 주님

누가복음 1장 79절 "어두움과 죽음의 그늘에 앉은 자에게 비취고
저희들 발을 평강의 길로 인도하시리로다"

역사의 주가 되시는 하나님 아버지! 주의 역사는 인간의 이성과 논리를 초월함을 깨닫습니다. 저의 믿음이 확실한 진리의 지식 위에 세워지기를 원합니다. 그리하여 하나님 앞에서 의롭고 경건하게 하나님을 기쁘시게 하는 삶을 살 수 있게 하옵소서. 사람의 지식 또는 과학으로 증명될 수 없는 말씀일지라도 성경에 기록된 모든 내용은 살아 계신 하나님의 말씀으로서 반드시 성취되고야 만다는 것을 꼭 믿게 하옵소서.

약속을 믿고 기다리는 자에게 반드시 그 약속을 이루시는 주님! 제가 이 악한 시대에 하나님 앞에 인정받는 삶을 살기를 원하오니 붙잡아 주옵소서. 하나님께서 현재 나를 긍휼히 여겨 주시기 때문에 현재의 내가 존재한다는 사실을 인식하고, 그 은혜에 감격하는 삶을 살아갈 수 있게 하옵소서.

크신 주님! 제가 사람 앞에서가 아니라 하나님 앞에서 큰 자가 되기를 원하오니 저에게 인간적인 지혜나 능력이 아니라 위로부터 내리는 하나님의 지혜와 능력을 힘입게 하여 주옵소서.

제 주변에 많은 믿음의 사람들과 이것을 나누길 원하옵고, 예수님의 이름으로 기도드립니다. 아멘.

 다시 오시는 주님

누가복음 2장 14절 "지극히 높은 곳에서는 하나님께 영광이요 땅에서는 기뻐하심을 입은 사람들 중에 평화로다"

세상을 다스리는 주 하나님! 하나님의 통치는 세상의 법과 권세에 의한 것이 아니라 의와 사랑에 의한 것임을 믿습니다. 이 백성이 나라와 권세와 영광을 아버지께 돌리는 자세로 살게 하옵소서. 비록 현실이 아무리 어렵다할지라도 은혜와 진리로 다스리는 의와 평강의 왕을 기다리며 하나님의 구속역사에 동참할 수 있게 하옵소서.

다시 오시겠다고 약속하신 주님! 저의 간절한 기다림은 주님의 재림하심입니다. 저의 일생이 오직 하나님께만 소망을 두며 고독한 투쟁 속에 하나님께서 맡기신 일에 충성을 다 할 수 있게 하옵소서. 지금 이 시간 주님이 오시더라도 당황치 않고 맞이 할 수 있게 하옵소서.

온전케 하시는 주님! 저의 인격과 신앙 성장을 통하여 강하여지고 온전케 되기를 원합니다. 균형 있는 성장이 이루어지도록 주님께서 늘 일깨워 주옵소서. 하나님의 은혜와 진리 안에서 끊임없이 성장해 가기 위해 언제나 하나님 아버지의 뜻에 우선순위를 두게 하옵소서.

예수님의 이름으로 기도 드립니다. 아멘.

성령의 충만을 주시는 주님

누가복음 3장 16절 "나보다 능력이 많으신 이가 오시나니 나는 그 신들 메를 풀기도 감당치 못하겠노라 그는 성령과 불로 너희에게 세례를 주실 것이요"

애통하고 회개하는 자에게 용서의 은총을 베푸시는 주님! 회개보다는 복에 관심이 많았던 저의 잘못을 용서하여 주옵소서. 비록 회개의 메시지가 듣기 싫을지라도 기꺼이 받아 진정으로 슬퍼하며 잘못을 끊는 진지한 결심을 할 수 있게 하옵소서. 저에게도 주의 말씀이 임하게 하시고, 성령의 감동과 확신을 갖게 하사 삶의 본을 보이며 담대하게 전파할 수 있게 하옵소서.

순종이 제사보다 낫다고 하신 주님! 제가 하나님의 구속 사역의 권위 아래 철저히 순종하는 사람으로 살기를 원하오니 성령의 능력을 주옵소서. 나아가 제가 하나님의 큰 능력을 받아 백성들의 인기를 얻을 때 자신을 부인하고 겸손히 그리스도만을 증거하게 하옵소서.

영광을 세세토록 받으시기에 합당하심 하나님 아버지! 모든 죄인이 구원에 이르는 것을 통하여 궁극적으로 하나님께만 영광이 돌려지기를 원하옵니다. 그리스도를 통하여 죄인이 구원받는 역사가 하나님의 절대적인 주권에 달려 있음을 믿사오니 강한 믿음을 허락하여 주옵소서.

예수님의 이름으로 기도드립니다. 아멘.

 영혼의 치료자이신 주님

누가복음 7장 50절 "예수께서 여자에게 이르시되 네 믿음이 너를 구원하였으니 평안히 가라 하시니라"

영혼과 육체의 완전한 치료자이신 주님! 주님은 모든 허물과 죄와 사망으로부터 능히 모든 인간을 구원하실 수 있는 능력의 구세주이심을 믿습니다. 제가 주님의 능력을 의지하고 말씀에 근거한 믿음으로 살게 하옵소서. 아울러 예수님을 상관으로 모시고 그 명령에 절대 복종코자 하는 그리스도 예수의 좋은 군사로 서게 하옵소서.

인간의 마음을 깊이 이해하시고 위로하시는 주님! 저를 불쌍히 여겨 주옵소서. 제가 살았으나 관 속에 누워 있는 청년과 같습니다. 저를 말씀으로 일으켜 세워 주옵소서. 제가 스스로의 무가치함과 무능력을 알고 주님의 권위를 절대적으로 의지합니다.

살아 계신 주님! 세례 요한과 같이 메시아의 길을 예비하는 사명인의 위대한 인생을 살 수 있도록 도와주옵소서. 그리하여 어두운 이 시대를 지키는 선구자가 되어 하나님의 구원의 빛을 이 땅에 나타내길 원합니다. 정치, 군사, 경제, 교육, 문화 등 이런 모든 분야가 할 수 없는 근원적 문제를 주께서 풀어 주옵소서.

예수님의 이름으로 기도드립니다. 아멘.

 긍휼이 풍성하신 하나님

누가복음 13장 3절 "너희에게 이르노니 아니라 너희도 만일 회개치 아니하면 다 이와 같이 망하리라"

회개하기를 기다리시는 하나님! 멸망에서 구원받을 수 있는 가장 확실하고 유일한 길은 회개이며, 그 회개의 유일한 문은 유일한 중보자 예수님뿐임을 믿습니다. 주님, 이미 찍혀 버렸어야 할 죄인을 예수님의 보혈로 생명을 연장시켜 주시니 감사합니다. 저로 회개의 열매를 맺는 생활을 할 수 있게 하옵소서. 회개하지 않으면 다시 용서받을 길이 없는 날이 이르고야 만다는 두려움을 늘 간직할 수 있게 하옵소서.

긍휼이 풍성하신 주님! 제가 율법의 근본정신은 무시하고 형식만을 좇는 신앙생활을 할 때가 많았음을 고백합니다. 형식보다 항상 근본정신을 먼저 생각하는 지혜를 주옵소서. 이미 저는 하나님 나라의 백성이 되었사오니 좁은 문으로 들어가기를 더욱 힘쓰기를 원합니다. 주님은 암탉이 새끼를 모음같이 문을 열어 놓고 늘 기다리고 계심을 알게 하옵소서.

저를 그리스도인 되게 하신 주님! 저의 삶이 그리스도인이라는 복되고 아름다운 이름을 걸어 놓고 그 이름에 합당치 못한 삶을 일삼지 않고 신앙인의 진정한 열매를 맺길 원하옵고, 예수 그리스도의 이름으로 기도드립니다. 아멘.

 새 힘을 주시는 주님

누가복음 24장 6절 "여기 계시지 않고 살아나셨느니라 갈릴리에 계실 때에 너희에게 어떻게 말씀하신 것을 기억하라"

사망 권세를 이기시고 승리하신 주님! 주님의 부활은 첫 열매임으로 저도 주님의 뒤를 이어 부활하게 될 것을 믿습니다. 사망이 결코 저를 주관할 수 없음으로 저는 담대히 주님의 고난의 발자취를 따르겠나이다. 또한 부활하신 주님께서 세상 끝날까지 저와 함께해주시겠다는 약속을 믿고 생명이 다 하는 날까지 부활의 주님을 증거하는 일에 최선을 다하겠나이다.

말씀으로 새 힘을 주시는 주님! 말씀으로 저의 심령을 뜨겁게 하여주옵소서. 제가 성경을 새롭게 공부하고 사명의 길로 되돌아 갈 수 있기를 원합니다. 말씀을 보는 눈이 열리게 하사 풍성한 은혜를 체험하게 하시며, 의와 평강과 희락이 넘치는 하나님 나라의 삶이 지속되게 하옵소서.

쓸모없는 저를 구원하셔서 주님의 십자가와 부활의 증인으로 삼으셨으니, 죄 사함의 복음을 전하게 하시고, 세상 만민을 주님의 생명의 길로 인도하게 하옵소서. 나아가 복음의 능력으로 하나님의 영광이 드러날 때 절대로 교만하지 않게 하옵소서.

예수 그리스도의 이름으로 기도드립니다. 아멘.

 좋은 것으로 채우시는 주님

요한복음 2장 17절 "제자들이 성경 말씀에 주의 전을 사모하는 열심이 나를 삼키리라 한 것을 기억하더라"

세상만사의 진정한 해결자가 되시는 주님! 이 시대는 온갖 문제들로 뒤범벅이 되어 있습니다. 저마다 문제의식을 갖고 해결 방법을 말하고 있지만 좀처럼 나아지는 것이라곤 어디서도 찾아보기 힘듭니다. 진정한 해결은 주님께 있음을 믿고 이제는 주님께 내어놓고 믿음으로 기다리며, 무슨 말씀을 하시든지 순종할 수 있게 하옵소서.

저희에게 가장 좋은 것들을, 아낌없이 주시어, 저희의 생의 기쁨을 충만케 하시길 원하시는 주님, 제 의식이 예수님께 대한 완전한 확신과 기대로 가득하기를 원합니다. 예수님께서는 제가 주님을 아는 것보다 더 분명하고 정확하게 저를 온전히 알고 계심을 믿습니다. 저의 행동과 생각을 감찰하시는 주 앞에서 살아가게 하옵소서.

전능하시고 영원하신 하나님! 저에게 있는 모든 것을 제 자신으로부터 생각하고 사고하고 판단하고 행동하는 자기중심적인 의지를 꺾어 주옵소서. 때를 기다리며 오래 참고 준비하여 하나님의 선한 인도하심을 받기를 원합니다.

예수님의 이름으로 기도드립니다. 아멘.

 참 자유를 주시는 주님

요한복음 8장 12절 "나는 세상의 빛이니 나를 따르는 자는 어두움에 다니지 아니하고 생명의 빛을 얻으리라"

용서하시는 주님! 주께서는 정죄 대신 용서하시는 자비하신 주님이심을 믿고 감사드립니다. 저는 남의 잘못에 대해 돌을 들기는 잘 하지만 그 죄를 용서하거나 사죄의 예수님께로 잘 인도하지는 못합니다. 저에게 죄인을 영접해 주시는 주님의 사랑의 마음을 주옵소서. 그리하여 죄로 고민하는 친구를 도울 수 있는 사람이 되게 하옵소서.

세상의 빛 되신 주님! 제가 빛 되신 주님을 따라 참 빛 가운데 사는 생활을 하길 원합니다. 저를 비추어 주옵소서. 이 빛으로 사람들의 마음속에 있는 모든 어두움을 몰아내는 선한 일에 동참할 수 있기를 원합니다. 이 백성 모두가 백성 중에 현존하시는 참 등불이신 그리스도께로 향하게 하옵소서.

참 자유를 주시는 주님! 진리를 떠나서는 참 자유가 없음을 믿습니다. 제가 진리이신 주를 좇아 살므로 진정한 자유를 누릴 수 있게 하옵소서. 주께서 주시는 자유는 죄로부터의 자유요, 영원한 자유요, 완전한 자유임을 믿습니다. 제가 주님의 말씀에 순종하여 참 제자가 되고 참 자유를 누리게 하옵소서.

예수님의 이름으로 기도드립니다. 아멘.

# 선한 목자이신 주님

요한복음 10장 9절 "내가 문이니 누구든지 나로 말미암아 들어가면 구원을 얻고 또는 들어가며 나오며 꼴을 얻으리라"

선한 목자이신 주님! 주께서는 양인 저를 아시고 푸른 풀밭으로 인도하시며 저의 형편을 아시고 저의 필요를 채우심을 믿습니다. 주께서는 앞서 가시며 저를 인도하시오니 주의 인도하심을 따라 어디든지 가겠나이다. 제가 항상 주의 음성을 듣고 참 목자이신 주님을 전적으로 신뢰할 수 있게 하옵소서.

양의 문이신 주님! 예수님을 통해서만 하나님께 나아갈 수 있음을 믿습니다. 주께서는 양인 저에게 생명을 얻게 하셨을 뿐만 아니라 저의 생명을 더욱 풍성케 하실 것을 믿습니다. 제가 날마다 그 풍성한 은혜와 넘치는 기쁨과 자유를 누리는 풍성한 삶을 살게 하옵소서. 근심과 걱정, 초조와 불안을 다 내어버리게 하옵소서.

제 구원의 보장이 되시는 주님! 주의 손에서 그 누구도 저를 빼앗을 수 없음을 믿습니다. 주님의 보호의 손이 곧 전능하신 아버지의 손임을 확신하며, 요동치 않는 신앙으로 주를 섬기기를 원합니다. 언제나 말씀의 약속과 권면에 귀 기울여 살게 하옵소서.

예수님의 이름으로 기도드립니다. 아멘.

 참 포도나무이신 주님

요한복음 15장 7절 "너희가 내 안에 거하고 내 말이 너희 안에 거하면 무엇이든지 원하는 대로 구하라 그리하면 이루리라"

진리의 말씀으로 날마다 저를 이끄시는 주님! 오늘도 주의 말씀 안에 거하도록 말씀으로 저를 권고하심을 감사드립니다. 제 인생이 참 포도나무 되신 예수님의 말씀 안에 뿌리를 내릴 수 있도록 인도하여 주옵소서. 날마다 말씀의 가위로 저의 생활 속에 자를 것을 과감히 자를 수 있게 하옵소서. 제가 많은 열매를 맺음으로 하나님께서 영광을 받으시고 저는 예수님의 제자로 인정받을 수 있기를 원합니다.

저를 택하사 친구라 일컬어 주신 주님! 주께서 그 모든 좋은 것을 저와 나누시기를 원하시오니, 그 은혜에 무한 감사합니다. 이제 저의 모든 것을 주께 아뢰며 주와 사랑의 교제가 더 깊어지기를 원하오며, 늘 예수님 안에 거하기를 기도합니다.

거룩하신 주 하나님! 저를 세상에 속하지 않게 하시고, 예수님께 속하게 하신 것을 감사드립니다. 세상이 저를 미워할지라도 낙심치 않게 하시고, 오히려 기뻐하며 주를 찬양케 하옵소서. 그 일로 저의 믿음이 흔들리지 않게 하시고, 오히려 적극적으로 예수님을 증거할 수 있게 하옵소서.

예수님의 이름으로 기도드립니다. 아멘.

나의 힘이 되시는 주님

요한복음 20장 31절 "오직 이것을 기록함은 너희로 예수께서 하나님의 아들 그리스도이심을 믿게 하려 함이요 또 너희로 믿고 그 이름을 힘입어 생명을 얻게 하려 함이니라"

무덤 권세를 이기시고 부활하신 주님을 찬양하오며, 저를 대신하여 죽으시고 살아나신 것을 감사드립니다. 제가 인생살이에서 겪는 그 어떤 고초 속에서도 부활의 소망을 갖고 아픔을 참고 자포자기하지 않도록 인도하여 주옵소서.

주님! 주께서는 저희 처소를 예비하신 후 다시 오실 것을 믿습니다. 주 앞에 가는 그날까지 비록 하루하루가 고난의 연속일지라도 주의 이름으로 힘써 모이며, 영적인 나라를 더욱 사모하게 하옵소서. 평강을 주시는 주님께서 저와 함께하심으로 하나님과의 평화가 중심에 가득하게 하옵소서.

풍성한 은혜를 값없이 베풀어 주신 주님! 제가 이 은혜를 깊이 깨닫고 그것들을 전하며 나누어 줄 수 있기를 원합니다. 제가 성경을 더 열심히 읽고 믿음이 강한 자가 되어 예수께서 하나님의 아들 그리스도이심을 담대히 전파할 수 있게 하옵소서. 주님이 주신 말씀을 늘 사모하며, 그 이름을 힘입어 영원한 생명을 누리게 하옵소서.

예수 그리스도의 이름으로 기도드립니다. 아멘.

언더우드(H.H.Underwood)의 기도

주여! 지금은 아무것도 보이지 않습니다.
주님, 메마르고 가난한 땅 나무 한 그루 시원하게
자라지 못하고 있는 땅에 저희들을 옮겨와 심으셨습니다.

어떻게 그 넓고 넓은 태평양을
건너왔는지 그 사실이 기적입니다.

주께서 붙잡아 뚝 떨어뜨려 놓으신 듯한 이곳
지금은 아무것도 보이지 않습니다.
보이는 것은 고집스럽게 얼룩진 어둠뿐입니다.

어둠과 가난과 인습에 묶여 있는 조선 사람뿐입니다.
그들은 왜 묶여 있는지도, 고통이라는 것도 모르고 있습니다.

고통을 고통인 줄 모르는 자에게
고통을 벗겨주겠다고 하면 의심부터 하고 화부터 냅니다.

조선남자들의 속셈이 보이지 않습니다.
이 나라 조정의 내심도 보이질 않습니다.
가마를 타고 다니는 여자들을 영영 볼 기회가 없으면 어쩌나 합니다.

조선의 마음이 보이지 않습니다.
그리고 저희가 해야 할 일이 보이지 않습니다.

그러나 주님, 순종하겠습니다.
겸손하게 순종할 때 주께서 일을 시작하시고,
그 하시는 일을 우리의 영적인 눈이 볼 수 있는 날이 있을 줄 믿나이다.

"믿음은 바라는 것들의 실상이요 보지 못하는 것들의 증거"라고
하신 말씀을 따라 조선의 믿음의 앞날을 볼 수 있게 될 것을 믿습니다.

지금은 우리가 황무지 위에 맨손으로 서 있는 것 같사오나
지금은 우리가 서양귀신 "양귀자"라고 손가락질 받고 있사오나,
저희들이 우리 영혼과 하나인 것을 깨닫고,
하늘나라의 한 백성,
한 자녀임을 알고 눈물로 기뻐할 날이 있음을 믿나이다.

지금은 예배드릴 예배당도 없고 학교도 없고,
그저 경계의 의심과 멸시와 천대함이 가득한 곳이지만,
이곳이 머지않아 은총의 땅이 되리라는 것을 믿습니다.

주여! 오직 제 믿음을 붙잡아주소서.

※ 언더우드[Horace Horton Underwood] : 미국 북장로회 선교사·저술가·교육가로서, H.G.언더우드의 아들로 한국 이름은 원한경(元漢慶)이다.

461

"오직 여호와를 앙망하는 자는 새 힘을 얻으리니

독수리가 날개치며 올라감 같을 것이요

달음박질하여도 곤비하지 아니하겠고

걸어가도 피곤하지 아니하리로다."

이사야 40:31

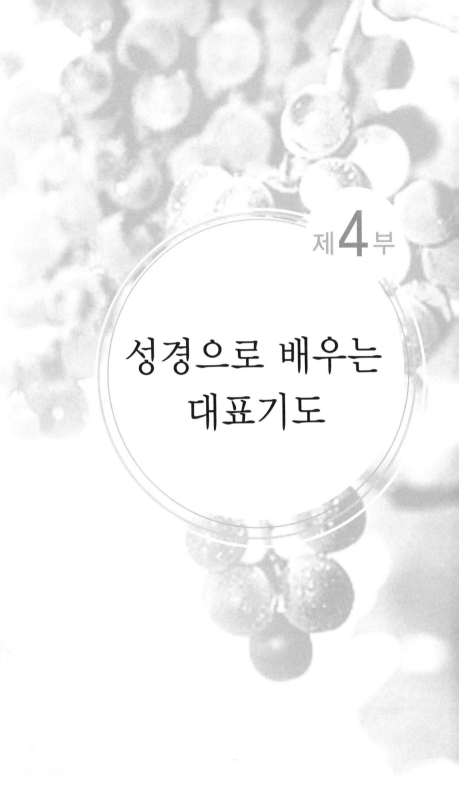

제4부

성경으로 배우는
대표기도

I. 구약성경 인물들의 기도

아브라함

- ◎ 아들을 위한 기도 / 창 15:1~6
- ◎ 이스마엘을 위한 기도 / 창 17:18~21
- ◎ 소돔을 위한 기도 / 창 18:20~32
- ◎ 아비멜렉을 위한 기도 / 창 20:17
- ◎ 아브라함의 종 엘리에셀의 간구 / 창 24:12~14

이삭

- ◎ 자식을 위한 기도 / 창 25:21, 24~26
- ◎ 야곱을 위한 이삭의 축복기도 / 창 27:27~29

야곱

- ◎ 야곱이 벧엘에서 드린 서원기도 / 창 28:16~22
- ◎ 밤을 세워 기도하다 / 창 32:24~30

◎ 에브라임과 므낫세를 위한 기도 / 창 48:14~16

◎ 아들들을 위한 기도 / 창 49:1~28

모세

◎ 왕을 위한 기도 / 출 8:12

◎ 물을 위한 기도 / 출 15:24, 25

◎ 이스라엘을 위한 기도 / 출 32:31~34, 신 9:8, 민 14:13~19

◎ 미리암을 위한 기도 / 민 12:11~14, 신 3:25

◎ 후계자를 위한 기도 / 민 27:15~17

여호수아

◎ 도움과 자비를 구하는 기도 / 수 7:6~9

기드온

◎ 부르심의 증거를 구하는 기도 / 삿 6:36~40

마노아

◎ 인도를 위한 기도 / 삿 13:8~5

삼손

◎ 물을 위한 기도 / 삿 15:18~19

◎ 힘을 위한 기도 / 삿 16:29~30

한나

◎ 아들을 위한 기도 / 삼상 1:10~16

사무엘

◎ 이스라엘을 위한 기도 / 삼상 7:5~12

다윗

◎ 은혜를 감사하는 기도 / 삼하 7:18~19
◎ 솔로몬을 위한 기도 / 대상 29:10~19

솔로몬

◎ 지혜를 구하는 기도 / 왕상 3:6~14
◎ 성전봉헌 감사기도 / 왕상 8:22~53

엘리야

◎ 과부의 아들을 살리기 위한 기도 / 왕상 17:20~23
◎ 갈멜산에서의 기도 / 왕상 18:36~38
◎ 죽음을 위한 기도 / 왕상 19:4

엘리사

◎ 승리를 위한 기도 / 왕하 6:17-23

히스기야

◎ 승리를 위한 기도 / 왕하 19:15~19
◎ 건강을 위한 기도 / 왕하 20:1~11, 사 38:9~20

야베스

◎ 번영을 위한 기도 / 대상 4:10

아비야의 군대

◎ 승리를 위한 기도 / 대하 13:14

아사

◎ 구원을 위한 기도 / 대하 14:11

여호사밧

◎ 돌보심을 위한 기도 / 대하 20:5~12, 27

므낫세

◎ 승리를 위한 기도 / 대하 33:12~13

에스라

◎ 백성들의 죄를 위한 기도 / 스 9:6~15

느헤미야

◎ 유대인을 위한 기도 / 느 1:4~11

욥

◎ 고난에 대한 기도 / 욥 10:1~22
◎ 호소의 기도 / 욥 13:20~14:22

아굴

◎ 낮아짐의 기도 / 잠 30:7~9

이사야

◎ 구원을 간구하는 기도 / 사 63:15~19

예레미야

◎ 백성을 위한 기도 / 렘 10:23~25
◎ 기근을 위한 기도 / 렘 14:7~10
◎ 예레미야의 탄식기도 / 렘 20:14~18
◎ 유다를 위한 기도 / 렘 42:1~6
◎ 애통의 기도 /애가 1:4~22
◎ 회복을 위한 기도 / 애가 5:1~22

다니엘

◎ 유대인을 위한 기도 / 단 9:3~19

요나

◎ 고기 뱃속에서 구원을 구하는 기도 / 욘 2:1~9

하박국

◎ 항변의 기도 / 합 1:1~4
◎ 부흥을 위한 기도 / 합 3:1~19

Ⅱ. 신약성경에 나타난 기도

마태복음

◎ 주님이 가르치신 기도(6:8~13).

◎ 한 문둥병자의 기도(8:1~4).

◎ 백부장의 기도(8:5~13).

◎ 역경 속에서의 기도(8:23~27).

◎ 마귀 들린 사람의 기도(8:28~34)

◎ 야이로의 기도(9:18~19)

◎ 병든 여인의 기도(8:28~34)

◎ 눈먼 두 사람의 기도(9:27~31)

◎ 일꾼들을 구하는 기도(9:37~39)

◎ 예수의 감사기도(11:25~27)

◎ 당황한 베드로의 기도(14:28~30)

◎ 가나안 여자의 기도(15:21~28)

◎ 간질병 앓는 아들을 위한 기도(17:14~21)

◎ 특권을 구하는 기도(20:20~28)

◎ 눈 뜨기를 구하는 기도(20:29~34)

◎ 믿음의 기도(21:18~22)

◎ 위선의 기도(23:14,25)

◎ 겟세마네의 기도(26:36~46)

◎ 십자가 위에서의 기도(27:46)

마가복음

◎ 악령의 기도(1:23~28,32:34)

◎ 예수의 규칙적인 기도(1:35,6:41,46)

◎ 귀먹은 반벙어리를 위한 기도(7:31~37)

◎ 젊은 부자 청년의 기도(10:17~22)

누가복음

◎ 사가랴의 기도(1:8,13,1:67~80)

◎ 마리아의 찬미와 기도(1:46~55)

◎ 안나의 금식 기도(2:37)

◎ 인기를 피하는 기도(5:16)

◎ 가출한 아들의 기도(15:11~24,15:29~30)

◎ 나병환자 열 사람의 기도(17:12~19)

◎ 바리새인과 세리의 기도(18:9~14)

◎ 베드로의 위한 기도(22:31~32)

◎ 고뇌의 기도(22:39~46)

요한복음

◎ 생명수를 구하는 기도(4:15, 4:19,23, 7:37~39, 14:16).

◎ 어느 고관의 기도(4:46~54).

◎ 생명의 빵을 구하는 기도(6:34).

◎ 나사로를 위한 기도(11:40~42).

◎ 아버지의 영광을 위한 기도(12:27~28).

◎ 특권으로서의 기도(14:13~15, 15:16, 16:23~26).

사도행전

◎ 다락방의 기도(1:13~14).

◎ 새로운 사도를 뽑기 위한 기도(1:15~26).

◎ 담대한 기도(3:1~6).

◎ 박해 속에서의 기도(4:23~31).

◎ 처음 순교자의 기도(7:55~60).

◎ 마술쟁이와 사마리아 사람들을 위한 기도(8:9~25).

◎ 어느 개종자의 기도(9:5,6,11).

◎ 도르가를 위한 기도(9:36~43).

◎ 고넬료의 기도(10:2~4,9,31)

◎ 옥에 갇힌 베드로를 위한 기도(12:5,12~17).

◎ 강변에서의 기도(16:13,16).

◎ 감옥에서의 기도(16:25,34).

◎ 결단과 헌신의 기도(20:36).

◎ 표류선상의 기도(27:33~35).

◎ 열병환자를 위한 기도(28:8).

로마서

◎ 로마의 교인들을 위한 바울의 감사기도(1:8~15).

◎ 성령의 감동으로 이어지는 기도(8:15~27).

◎ 동족의 구원을 위한 기도(10:1, 11:26).

◎ 인내와 희망의 기도(12:12).

◎ 한마음이 되기를 비는 기도(15:5~6, 30:33).

◎ 사탄을 이기는 기도(16:20, 24~27).

고린도후서

◎ 축복기도(1:2~4).

◎ 가시 같은 병의 제거를 구하는 기도(12:7~10).

에베소서

◎ 통찰력과 능력을 구하는 기도(1:15~20).

◎ 내적 충실을 위한 바울의 기도(3:13~21).

빌립보서

   ◎ 기쁨을 구하는 기도(1:2~7).

골로새서

   ◎ 충성을 찬양하는 기도(1:1~8).
   ◎ 일곱 가지 복을 비는 기도

데살로니가전서

   ◎ 방문의 기회를 구하는 기도(3:9~13).

데살로니가후서

   ◎ 위안과 안정을 구하는 기도(2:13~17)

디모데후서

   ◎ 디모데의 사역을 위한 기도(1:2~7).
   ◎ 오네시모의 집안을 위한 기도(1:6~18).
   ◎ 각기 제 길로 간 친구들을 위한 기도(4:14~18).

빌레몬서

   ◎ 오네시모를 위한 바울의 간구 / 몬 8~10

히브리서

◎ 자비와 은총을 구하는 기도(4:6).

◎ 완전을 위한 기도(13:20~21).

야고보서

◎ 지혜를 구하는 기도(1:5~8).

◎ 인내로 이어지는 기도(5:13~18).

베드로전서

◎ 영원한 분깃에 대한 감사기도(1:3~4).

◎ 순결의 기도(4:7~22).

◎ 온전한 신앙을 위한 기도(5:10~11).

베드로후서

◎ 더욱 풍성한 은혜와 평화를 구하는 기도(1:2)

요한계시록

◎ 새 노래로 구속을 찬미하는 기도(5:9).

◎ 순교한 영혼들의 기도(6:10).

◎ 모든 나라에서 온 영혼들의 기도(7:9~12).

◎ 장로들의 기도(11:15~19).

◎ 모세의 기도(15:3~4).

◎ 영광을 입은 성도들의 기도(19:1~10).

◎ 성경의 마지막 기도(22:17~20).

예수님의 기도

◎ 주님이 가르치신 기도 / 마 6:7~13, 눅 11:2~4

◎ 제자들의 첫 파견 보고 후 기도 / 마 11:25~27, 눅 10:21~22

◎ 나사로의 무덤에서 드리신 기도 / 요 11:41~42

◎ 최후 만찬의 기도 / 눅 22:19~20, 막 14:22~24, 마 26:26~28

◎ 제자들과 작별하실 때의 기도 / 요 17:1~26

◎ 겟세마네 동산의 기도 / 마 26:39, 막 14:36, 눅 22:42

◎ 십자가상에서의 기도 / 눅 23:34, 마 27:46, 눅 23:46

Ⅲ. 기도에 관한 핵심 성경구절

열왕기상 9:3 여호와께서 그에게 이르시되 네 기도와 네가 내 앞에서 간구한 바를 내가 들었은즉 나는 네가 건축한 이 성전을 거룩하게 구별하여 내 이름을 영원히 그 곳에 두며 내 눈길과 내 마음이 항상 거기에 있으리니."

역대상 4:10 "야베스가 이스라엘 하나님께 아뢰어 이르되 주께서 내게 복을 주시려거든 나의 지역을 넓히시고 주의 손으로 나를 도우사 나로 환난을 벗어나 내게 근심이 없게 하옵소서 하였더니 하나님이 그가 구하는 것을 허락하셨더라."

역대상 16:11 "여호와와 그의 능력을 구할지어다 항상 그의 얼굴을 찾을지어다."

역대하 7:14 "내 이름으로 일컫는 내 백성이 그들의 악한 길에서 떠나 스스로 낮추고 기도하여 내 얼굴을 찾으면 내가 하늘에서 듣고 그들의 죄를 사하고 그들의 땅을 고칠지라."

시편 4:1 "내 의의 하나님이여 내가 부를 때에 응답하소서 곤란 중에 나를 너그럽게 하셨사오니 내게 은혜를 베푸사 나의 기도를 들으소서."

시편 5:3 "여호와여 아침에 주께서 나의 소리를 들으시리니 아침에 내가 주께 기도하고 바라리이다."

시편 20:5 "우리가 너의 승리로 말미암아 개가를 부르며 우리 하나님의 이름으로 우리의 깃발을 세우리니 여호와께서 네 모든 기도를 이루어 주시기를 원하노라."

시편 32:6 "이로 말미암아 모든 경건한 자는 주를 만날 기회를 얻어서 주께 기도할지라 진실로 홍수가 범람할지라도 그에게 미치지 못하리이다."

시편 35:13 "나는 그들이 병들었을 때에 굵은 베 옷을 입으며 금식하여 내 영혼을 괴롭게 하였더니 내 기도가 내 품으로 돌아왔도다."

시편 50:15 "환난 날에 나를 부르라 내가 너를 건지리니 네가 나를 영화롭게 하리로다."

시편 102:17 "여호와께서 빈궁한 자의 기도를 돌아보시며 그들의 기도를 멸시하지 아니하셨도다."

잠언 8:17 "나를 사랑하는 자들이 나의 사랑을 입으며 나를 간절히 찾는 자가 나를 만날 것이니라."

잠언 15:29 "여호와는 악인을 멀리 하시고 의인의 기도를 들으시느니라."

잠언 28:9 "사람이 귀를 돌려 율법을 듣지 아니하면 그의 기도도 가증하니라."

이사야 56:7 "내가 곧 그들을 나의 성산으로 인도하여 기도하는 내집에서 그들을 기쁘게 할 것이며 그들의 번제와 희생을 나의 제단에서 기꺼이 받게 되리니 이는 내 집은 만민이 기도하는 집이라 일컬음이 될 것임이라."

예레미야 29:12 "너희가 내게 부르짖으며 내게 와서 기도하면 내가 너희들의 기도를 들을 것이요."

예레미야 33:2~3 "일을 행하시는 여호와, 그것을 만들며 성취하시는 여호와, 그의 이름을 여호와라 하는 이가 이와 같이 이르시도다 너는 내게 부르짖으라 내가 네게 응답하겠고 네가 알지 못하는 크고 은밀한 일을 네게 보이리라."

에스겔 36:36~37 "너희 사방에 남은 이방 사람이 나 여호와가 무너진 곳을 건축하며 황폐한 자리에 심은 줄을 알리라 나 여호와가 말하였으니 이루리라 주 여호와께서 이같이 말씀하셨느니라 그래도 이스라엘 족속이 이같이 자기들에게 이루어 주기를 내게 구하여야 할지라."

다니엘 6:10 "다니엘이 이 조서에 왕의 도장이 찍힌 것을 알고도 자기 집에 돌아가서는 윗방에 올라가 예루살렘으로 향한 창문을 열고 전에 하던 대로 하루 세 번씩 무릎을 꿇고 기도하며 그의 하나님께 감사하였더라."

마태복음 5:44 "나는 너희에게 이르노니 너희 원수를 사랑하며 너희를 박해하는 자를 위하여 기도하라."

마태복음 6:5~7 "또 너희가 기도할 때에 외식하는 자와 같이 하지 말라 저희는 사람에게 보이려고 회당과 큰 거리 어귀에 서서 기도하기를 좋아하느니라 내가 진실로 너희에게 이르노니 그들은 자기 상을 이미 받았느니라 너는 기도할 때에 네 골방에 들어가 문을 닫고 은밀한 중에 계신 네 아버지께 기도하라 은밀한 중에 보시는 네 아버지께서 갚으시리라 또 기도할 때에 이방인과 같이 중언부언하지 말라 저희는 말을 많이 하여야 들으실 줄 생각하느니라."

마태복음 6:14~15 "너희가 사람의 잘못을 용서하면 너희 하늘 아버지께서도 너희 잘못을 용서하시려니와 너희가 사람의 잘못을 용서하지 아니하면 너희 아버지께서도 너희 잘못을 용서하지 아니하시리라."

마태복음 6:31~32 "그러므로 염려하여 이르기를 무엇을 먹을까 무엇을 마실까 무엇을 입을까 하지 말라 이는 다 이방인들이 구하는 것이라 너희 하늘 아버지께서 이 모든 것이 너희에게 있어야 할 줄을 아시느니라."

마태복음 6:33 "그런즉 너희는 먼저 그의 나라와 그의 의를 구하라 그리하면 이 모든 것을 너희에게 더하시리라."

마태복음 7:7~8 "구하라 그리하면 너희에게 주실 것이요 찾으라 그리하면 찾아낼 것이요 문을 두드리라 그리하면 너희에게 열릴 것이니 구하는 이마다 받을 것이요 찾는 이는 찾아낼 것이요 두드리는 이에게는 열릴 것이니라."

마태복음 18:19~20 "진실로 다시 너희에게 이르노니 너희 중의 두 사람이 땅에서 합심하여 무엇이든지 구하면 하늘에 계신 내 아버지께서 그들을 위하여 이루게 하시리라 두세 사람이 내 이름으로 모인 곳에는 나도 그들 중에 있느니라."

마태복음 21:21~22 "예수께서 대답하여 이르시되 내가 진실로 너희에게 이르노니 만일 너희가 믿음이 있고 의심하지 아니하면 이 무화과나무에게 된 이런 일만 할 뿐 아니라 이 산더러 들려 바다에 던져지라 하여도 될 것이요 너희가 기도할 때에 무엇이든지 믿고 구하는 것은 다 받으리라 하시니라."

마태복음 26:41 "시험에 들지 않게 깨어 있어 기도하라 마음에는 원이로되 육신이 약하도다."

마가복음 9:29 "이르시되 기도 외에 다른 것으로는 이런 유가 나갈 수 없느니라 하시니라."

마가복음 11:24 "그러므로 내가 너희에게 말하노니 무엇이든지 기도하고 구하는 것은 받은 줄로 믿으라 그리하면 너희에게 그대로 되리라."

마가복음 11:25 "서서 기도할 때에 아무에게나 혐의가 있거든 용서하라 그리하여야 하늘에 계신 너희 아버지께서도 너희 허물을 사하여 주시리라 하시니라."

누가복음 6:28 "너희를 저주하는 자를 위하여 축복하며 너희를 모욕하는 자를 위하여 기도하라."

누가복음 18:1 "항상 기도하고 낙망치 말아야 할 것"

누가복음 21:36 "이러므로 너희는 장차 올 이 모든 일을 능히 피하고 인자 앞에 서도록 항상 기도하며 깨어 있으라 하시니라."

누가복음 22:32 "내가 너를 위하여 네 믿음이 떨어지지 않기를 기도하였노니 너는 돌이킨 후에 네 형제를 굳게 하라."

누가복음 22:40 "유혹에 빠지지 않게 기도하라."

누가복음 22:44 "예수께서 힘쓰고 애써 더욱 간절히 기도하시니 땀이 땅에 떨어지는 핏방울같이 되더라."

누가복음 22:46 "어찌하여 자느냐 시험에 들지 않게 일어나 기도하라."

요한복음 15:7 "너희가 내 안에 거하고 내 말이 너희 안에 거하면 무엇이든지 원하는 대로 구하라 그리하면 이루리라."

요한복음 16:24 "지금까지는 너희가 내 이름으로 아무것도 구하지 아니하였으나 구하라 그리하면 받으리니 너희 기쁨이 충만하리라."

사도행전 2:42 "그들이 사도의 가르침을 받아 서로 교제하고 떡을 떼며 오로지 기도하기를 힘쓰니라."

사도행전 6:4 "우리는 오로지 기도하는 일과 말씀 사역에 힘쓰리라 하니."

사도행전 9:40 "베드로가 사람을 다 내보내고 무릎을 꿇고 기도하고 돌이켜 시체를 향하여 이르되 다비다야 일어나라 하니 그가 눈을 떠 베드로를 보고 일어나 앉는지라."

사도행전 10:2 "그가 경건하여 온 집안과 더불어 하나님을 경외하며 백성을 많이 구제하고 하나님께 항상 기도하더니."

사도행전 10:9 이튿날 저희가 행하여 성에 가까이 갔을 그 때에 베드로가 기도하려고 지붕에 올라가니 시간은 제 육 시더라

사도행전 10:30~31 "고넬료가 이르되 내가 나흘 전 이맘때까지 내 집에서 제 구 시 기도를 하는데 갑자기 한 사람이 빛난 옷을 입고 내 앞에 서서 말하되 고넬료야 하나님이 네 기도를 들으시고 네 구제를 기억하셨으니."

사도행전 11:5 "이르되 내가 욥바 시에서 기도할 때에 황홀한 중에 환상을 보니 큰 보자기 같은 그릇이 네 귀에 매어 하늘로부터 내리어 내 앞에까지 드리워지거늘."

사도행전 12:12 "마가라 하는 요한의 어머니 마리아의 집에 가니 여러 사람이 거기에 모여 기도하더라."

사도행전 16:25 "한밤중에 바울과 실라가 기도하고 하나님을 찬송하매 죄수들이 듣더라."

사도행전 21:5 "이 여러 날을 지낸 후 우리가 떠나갈새 그들이 다 그 처자와 함께 성문 밖까지 전송하거늘 우리가 바닷가에서 무릎을 꿇어 기도하고."

사도행전 28:8 "보블리오의 부친이 열병과 이질에 걸려 누워 있거늘 바울이 들어가서 기도하고 그에게 안수하여 낫게 하매."

로마서 1:9 "내가 그의 아들의 복음 안에서 내 심령으로 섬기는 하나님이 나의 증인이 되시거니와 항상 내 기도에 쉬지 않고 너희를 말하며."

로마서 8:26 "이와 같이 성령도 우리의 연약함을 도우시나니 우리는 마땅히 기도할 바를 알지 못하나 오직 성령이 말할 수 없는 탄식으로 우리를 위하여 친히 간구하시느니라."

로마서 8:28 "우리가 알거니와 하나님을 사랑하는 자 곧 그의 뜻대로 부르심을 입은 자들에게는 모든 것이 합력하여 선을 이루느니라."

로마서 12:12 "소망 중에 즐거워하며 환난 중에 참으며 기도에 항상 힘쓰며."

고린도전서 14:15 "그러면 어떻게 할까 내가 영으로 기도하고 또 마음으로 기도하며 내가 영으로 찬송하고 또 마음으로 찬송하리라."

고린도후서 2:10~11 "너희가 무슨 일에든지 누구를 용서하면 나도 그리하고 내가 만일 용서한 일이 있으면 용서한 그것은 너희를 위하여 그리스도 앞에서 한 것이니 이는 우리로 사탄에게 속지 않게 하려 함이라 우리는 그 계책을 알지 못하는 바가 아니로라."

갈라디아서 6:7~8 "스스로 속이지 말라 하나님은 업신여김을 받지 아니하시나니 사람이 무엇으로 심든지 그대로 거두리라 자기의 육체를 위하여 심는 자는 육체로부터 썩어질 것을 거두고 성령을 위하여 심는 자는 성령으로부터 영생을 거두리라."

에베서서 6:18 "모든 기도와 간구를 하되 항상 성령 안에서 기도하고 이를 위하여 깨어 구하기를 항상 힘쓰며 여러 성도를 위하여 구하라."

빌립보서 1:9 "내가 기도하노라 너희 사랑을 지식과 모든 총명으로 점점 더 풍성하게 하사."

빌립보서 4:6 "아무것도 염려하지 말고 오직 모든 일에 기도와 간구로 너희 구할 것을 감사함으로 하나님께 아뢰라."

골로새서 4:2~3 "기도를 항상 힘쓰고 기도에 감사함으로 깨어 있으라 또한 우리를 위하여 기도하되 하나님이 전도할 문을 우리에게 열어 주사 그리스도의 비밀을 말하게 하시기를 구하라."

데살로니가전서 5:16~18 "항상 기뻐하라 쉬지 말고 기도하라 범사에 감사하라 이것이 그리스도 예수 안에서 너희를 향하신 하나님의 뜻이니라."

데살로니가전서 5:25 "형제들아 우리를 위하여 기도하라."

디모데전서 2:1~2 "그러므로 내가 첫째로 권하노니 모든 사람을 위하여 간구와 기도와 도고와 감사를 하되 임금들과 높은 지위에 있는 모든 사람을 위하여 하라 이는 우리가 모든 경건과 단정함으로 고요하고 평안한 생활을 하려 함이라."

디모데전서 2:8 "각처에서 남자들이 분노와 다툼이 없이 거룩한 손을 들어 기도하기를 원하노라."

디모데전서 4:5 "하나님의 말씀과 기도로 거룩하여짐이니라."

디모데전서 5:5 "참 과부로서 외로운 자는 하나님께 소망을 두어 주야로 항상 간구와 기도를 하거니와."

디모데후서 2:22 "또한 너는 청년의 정욕을 피하고 주를 깨끗한 마음으로 부르는 자들과 함께 의와 믿음과 사랑과 화평을 따르라."

야고보서 4:2~3 "너희는 욕심을 내어도 얻지 못하여 살인하며 시기하여도 능히 취하지 못하므로 다투고 싸우는도다 너희가 얻지 못함은 구하지 아니하기 때문이요 구하여도 받지 못함은 정욕으로 쓰려고 잘못 구하기 때문이라."

야고보서 1:5 "너희 중에 누구든지 지혜가 부족하거든 모든 사람에게 후히 주시고 꾸짖지 아니하시는 하나님께 구하라 그리하면 주시리라."

야고보서 1:6~8 "오직 믿음으로 구하고 조금도 의심하지 말라 의심하는 자는 마치 바람에 밀려 요동하는 바다 물결 같으니 이런 사람은 무엇이든지 주께 얻기를 생각하지 말라 두 마음을 품어 모든 일에 정함이 없는 자로다."

야고보서 5:13~14 "너희 중에 고난 당하는 자가 있느냐 그는 기도할 것이요 즐거워하는 자가 있느냐 그는 찬송할지니라 너희 중에 병든 자가 있느냐 그는 교회의 장로들을 청할 것이요 그들은 주의 이름으로 기름을 바르며 그를 위하여 기도할지니라."

야고보서 5:15~16 "믿음의 기도는 병든 자를 구원하리니 주께서 그를 일으키시리라 혹시 죄를 범하였을지라도 사하심을 받으리라 그러므로 너희 죄를 서로 고백하며 병이 낫기를 위하여 서로 기도하라 의인의 간구는 역사하는 힘이 큼이니라."

야고보서 5:17~18 "엘리야는 우리와 성정이 같은 사람이로되 그가 비가 오지 않기를 간절히 기도한즉 삼 년 육 개월 동안 땅에 비가 오지 아니하고 다시 기도하니 하늘이 비를 주고 땅이 열매를 맺었느니라."

베드로전서 3:7 "남편들아 이와 같이 지식을 따라 너희 아내와 동거하고 그를 더 연약한 그릇이요 또 생명의 은혜를 함께 이어받을 자로 알아 귀히 여기라 이는 너희 기도가 막히지 아니하게 하려 함이라."

베드로전서 4:7 "만물의 마지막이 가까이 왔으니 그러므로 너희는 정신을 차리고 근신하여 기도하라."

베드로전서 5:7~8 "너희 염려를 다 주께 맡기라 이는 그가 너희를 돌보심이라 근신하라 깨어라 너희 대적 마귀가 우는 사자같이 두루 다니며 삼킬 자를 찾나니."

요한일서 1:9 "만일 우리가 우리 죄를 자백하면 그는 미쁘시고 의로우사 우리 죄를 사하시며 우리를 모든 불의에서 깨끗하게 하실 것이요."

유다서 1:20~21 "사랑하는 자들아 너희는 너희의 지극히 거룩한 믿음 위에 자신을 세우며 성령으로 기도하며 하나님의 사랑 안에서 자신을 지키며 영생에 이르도록 우리 주 예수 그리스도의 긍휼을 기다리라."

요한계시록 5:7~8 "그 어린 양이 나아와서 보좌에 앉으신 이의 오른손에서 두루마리를 취하시니라 그 두루마리를 취하시매 네 생물과 이십사 장로들이 그 어린 양 앞에 엎드려 각각 거문고와 향이 가득한 금 대접을 가졌으니 이 향은 성도의 기도들이라."

요한계시록 8:3~4 "또 다른 천사가 와서 제단 곁에 서서 금향로를 가지고 많은 향을 받았으니 이는 모든 성도의 기도와 합하여 보좌 앞 금 제단에 드리고자 함이라 향연이 성도의 기도와 함께 천사의 손으로부터 하나님 앞으로 올라가는지라."

Ⅳ. 기도에 인용할 성경구절

·············· **구약 성경** ··············

창세기 1:28 "하나님이 그들에게 복을 주시며 그들에게 이르시되 생육하고 번성하여 땅에 충만하라, 땅을 정복하라, 바다의 고기와 공중의 새와 땅에 움직이는 모든 생물을 다스리라 하시니라."

창세기 12:2~3 "내가 너로 큰 민족을 이루고 네게 복을 주어 네 이름을 창대케 하리니 너는 복의 근원이 될지라 너를 축복하는 자에게는 내가 복을 내리고 너를 저주하는 자에게는 내가 저주하리니 땅의 모든 족속이 너를 인하여 복을 얻을 것이니라 하신지라."

출애굽기 3:14 "하나님이 모세에게 이르시되 나는 스스로 있는 자니라."

출애굽기 3:15 "하나님이 또 모세에게 이르시되 너는 이스라엘 자손에게 이같이 이르기를 너희 조상의 하나님 여호와 곧 아브라함의 하나님, 이삭의 하나님, 야곱의 하나님께서 나를 너희에게 보내셨다 하라 이는 나의 영원한 이름이요 대대로 기억할 나의 칭호니라."

출애굽기 15:26 "이르시되 너희가 너희 하나님 나 여호와의 말을 들어 순종하고 내가 보기에 의를 행하며 내 계명에 귀를 기울이며 내 모든 규례를 지키면 내가 애굽 사람에게 내린 모든 질병 중 하나도 너희에게 내리지 아니하리니 나는 너희를 치료하는 여호와임이라."

출애굽기 16:4 "그 때에 여호와께서 모세에게 이르시되 보라 내가 너희를 위하여 하늘에서 양식을 비같이 내리리니 백성이 나가서 일용할 것을 날마다 거둘 것이라 이같이 하여 그들이 내 율법을 준행하나 아니하나 내가 시험하리라."

출애굽기 31:13 "너는 이스라엘 자손에게 고하여 이르기를 너희는 나의 안식일을 지키라 이는 나와 너희 사이에 너희 대대의 표징이니 나는 너희를 거룩하게 하는 여호와인 줄 너희로 알게 함이라."

출애굽기 34:7 "인자를 천 대까지 베풀며 악과 과실과 죄를 용서하나 형벌받을 자는 결단코 면죄하지 않고 아비의 악을 자여손 삼 사 대까지 보응하리라."

레위기 18:5 "너희는 나의 규례와 법도를 지키라 사람이 이를 행하면 그로 인하여 살리라 나는 여호와니라."

레위기 19:2 "너는 이스라엘 자손의 온 회중에게 고하여 이르라 너희는 거룩하라 나 여호와 너희 하나님이 거룩함이니라."

레위기 19:18 "원수를 갚지 말며 동포를 원망하지 말며 이웃 사랑하기를 네 몸과 같이 하라 나는 여호와니라."

신명기 6:4~5 "이스라엘아 들으라 우리 하나님 여호와는 오직 하나인 여호와시니 너는 마음을 다하고 성품을 다하고 힘을 다하여 네 하나님 여호와를 사랑하라."

신명기 7:9~10 "그런즉 너는 알라 오직 네 하나님 여호와는 하나님이시요 신실하신 하나님이시라 그를 사랑하고 그 계명을 지키는 자에게는 천 대까지 그 언약을 이행하시며 인애를 베푸시되 그를 미워하는 자에게는 당장에 보응하여 멸하시나니 여호와는 자기를 미워하는 자에게 지체하지 아니하시고 당장에 그에게 보응하시느니라."

여호수아 1:7 "오직 너는 마음을 강하게 하고 극히 담대히 하여 나의 종 모세가 네게 명한 율법을 다 지켜 행하고 좌로나 우로나 치우치지 말라 그리하면 어디로 가든지 형통하리니."

여호수아 1:9 "내가 네게 명한 것이 아니냐 마음을 강하게 하고 담대히 하라 두려워 말며 놀라지 말라 네가 어디로 가든지 네 하나님 나 여호와가 너와 함께하느니라 하시니라."

사무엘상 2:7 "여호와는 가난하게도 하시고 부하게도 하시며 낮추기도 하시고 높이기도 하시는도다."

사무엘상 15:22 "사무엘이 가로되 여호와께서 번제와 다른 제사를 그 목소리 순종하는 것을 좋아하심같이 좋아하시겠나이까 순종이 제사보다 낫고 듣는 것이 숫양의 기름보다 나으니."

사무엘상 16:7 "여호와께서 사무엘에게 이르시되 그 용모와 신장을 보지 말라 내가 이미 그를 버렸노라 나의 보는 것은 사람과 같지 아니하니 사람은 외모를 보거니와 나 여호와는 중심을 보느니라."

사무엘하 22:2~3 "가로되 여호와는 나의 반석이시요 나의 요새시요 나를 건지시는 자시요 나의 하나님이시요 나의 피할 바위시요 나의 방패시요 나의 구원의 뿔이시요 나의 높은 망대시요 나의 피난처시요 나의 구원자시라 나를 흉악에서 구원하셨도다."

욥기 23:10 "나의 가는 길을 오직 그가 아시나니 그가 나를 단련하신 후에는 내가 정금같이 나오리라."

잠언 3:5~6 "너는 마음을 다하여 여호와를 의뢰하고 네 명철을 의지하지 말라 너는 범사에 그를 인정하라 그리하면 네 길을 지도하시리라."

잠언 16:1 "마음의 경영은 사람에게 있어도 말의 응답은 여호와께로서 나느니라."

잠언 16:18 "교만은 패망의 선봉이요 거만한 마음은 넘어짐의 앞잡이니라."

이사야 1:18 "여호와께서 말씀하시되 오라 우리가 서로 변론하자 너희 죄가 주홍 같을지라도 눈과 같이 희어질 것이요 진홍같이 붉을지라도 양털같이 되리라."

이사야 6:8 "내가 또 주의 목소리를 들은즉 이르시되 내가 누구를 보내며 누가 우리를 위하여 갈꼬 때에 내가 가로되 내가 여기 있나이다 나를 보내소서."

이사야 40:31 "오직 여호와를 앙망하는 자는 새 힘을 얻으리니 독수리가 날개치며 올라감 같을 것이요 달음박질하여도 곤비하지 아니하겠고 걸어가도 피곤하지 아니하리로다."

이사야 41:10 "두려워 말라 내가 너와 함께함이니라 놀라지 말라 나는 네 하나님이 됨이니라, 내가 너를 굳세게 하리라, 참으로 너를 도와주리라, 참으로 나의 의로운 오른손으로 너를 붙들리라."

이사야 42:3 "상한 갈대를 꺾지 아니하며 꺼져가는 등불을 끄지 아니하고 진리로 공의를 베풀 것이며."

이사야 49:6 "그가 이르시되 네가 나의 종이 되어 야곱의 지파들을 일으키며 이스라엘 중에 보전된 자를 돌아오게 할 것은 매우 쉬운 일이라 내가 또 너를 이방의 빛으로 삼아 나의 구원을 베풀어서 땅 끝까지 이르게 하리라."

이사야 55:8 "이는 내 생각이 너희의 생각과 다르며 내 길은 너희의 길과 다름이니라."

예레미야 33:3 "너는 내게 부르짖으라 내가 네게 응답하겠고 네가 알지 못하는 크고 비밀한 일을 네게 보이리라."

다니엘 12:3 "지혜 있는 자는 궁창의 빛과 같이 빛날 것이요 많은 사람을 옳은 데로 돌아오게 한 자는 별과 같이 영원토록 비취리라."

호세아 6:1 "오라 우리가 여호와께로 돌아가자 여호와께서 우리를 찢으셨으나 도로 낫게 하실 것이요 우리를 치셨으나 싸매어 주실 것임이라."

호세아 6:3 "그러므로 우리가 여호와를 알자 힘써 여호와를 알자 그의 나오심은 새벽 빛같이 일정하니 비와 같이, 땅을 적시는 늦은 비와 같이 우리에게 임하시리라 하리라."

호세아 6:6 "나는 인애를 원하고 제사를 원치 아니하며 번제보다 하나님을 아는 것을 원하노라."

아모스 8:11 "주 여호와께서 가라사대 보라 날이 이를지라 내가 기근을 땅에 보내리니 양식이 없어 주림이 아니며 물이 없어 갈함이 아니요 여호와의 말씀을 듣지 못한 기갈이라."

하박국 3:17~18 "비록 무화과나무가 무성치 못하며, 포도나무에 열매가 없으며, 감람나무에 소출이 없으며, 밭에 식물이 없으며, 우리에 양이 없으며, 외양간에 소가 없을지라도 나는 여호와를 인하여 즐거워하며 나의 구원의 하나님을 인하여 기뻐하리로다."

학개 2:8 "은도 내 것이요 금도 내 것이니라 만군의 여호와의 말이니라."

말라기 3:10 "만군의 여호와가 이르노라 너희의 온전한 십일조를 창고에 들여 나의 집에 양식이 있게 하고, 그것으로 나를 시험하여 내가 하늘 문을 열고 너희에게 복을 쌓을 곳이 없도록 붓지 아니하나 보라."

말라기 4:2 "내 이름을 경외하는 너희에게는 의로운 해가 떠올라서 치료하는 광선을 발하리니, 너희가 나가서 외양간에서 나온 송아지같이 뛰리라."

마태복음 4:4 "예수께서 대답하여 이르시되 기록되었으되 사람이 떡으로만 살 것이 아니요 하나님의 입으로부터 나오는 모든 말씀으로 살 것이라 하였느니라 하시니."

마태복음 4:19 "말씀하시되 나를 따라 오너라 내가 너희로 사람을 낚는 어부가 되게 하리라 하시니."

마태복음 5:20 "내가 너희에게 이르노니 너희 의가 서기관과 바리새인보다 더 낫지 못하면 결단코 천국에 들어가지 못하리라."

마태복음 5:44 "나는 너희에게 이르노니 너희 원수를 사랑하며 너희를 핍박하는 자를 위하여 기도하라."

마태복음 6:33 "너희는 먼저 그의 나라와 그의 의를 구하라 그리하면 이 모든 것을 너희에게 더하시리라."

마태복음 7:7 "구하라 그러면 너희에게 주실 것이요, 찾으라 그러면 찾을 것이요, 문을 두드리라 그러면 너희에게 열릴 것이니."

마태복음 7:12 "그러므로 무엇이든지 남에게 대접을 받고자 하는 대로 너희도 남을 대접하라."

마태복음 9:13 "너희는 가서 내가 긍휼을 원하고 제사를 원치 아니하노라 하신 뜻이 무엇인지 배우라 내가 의인을 부르러 온 것이 아니요 죄인을 부르러 왔노라 하시니라."

마태복음 11:28 "수고하고 무거운 짐진 자들아 다 내게로 오라 내가 너희를 쉬게 하리라."

마태복음 11:29~30 "나는 마음이 온유하고 겸손하니 나의 멍에를 메고 내게 배우라 그러면 너희 마음이 쉼을 얻으리니 이는 내 멍에는 쉽고 내 짐은 가벼움이라 하시니라."

마태복음 16:24 "이에 예수께서 제자들에게 이르시되 아무든지 나를 따라 오려거든 자기를 부인하고 자기 십자가를 지고 나를 좇을 것이니라."

마태복음 16:25 "누구든지 제 목숨을 구원코자 하면 잃을 것이요 누구든지 나를 위하여 제 목숨을 잃으면 찾으리라."

마가복음 2:17 "예수께서 들으시고 저희에게 이르시되 건강한 자에게는 의원이 쓸데없고 병든 자에게라야 쓸 데 있느니라 내가 의인을 부르러 온 것이 아니요 죄인을 부르러 왔노라 하시니라."

요한복음 3:5 "예수께서 대답하시되 진실로 진실로 네게 이르노니 사람이 물과 성령으로 나지 아니하면 하나님 나라에 들어갈 수 없느니라."

요한복음 4:24 "하나님은 영이시니 예배하는 자가 신령과 진정으로 예배할지니라."

요한복음 8:32 "진리를 알지니 진리가 너희를 자유롭게 하리라."

요한복음 11:25~26 "예수께서 이르시되 나는 부활이요 생명이니 나를 믿는 자는 죽어도 살겠고, 무릇 살아서 나를 믿는 자는 영원히 죽지 아니하리니 이것을 네가 믿느냐."

요한복음 12:24 "내가 진실로 진실로 너희에게 이르노니 한 알의 밀이 땅에 떨어져 죽지 아니하면 한 알 그대로 있고 죽으면 많은 열매를 맺느니라."

요한복음 14:6 "예수께서 이르시되 내가 곧 길이요 진리요 생명이니 나로 말미암지 않고는 아버지께로 올 자가 없느니라."

요한복음 14:27 "평안을 너희에게 끼치노니 곧 나의 평안을 너희에게 주노라 내가 너희에게 주는 것은 세상이 주는 것 같지 아니하니라 너희는 마음에 근심도 말고 두려워하지도 말라."

사도행전 16:31 "주 예수를 믿으라 그리하면 너와 네 집이 구원을 받으리라."

로마서 6:23 "죄의 삯은 사망이요 하나님의 은사는 그리스도 예수 우리 주 안에 있는 영생이니라."

로마서 8:1~2 "그러므로 이제 그리스도 예수 안에 있는 자에게는 결코 정죄함이 없나니 이는 그리스도 예수 안에 있는 생명의 성령의 법이 죄와 사망의 법에서 너를 해방하였음이라."

로마서 8:28 "우리가 알거니와 하나님을 사랑하는 자 곧 그 뜻대로 부르심을 입은 자들에게는 모든 것이 합력하여 선을 이루느니라."

로마서 10:17 "그러므로 믿음은 들음에서 나며 들음은 그리스도의 말씀으로 말미암았느니라."

로마서 12:1~2 "그러므로 형제들아 내가 하나님의 자비하심으로 너희를 권하노니 너희 몸을 하나님이 기뻐하시는 거룩한 산제사로 드리라 이는 너희의 드릴 영적 예배니라. 너희는 이 세대를 본받지 말고 오직 마음을 새롭게 함으로 변화를 받아 하나님의 선하시고 기뻐하시고 온전하신 뜻이 무엇인지 분별하도록 하라.”

고린도전서 4:2 “맡은 자들에게 구할 것은 충성이니라.”

고린도전서 13:13 “믿음, 소망, 사랑, 이 세 가지는 항상 있을 것인데 그 중에 제일은 사랑이라.”

고린도후서 5:17 “그런즉 누구든지 그리스도 안에 있으면 새로운 피조물이라 이전 것은 지나갔으니 보라 새것이 되었도다.”

에베소서 4:24 “하나님을 따라 의와 진리의 거룩함으로 지으심을 받은 새사람을 입으라.”

에베소서 5:18 “술 취하지 말라 이는 방탕한 것이니 오직 성령의 충만을 받으라.”

빌립보서 4:6 “아무것도 염려하지 말고 다만 모든 일에 기도와 간구로, 너희 구할 것을 감사함으로 하나님께 아뢰라.”

빌립보서 4:13 “내게 능력 주시는 자 안에서 내가 모든 것을 할 수 있느니라.”

베드로전서 2:9 "그러나 너희는 택하신 족속이요 왕 같은 제사장들이요 거룩한 나라요 그의 소유가 된 백성이니 이는 너희를 어두운 데서 불러 내어 그의 기이한 빛에 들어가게 하신 이의 아름다운 덕을 선포하게 하려 하심이라."

베드로전서 5:8 "근신하라 깨어라 너희 대적 마귀가 우는 사자같이 두루 다니며 삼킬 자를 찾나니."

V. 특별기도를 위한 성경구절

자신을 위하여

- 고린도전서 1:26~31
- 빌립보서 4:8
- 베드로전서 1:5~6, 13~16
- 고린도후서 2:14~15
- 골로새서 1:9~12

가족과 가정을 위하여

- 시편 1:1~3
- 시편 37:23~24
- 잠언 3:33
- 에베소서 5:1~4
- 시편 16:11
- 시편 127:10
- 에베소서 3:13~19

교회와 기관을 위하여

- 요한복음 17:11
- 사도행전 2:42
- 사도행전 1:14
- 고린도전서 12:12~13

- 에베소서 4:1~3
- 빌립보서 2:1~7

- 에베소서 11~16

지역사회를 위하여

- 시편 127:16
- 고린도전서 10:24
- 고린도후서 5:14~21

- 예레미야 33:3~8
- 고린도후서 2:14~17

국가를 위하여

- 역대하 7:14
- 역대하 15:2
- 역대하 24:20
- 에스라 8:21~23

- 역대하 12:12
- 역대하 20:3~6,12
- 역대하 30:12
- 에스겔 8:17~18

권세자들을 위하여

- 사무엘상 12:14~15
- 로마서 13:1
- 디모데전서 1:6

- 예레미야 33:3
- 고린도전서 2:5
- 디모데전서 2:1~6

불신자들을 위하여

- 마태복음 9:37~38
- 요한복음 14:13~14
- 로마서 13~15

- 요한복음 6:44
- 로마서 10:1
- 고린도후서 4:3~4

- 에베소서 2:2
- 디모데전서 2:4~6
- 디모데후서 2:25~26
- 베드로후서 3:9
- 계시록 3:20

병든 자들을 위하여

- 출애굽기 15:6
- 욥기 2:6~7
- 욥기 5:18
- 시편 6:2
- 시편 30:2
- 시편 41:3~4
- 시편 130:3~5
- 시편 107:20
- 시편 147:2~3
- 이사야서 30:26
- 이사야서 38:16
- 이사야서 53:5
- 이사야서 57:18~19
- 이사야서 58:8~9
- 이사야서 61:1
- 예레미야서 17:14
- 예레미야서 30:17
- 예레미야서 33:6~8
- 말라기 4:2
- 마태복음 4:24
- 마태복음 9:6-7
- 마태복음 10:1
- 마태복음 10:7~8
- 마태복음 12:10~13
- 마태복음 14:14
- 마태복음 14:36
- 마가복음 3:5
- 마가복음 16:17~18
- 누가복음 4:39
- 누가복음 6:18~19
- 누가복음 8:43~44
- 누가복음 9:11
- 누가복음 17:12~14
- 요한복음 5:8~9, 14
- 요한복음 9:1,6~7
- 사도행전 3:6
- 사도행전 5:16
- 사도행전 9:33~34

- 사도행전 9:40
- 사도행전 28:9
- 야고보서 5:14~16
- 베드로전서 2:24

- 사도행전 14:8~10
- 고린도전서 11:30
- 디모데전서 5:23
- 요한계시록 21:4

시험에 든 자를 위하여

- 마태복음 26:41
- 고린도전서 10:13
- 야고보서 1:2~3
- 야고보서 1:14

- 누가복음 10:19
- 갈라디아서 6:1
- 야고보서 1:13
- 베드로전서 4:13

낙심하고 박해 받는 사람들을 위하여

- 시편 146:76
- 요한복음 8:31~32,36
- 고린도전서 10:13

- 마태복음 5:44~45
- 로마서 6:19~23
- 고린도후서 3:17

VI. 심방기도를 위한 성경구절

교회 출석을 등한히 하는 자를 위하여

- 무거운 짐진 자들아 다 내게로 오라(마 11:28)
- 멀찍이 예수를 좇음(마 26:58)
- 주일에 주님 부활하심을 뵈옴(요 20:19~23)
- 열심으로 주님께 봉사하라(롬 12:11)
- 지금이 곧 은혜 받을 때(고후 6:1~2)
- 누가 너희를 막더냐(갈 5:7)
- 스스로 속고 있는 생활(갈 6:7)
- 처음 은혜를 보존하라(히 3:14)
- 때를 따라 은혜 받을 것(히 4:16)
- 모이기를 힘써라(히 10:25)

세상만 사랑하는 자를 위하여

- 물질만 치중한 롯의 신앙(창 13:10~13)

- 명예에만 치중한 발람(민 22:17)
- 형식적 신자로 버림받은 자(마 7:21~23)
- 가시덤불과 같은 마음 밭(마 13:22)
- 롯의 아내를 생각하라(눅 17:32)
- 육신대로 살면 죽음(빌 3:18~19)
- 위에 것을 생각하라(골 3:1~2)
- 하나님과 원수된 생활(약 4:4)
- 하나님의 사랑을 떠난 자(요일 2:15)

믿음이 약한 자를 위하여

- 우리의 연약함을 친히 담당하심(마 8:17)
- 육신은 연약함(마 26:41)
- 연약한 자를 위하여 그리스도께서 죽으심(롬 5:6)
- 성령이 우리의 연약함을 도우심(롬 8:26)
- 믿음 연약한 자에 대한 태도(롬 14:1~3)
- 사도들도 약할 때가 있음(고전 2:3)
- 약자에게 거리낌이 안 되도록(고전 8:9)
- 강한 신앙으로 발전할 것(고전 15:43)
- 마음 약한 자를 안위할 것(살전 5:14)
- 주님도 우리의 연약을 채휼하심(히 4:15)

열심이 없는 자를 위하여

- 여호와를 위한 열심(왕하 10:16)
- 열심의 옷을 입을 것(사 59:17)

- 거룩한 이름을 위하여 열심을 낼 것(겔 39:25)
- 헛된 열심을 품은 자(롬 10:2~3)
- 열심을 품고 주님을 섬기라(롬 12:11)
- 참된 열심이 많은 사람을 격동시킴(고후 9:2)
- 하나님의 열심을 배울 것(고후 11:2)
- 열심 선행하면 해할 자가 없음(벧전 3:13)
- 좋은 일을 열심으로 사모할 것(갈 4:18)

새로 믿는 자를 위하여

- 마음에 더디 믿는 자(눅 24:25~32)
- 의심하는 것도 무리가 아님(요 1:45~46)
- 저를 믿는 자는 영생을 얻음(요 3:15)
- 하나님의 권속이 됨(엡 2:19)
- 어린이같이 유혹에 빠지지 말 것(엡 4:14)
- 이방인의 허망을 품지 말 것(엡 4:17)
- 옛사람을 벗고 새사람을 입을 것(엡 4:22~24)
- 예수의 모양을 좇을 것(골 3:9~10)
- 처음부터 끝까지 잘 믿을 것(히 3:14)
- 은혜의 보좌 앞에 담대히 나갈 것(히 4:16)

기도를 게을리 하는 자를 위하여

- 기도는 여호와의 명령임(사 55:6)
- 원혐이 있는 자의 기도는 막힘(마 5:23~24)

- 혐의를 품고 하는 기도는 헛됨(막 11:25)
- 항상 기도할 것(눅 18:1)
- 교만한 자의 기도는 듣지 않으심(눅 11:12)
- 쉬지 말고 기도할 것(살전 5:17)
- 믿음이 없이 하는 기도는 헛수고(히 11:6)
- 의심하는 자의 기도는 헛됨(약 1:6~8)
- 정욕으로 쓰려고 기도하면 안 됨(약 4:3)

믿지 않는 가정을 위하여

- 등불을 전 가족에게 비출 것(마 5:15)
- 가족 중에 원수가 있음(마 10:34~39)
- 겨자씨 한 알이 큰 나무가 됨(마 13:31~32)
- 누룩은 가루 전체를 부풀게 함(마 13:33)
- 하나님 뜻대로 하는 자가 참 가족(막 3:31~35)
- 아내의 믿음으로 거룩하게 됨(고전 7:12~16)
- 하나님의 권속(엡 2:19)
- 집안 사람을 돌볼 책임이 있음(딤전 5:8)
- 세상과 벗되면 하나님과 원수됨(약 4:4)
- 정결한 신앙 행위로 감화를 주라(벧전 3:1~2)

신앙에 갈등을 하는 자를 위하여

- 의인의 요동을 허락치 아니하심(시 55:22)
- 마음이 요동치 아니함(렘 4:1)

- 불신자는 하나님의 진노를 받음(요 3:36)
- 뉘게로 가오리까(요 6:68)
- 진리로 거룩하게 될 것(요 17:17)
- 너희를 요동케 하는 자가 누구냐(갈 5:10)
- 풍조에 밀려 요동치 않게 함(엡 4:14)
- 여러 환란 중에 동요치 않게 함(살전 3:3)
- 믿음의 터 위에 굳게 설 것(골 2:23)

타락한 자를 위하여

- 육신의 사망 선고(창 3:19)
- 수고와 비애의 정죄를 받음(창 3:16~19)
- 낙원에서 쫓겨남(창 3:24)
- 뒤를 돌아다 본 롯의 처(창 19:26)
- 나귀의 책망을 받은 발람(민 22:21~35)
- 타락한 사사 삼손(삿 16:15~22)
- 영원한 죽음(욥 21:30)
- 성령을 거역하는 죄(살전 5:19)
- 구원을 경시하는 죄(히 2:3)
- 예수를 두 번 못박는 죄(히 6:4~6)

시험을 당한 자를 위하여

- 명예를 얻을 때 시험받기 쉬움(민 22:17)
- 평안할 때 시험받기 쉬움(삼하 11:2~5)

- 악한 벗과의 교제로 시험받음(잠 1:10)
- 빈곤, 부요할 때 시험받기 쉬움(잠 30:8~9)
- 구원을 얻게 하려는 것(고전 5:5)
- 피할 길을 예비해 주심(고전 10:13)
- 너무 자고치 않게 하시려고 가시를 줌(고후 12:7)
- 주와 함께 십자가에 죽는 것(갈 2:20)
- 하나님의 성령을 근심되게 말 것(엡 4:30)
- 징계를 경시하지 말 것(히 12:5)
- 책망 받을 때 낙심하지 말 것(히 12:5)
- 시험을 참는 자가 복이 있음(약 1:2~4)
- 시험을 참는 자가 복이 있음(약 1:12~14)
- 믿음의 시련은 금보다 귀함(벧전 1:6~7)
- 불시험을 이상히 여기지 말 것(벧전 4:12)
- 믿음을 굳게 연단함(벧전 5:10)

낙심한 자를 위하여

- 기회를 찾아 가까이 나옴(사 55:6)
- 회개의 열매를 맺을 것(마 3:8)
- 더 큰 증세 발할까 조심할 것(요 5:14)
- 성령의 인도하심을 받을 것(요 16:13)
- 회개자에게 성령 주심(행 2:38)
- 유쾌하게 되는 날(행 3:19)
- 성령의 감화적 은총(행 11:17)

- 옛사람을 완전히 버릴 것(엡 4:22~24)
- 성령의 감화를 소멸치 말 것(살전 5:19)
- 회개의 시기는 지금 오늘(히 3:7~8)

교회에 불평하는 자를 위하여

- 원망 불평으로 40년간 방황(민 14:1~39)
- 주의 피로 산 교회(행 20:28)
- 교회에서 거치는 자 되지 말라(고전 10:32)
- 교회를 업신 여기지 말라(고전 11:22)
- 교회에서 잠잠하라(고전 14:28,34)
- 교회 핍박이 주를 핍박하는 것임(갈 1:13)
- 그리스도 안에 있는 교회들(갈 1:22)
- 교회의 머리는 그리스도(엡 5:23)
- 그리스도의 몸된 교회(골 1:24)

교우 간에 불화한 자를 위하여

- 분내는 자는 쟁투를 일으킴(잠 16:18)
- 화평케 하는 자는 하나님의 아들(마 5:9)
- 예물드림보다 앞서 형제와 화목(마 5:29)
- 힘써 뭇사람과 더불어 화목하라(롬 12:18~21)
- 서로 싸우면 피차 멸망(갈 5:14~15)
- 되지 못하고 된 줄로 아는 자(갈 6:3)
- 성도는 하나님의 권속(엡 2:19)

- 마귀로 틈타지 못하게 하라(엡 4:25~27)
- 혐의가 있거든 용서하라(골 3:12~17)
- 노하기를 더디 하라(약 1:19)

교회를 부인하는 자를 위하여

- 반석 위에 세운 교회(마 16:18)
- 그리스도의 피로 산 교회(행 20:28)
- 교회를 핍박하는 것은 큰 죄(갈 1:13)
- 그리스도 안에 있는 교회들(갈 1:22)
- 그리스도의 몸(엡 1:22)
- 그리스도께서 보양하시는 교회(엡 5:29)
- 살아계신 하나님의 교회(딤전 3:15)
- 선한 성도를 교회에서 내어쫓음(요삼 1:10)
- 성령이 교회에게 하시는 말씀(계 2:7)

이단에 미혹된 자를 위하여

- 다른 신을 섬기면 하나님의 진노를 삼(신 11:16~17)
- 마음이 미혹되면 안식에 못들어 감(시 95:10~11)
- 거짓 선지자들을 삼갈 것(마 7:15~23)
- 말세에는 거짓 선지자가 많음(마 24:11)
- 궤술과 배도가 예언됨(엡 4:14)
- 궤술과 간사한 유혹에 빠짐(엡 4:14)
- 배도가 예언됨(살후 2:3)

- 진리를 떠난 자(약 5:19~20)
- 사람의 교훈을 받음(요일 2:26~27)
- 말세에 기롱군이 생김(유 1:18~19)

근심, 염려하는 자를 위하여

- 즐거움 끝에는 근심이 있음(잠 14:13)
- 마음의 근심은 심령을 상하게 함(잠 15:13)
- 심령의 근심은 뼈가 갈라짐(잠 17:22)
- 내일 일을 위하여 염려하지 말라(마 6:34)
- 너희는 마음에 근심하지 말라(요 14:1)
- 너희가 염려 없기를 원하노라(고전 7:32)
- 너무 많은 근심에 잠길까 두려움(고후 2:7)
- 세상 근심은 사망을 이룸(고후 7:10)
- 하나님의 약속을 기억하라(히 13:5~6)
- 너희 염려를 주께 맡겨 버리라(벧전 5:7)

불화한 가정을 위하여

- 원망하는 일이 불평의 원인(출 4:25)
- 남편을 업신여기며 조롱함(삼하 6:16)
- 감정을 상하게 하지 말 것(욥 2:9)
- 심중의 불편을 말함(시 37:8)
- 분노는 쟁투를 일으킴(잠 15:18)
- 마음을 다스려야 화평해짐(잠 16:32)

- 분쟁하면 사막 생활보다 못함(잠 11:19)
- 마귀가 틈타지 못하게 할 것(엡 4:26~27)
- 말하기를 더디 해야 함(약 1:19~20)
- 기도가 막힘(벧전 3:7)

재물을 탐하는 자를 위하여

- 탐재하다가 영육이 같이 망함(수 7:16~26)
- 탐재하다가 신앙 계승 못함(삼상 2:12~14)
- 탐재하다가 왕위를 상실함(삼삼 15:9~19)
- 탐재는 신앙 성장의 방해(마 13:22)
- 영생은 재물보다 귀함(마 19:22)
- 탐재하다가 사도직을 빼앗김(마 26:14~15)
- 탐재하다가 영혼까지 상실함(눅 12:13~20)
- 영혼 구원보다도 돈벌이에 치중함(행 16:16~18)
- 탐심은 우상 숭배(엡 5:5)
- 탐재하다가 선지 직분 탈락(벧후 2:15)
- 탐재하다가 선지 직분 탈락(유 1:11)

직분 맡은 자를 위하여

- 내가 누구관대(출 3:11)
- 나는 내 아버지 집에서 가장 작은 자(삿 6:15)
- 가시나무가 왕이 되겠다고(삿 9:14~15)
- 어려서 부름받은 사무엘(삼상 3:1~5)

- 사울이 왕됨을 황송해 함(삼상 10:20~24)
- 중심을 보시고 택하시는 하나님(삼삼 16:6~13)
- 이사야가 부름에 응함(사 6:8)
- 자기 부족을 느끼며 송구해 함(욘 1:1~17)
- 직분을 피하려다 책망받음(렘 1:6)
- 자기 부족을 깨닫는 자가 더 큰 책임을 맡음(눅 5:1~11)

이사한 가정을 위하여

- 남방으로 이사한 아브라함(창 20:1)
- 민족적 집단 이사 출애굽(출 13:1~6)
- 이방땅으로 이사감(룻 1:1~2)
- 고향으로 이사옴(룻 1:19~22)
- 낮에 이사하라(겔 12:1~7)
- 예수님 가정의 이사(마 4:14)
- 이사는 하나님의 섭리(행 7:3~4)
- 기업 얻을 땅으로 이사(히 11: 8~10)

사업에 실패한 자를 위하여

- 욥의 경우를 생각하라(욥 1:21~22)
- 두려워 말며, 낙심하지 말라(사 7:4)
- 사업 실패의 원인을 살펴라(학 1:3~6)
- 실패의 원인을 반성, 회개하라(눅 15:13~21)
- 이제부터는 육체대로 알지 않겠음(고후 5:16)

- 육체를 위해 심은 결과(갈 6:8)
- 이방인의 허망을 버리라(엡 4:17)
- 주의 뜻이면 이것저것 함(약 4:15)

가난한 자들을 위하여

- 가난한 자에게 먹을 것을 주심(레 19:9~10)
- 가난과 부유함은 하나님께 있음(삼상 2:7)
- 가난한 자가 소망이 있음(욥 5:16)
- 게으르면 가난해짐(잠 10:4)
- 가난한 듯한 부자(잠 13:7)
- 가난해도 도적질 말라(잠 30:9)
- 가난해도 지혜 있는 소년(전 4:13)
- 가난한 자들을 초대하라(눅 14:13,21)
- 가난한 자들을 구제하라(롬 15:26)

약혼

- 하나님의 뜻에 순응함(창 24:56~58)
- 부모님의 허락(창 24:1~4)
- 본인들의 의사 존중(창 24:62~63)
- 서약을 파약하지 말고 시행할 것(민 30:2)
- 맹세는 변할 수 없음(시 110:4)
- 결혼 시까지 정결을 도모할 것(마 1:56)

결혼

- 여자를 남자의 배필로 정함(창 2:18)
- 하나님의 창조 원리(창 2:24~25)
- 거룩한 자손을 낳게 함(말 2:15)
- 혼인의 신성성(살전 4:3~6)
- 혼인의 귀중성(히 13:4)
- 아브라함과 같은 자손(창 15:4~5)

임신

- 사라가 잉태하여 이삭을 낳음(창 21:1~3)
- 종신토록 헌신하기로 서약함(삼상 1:28)
- 종신토록 헌신하기로 서약함(삼상 2:21)
- 엘리사벳이 세례 요한을 낳음(눅 1:13~16)
- 주의 사역자의 수고를 이해함(갈 4:19)

출산

- 사람이 세상에 태어남을 즐거워함(요 16:21)
- 성령의 약속을 계승함(행 2:39)
- 영생을 계승함(고전 15:44)
- 부모의 신앙을 계승함(딤후 1:5)
- 사라가 해산 후 기뻐서 웃음(창 21:6)
- 엘가나가 사무엘을 낳고 제사드림(삼상 1:21)
- 엘리사벳이 기뻐하며 감사함(눅 1:57~58)

- 여호와의 도로 가르치라(신 31:12~13)
- 하나님을 위하여 자녀를 양육함(삼상 1:22~23)
- 첫 아들은 주의 거룩한 자임(눅 2:23)

생일

- 중생이 필요함(요 3:3~7)
- 육신으로 낳으나 신령한 몸을 가짐(고전 15:44)

환갑

- 건강 장수의 축복(수 14:10~11)
- 자녀는 여호와의 상급(시 127:3)
- 가정 화목의 축복(시 128:1~6)
- 백발은 영화의 면류관(잠 16:31)
- 재산(일용양식)의 축복(잠 30:8~9)

임종

- 수가 높고 나이 많아 기운이 진함(창 25:8)
- 자녀들에게 축복하고 별세함(창 49:1~3)
- 자녀들에게 신앙의 부탁을 하고 별세함(왕상 2:1~3)
- 신앙의 자녀들에게 유언함(딤후 4:1~8)
- 믿음의 임종자 요셉(히 11:22)
- 육체의 남은 때를 하나님의 뜻대로 삶(벧전 4:1~2)
- 열심과 사랑으로 최후를 장식할 것(벧전 4:8)

죽음

- 세상의 나그네 길의 험악함(창 47:9)
- 장수 후의 별세는 곡식 결실과 같음(욥 5:26)
- 세상 생활은 괴로움 뿐(욥 14:1~2)
- 빠른 세월은 수고로울 뿐(시 90:10)
- 육신의 생애는 아침 안개와 같음(약 4:13~15)
- 육신의 생애는 들의 꽃과 같음(벧전 1:24)

추도

- 지극한 효성의 슬픔(창 50:10)
- 영원한 소망은 임종시에 필요(요 14:1~3)
- 아버지 집에 가 계신 것을 기억(요 14:1~3)
- 부모의 부탁을 기억(행 20:28)

VII. 기독교 교리와 기도

1. 하나님의 섭리와 기도

하나님은 만물을 창조하셨을 뿐 아니라 유지시키신다. 섭리란 모든 피조물을 보존하시고, 사건 속에서 활동하심으로써 당신의 작정한 목적에 맞게 만물을 이끄시는 하나님의 주권적 통치이다.

1) 하나님의 섭리란?

섭리란 하나님이 모든 것을 경영하시는 것을 말한다. 현상계와 영계, 우주 전체를 포함하고, 천국과 지옥과 현세와 내세 인생과 모든 생명체, 천사와 마귀 등을 포함하여 하나님의 뜻대로 경영하시는 것을 의미하는 것이다.

로마서 11:36에 "만물이 주에게서 나오고 주로 말미암고 주에게로 돌아가니 영광이 그에게 세세토록 있을지어다."라고 하셨는데, 이 말씀은 현상계에 대한 하나님의 섭리를 나타내신 말씀이고, 에베소서 4:6 "하나님도 하나이시니 곧 만유의 아버지시라. 만유 위에 계시고 만유를 통일하시고, 만유 가운데 계시도다." 라고 하신 말씀과, "주는 높으사 만유의 머리이시며, 만유보다 크시고 그 정권으로 만유를 통치하신다"(대상 29:11; 요 10:29; 시 103:19)고 하신 말씀은, 하나님이 현상계를 초월하여 모든 것을 섭리하시는 절대자이심을 나타내신 말씀이다. 즉, 하나님의 섭리는 만유의 창조(요 1:2)와 보존과 통치이며, 하나님의 통치에는 계획하심과 인도하심과 심판하시는 것을 말한다.

2) 하나님의 예정과 섭리

성경은 하나님께서 모든 일들을 예정하시고 주관하시는 하나님의 주권을 분명하게 말한다(요 15:16, 엡 1:11, 롬 8:29). 특히 인간에 대한 하나님의 구원 계획과 실행에 대하여서는 신학용어로 '예정'과 '작정'이라는 말이 있는데, 헬라어로 '작정'은 그노메(gnome)로서, '작정(행 20:3), 의견, 견해, 지식(고전 7:25), 목적, 의도, 뜻(고전 1:10; 고후 8:10; 계 17:17) 등으로 사용된다. 그노메는 '안다'라는 뜻의 기노스코(ginosko)에서 파생되어서, '작정'이라는 것은 하나님께서 작정해 놓고 어떤 일을 진행한다는 의미보다는 시간과 공간을 초월해서 알고 계신다는 뜻이 강조된다. 다시 말해서 우리 앞에 일어나는 모든 사건들은 영원한 현재에 존재하시는 하나님께서 알고 계시고, 보고 계신다는 뜻이다.

그리고 '섭리'란 '선견지명'을 나타내는 프로노이아(pronoia)는 '~먼저, ~앞서'라는 뜻의 프로(pro)라는 전치사와 '이해하다, 깨닫다, 생각하다'라는 뜻의 노이에오(noieo)라는 동사가 결합된 명사형이다. 프로노에오의 직접적인 뜻은 '미리 생각하다, 먼저 깨닫다, 공급하다, 돌보다'(딤전 5:8)이다.

그 외에도 '경륜'이라는 뜻으로 사용되는 오이코노미아(oikonmia)는 '집'을 뜻하는 오이코스(oikos)와 '법, 율법'을 뜻하는 노모스(nomos)의 여성형이 합성된 단어로서, 직접적인 뜻은 '집을 다스리는 법, 집안을 관리하는 법'이라는 뜻이다. 따라서 하나님의 '경륜'을 말할 때, '경륜'이 내포하고 있는 뜻은 하나님의 의중(意中)에 가지고 계신 '목적' 혹은 '뜻'과 그 목적을 이루어 가시는 '방법'을 말한다. 경륜(계획)은 하나님의 은혜를 나타내는 방법으로서 예수 그리스도를 통하여 계시되었고, 그리스도께서 성취하신 구속을 통하여 완성되었다.

그러므로 '예정, 섭리, 작정, 경륜'이 내포하는 뜻은 이 세상과 우리들의 삶은 우연이나 운명에 의해 지배되는 것이 아니라, 하나님의 미리 생각하신 섭리에 의해 하나님의 경륜(계획)에 따라 지배된다는 것이며, 시·공간을 초월해서 먼저 알고 계시는 하나님께서는 자신의 목적을 예수 그리스도의 성육신을 통해 완전히 드러내신 것이다. 따라서 인류역사와 개인의 삶은 오직 예수 그리스도 안에서만이 참된 의미와 가치를 가질 수 있다.

3) 섭리의 대상

자연신론은 하나님께서 세상에 대해 일반적인 관심만 표하신다고 본다. 즉, 하나님께서는 세상을 창조하시고, 법칙을 세우셨으며 그후 그것을 가동시키고 물러나셨다는 것이다. 한편 범신론은 하나님과 세계를 구분하지 않고 양자를 동일시하며, 자연을 하나님의 자기 계시로 본다. 그러나 하나님께서는 자연신론의 입장과 같이 방관만 하시는 분이 아니시다. 뿐만 아니라 인간의 범죄 행위에 대한 책임이 신에게로 돌아가는 범신론의 입장도 잘못된 것이다. 성경은 분명히 세상 모든 사물에 대한 하나님의 섭리적 통치와 지배를 가르치신다.

성경에 묘사된 섭리의 대상은 아래와 같다.
① 우주전체(시 103:19, 엡 1:11)
② 이 세상의 창조물(시 104:14, 마 5:45)
③ 들짐승들(시 104:21,28, 마 6:26)
④ 국가의 크고 작은 사건들(욥 12:23, 행 17:6)
⑤ 인간의 출생과 운명(시 139:16, 갈 1:15,16)
⑥ 우발적인 것처럼 보이는 사건들(전 16:33, 마 10:30)
⑦ 의인의 보호와 악인의 처벌(시 4:8, 롬 8:28, 시 7:12,12)
⑧ 성도의 필요에 대한 공급(빌 4:19)

⑨ 기도의 응답(시 65:2, 마 7:7)

4) 섭리의 요소

(1) 보존

하나님만이 주권적이며 절대적으로 독립적인 분이시고, 모든 피조물은 항상 하나님에게 의존한다. 그러므로 만물은 신적 권능의 계속적인 행동으로 인해 존재할 수 있다(시 63:8, 느 9:6, 행 17:28, 골 1:17, 히 1:3).

(2) 협력

만물의 움직임과 변화는 제1원인이신 하나님과 제2원인인 자연과 인간과의 협력의 소산이다. 그러나 어떤 사건의 동인(動因)자체가 양적으로 반반씩 하나님과 피조세계에 있다고 오해해서는 안 된다. 협력이란 피조세계의 일반 법칙과 인간의 자유의지를 훼손함이 없이 하나님의 뜻과 목적을 따라 통치하시는 방법을 가리키는 것이다.

그러므로 협력은 자연세계와 자유의지를 가진 인간과의 협력을 말하며, 인간과의 협력은 인간의 자유의지 안에서 또는 그 자유의지를 통하여 이루어지는 협력이요, 일반 자연세계에서는 하나님이 이미 세워두신 기존의 질서와 법칙을 통한 계속적 섭리를 말한다. 따라서 협력은 시간적이 아니라 논리적 관점에서 선재적이며 선결적이며(고전 12:6, 엡 1:11, 신 8:18, 빌 2:13) 동시적이다. 피조물은 그 어떤 경우에도 독립적으로 역사할 수 없다. 그리고 신적 협력은 피조물에게 직접적으로 작동한다(빌 2:12,13).

(3) 통치

통치란 하나님께서 피조물을 창조 목적에 맞게 다스리는 행위를 가리킨다. 하나님의 통치는 인간의 선악(빌 2:13, 행 14:10)은 물론 무의미하게 보이는 것으로부터(마 10:29~31) 우주적인 것(시 103:19, 단 4:34,35)과 영계(靈界) 그리고 과거에서 미래에 이르기까지 모두를 포함한다.

(4) 비상섭리

물질세계에서는 자연 법칙에 따라, 그리고 정신세계에서는 그 나름대로의 법칙에 따른 '통상섭리'가 있고, 또한 이러한 통상 섭리를 능가하는 '비상섭리'가 있다. 이러한 비상섭리는 하나님의 초자연적 역사로서, 주로 하나님의 임재와 권위를 보여 주는 것이다. 비상섭리는 자연 법칙의 위배가 아니라, 그 자연법칙까지도 제정하신 하나님의 주권적 권능의 표현인 것이다.

5) 섭리와 기도

하나님의 섭리에서 우리가 알아야 할 것은, 과거에 있었던 모든 사건이나, 지금 일어나고 있는 모든 사건이나, 또 앞으로 일어날 모든 사건이 어떻게 벌어지고, 어떤 결과를 가져오든지 간에 하나님이 미리 작정하신 대로 이루신다는 사실이다.

또한 창조주 하나님은 하나도 모르심이 없으시며, 하나라도 빠짐이 없으시므로 우리의 길을 완전하게 작정하셨고, 그 작정하신 뜻에 의하여 우리가 지금까지 살아왔으며, 우리의 인생이 마칠 때까지 우리는 또 그렇게 살아갈 것이다.

그리고 하나님은 우리 인생을 다스리신다. "여호와는 죽이기도 하시고 살리기도 하시고 음부에 내리기도 하시며 올리기도 하시는 도다. 여호와는 가난하게도 하시며 부하게도 하시며 낮추기도 하시며 높이기도 하시는 도다"(삼상 2:6~7). 그러므로 주님은, "몸은 죽여도 영혼은 죽이지 못하는 자들을 두려워하지 말고, 오직 몸과 영혼을 능히 지옥에 멸하시는 자를 두려워하라"고 말씀하셨다(마 10:28).

이렇게 하나님은 우리의 모든 것을 알고 계시는데, 우리가 하나님께 기도한다는 것은 무슨 의미가 있을까? 기도로 우리의 사정을 알려드릴 필요가 있을까? 하나님은 이미 우리의 나아갈 길과 삶의 모든 뜻을 정하시고 계획을 가지고 계시는 분인데, 우리가 간구한다고 어떤 소용이 있을까? 그런데도 불구하고 성경은 왜 우리에게 기도하라고 요구하시는가?

우리는 기도하면서, 우리의 기도에 하나님이 응답하시고, 나의 뜻에 하나님이 맞추어 주시기를 원한다. 나아가서 하나님의 뜻이 변하여 놀라운 기적이 일어나기를 원한다. 자기의 목적이 자기의 뜻이나 노력과 기도로 성취되는 줄 알지만, 사실은 모든 일이 하나님의 섭리 안에서 성취된다는 사실을 알아야 한다. 그것은 인간의 기도에 대한 응답이 섭리에 포함되기 때문이다.

히스기야가 기도했을 때, 그의 일영표가 뒤로 15도를 가리킨 것, 요나가 기도할 때 니느웨 백성들이 회개하고 기도하자 하나님의 태도가 변화되었던 것, 모세의 기도를 통해 우상숭배 한 이스라엘 백성들에 대한 하나님의 태도의 변화(시 106:23), 아모스의 중재기도를 통해 그의 택한 백성을 벌하려는 결정을 후회하신 일(암 7:1~6) 등에서 우리는 하나님이 인간에 대한 계획을 변경하신 일로 생각할 수 있다.

그러나 기도는 하나님이 계획하신 바, 하나님의 기쁘신 뜻대로 우리의 기도를 들어 주시는 은혜인 것이다. 왜냐하면, 하나님은 사랑하는 자기 백성이 죽기를 원하지 않으시며, 멸망하는 것을 원하지 않으신다. 오히려 기도를 통하여 회개의 기회를 주시고, 회개할 때 은혜를 베풀어 주시는 하나님이시다. 기도는 하나님과 기도하는 사람 사이의 상호적인 일이며, 따라서 쌍방에게 결정적인 영향력을 행사한다. 그러므로 인간은 기도로 하나님의 뜻을 찾고, 하나님은 우리가 기도할 때 하나님의 뜻에 따르도록 하신다.

하나님은 언제나 변함이 없으신 분이시다. 그러므로 궁극적인 하나님의 뜻은 변하지 않으신다. 다만 그 뜻을 실현시키시는 방법은 변경하실 수 있는 것이다. 그러므로 기도로써 하나님의 뜻을 변경시키는 것이 아니라, 우리가 기도 회개하며 하나님께 나아갈 때 은혜를 베푸시는 것이 하나님의 뜻이다.

예수님이 겟세마네 동산에서 "내 아버지여 만일 내가 마시지 않고는 이 잔이 내게서 지나갈 수 없거든 아버지의 원대로 되기를 원하나이다"(마 26:42)고 하신 것은, 하나님의 뜻을 거부하려고 하신 것이 아니라 찾고 이루시려고 하신 것이다. 기도는 하나님의 뜻을 땅에서 이루는 강력한 무기이다. 우리는 기도를 통해서 하나님의 뜻을 변경시키는 것이 아니라, 하나님의 본래의 뜻을 이루어드리는 것이다.

만일 인간이 하나님의 섭리를 다 알 수 있다면 그 섭리대로 살아가면 될 것이다. 그러나 인간은 하나님의 섭리를 알 수 없다. 그러므로 하나님의 섭리의 손길을 볼 수 있는 눈과 들을 수 있는 귀가 필요하고, 성령님의 지도가 필요하다. 인생의 중요한 갈림길에서 하나님께 진심으로 구하고, 찾고, 두드리는 믿음의 기도가 있을 때, 하나님은 섭리의 손길을 펼치시어 기도의 구체적인 응답을 주시며, 그 뜻을 이루신다. 그러므로 우리는 기도를 하여야 하며, 기도는 그리스도 안에서 하나님의 섭리를 따라서 하여야만 한다.

2. 소요리 문답

문 98 : 기도가 무엇인가?

답 : 기도는, 그리스도의 이름으로 우리의 기원을 하나님께 고하고 그의 뜻에 합당한 것을 간구하여 죄를 자복하며 그의 자비하신 모든 은혜를 감사하는 것이다.(요 16:23, 시62:8, 요일 5:14, 단 9:6, 빌 4:6, 시 10:17, 145:19. 요일 1:9)

〈 문답 해설 〉

1. 기도가 무엇인가?

① 하나님은 그 자신의 말씀(성경)으로 우리에게 말씀하신다. 그리고 우리는 기도를 통하여 하나님께 모든 것을 아뢴다. 따라서 하나님의 말씀과 기도는 매우 소중한 은혜의 방편이다.

② 기도는 그리스도인 생활의 아침을 여는 열쇠이고 저녁을 닫는 자물쇠이다. 그것은 그에게 생명을 주는 호흡이고 끊임을 모르는 기쁨의 샘이다. 그래서 바울은 "쉬지 말고 기도하라"(살전 5:17)고 했다.

③ 기도는 간구(빌 4:6), 참회(눅 18:13), 찬미(시 103:1), 고백(시 32:5), 감사(엡 5:20), 소원(롬 15:30)등을 포함한다. 따라서 기도에는 우리의 기원과 간구와 죄의 자복과 그의 은혜를 감사하는 것이 있어야 한다.

④ 성전에 올라가 기도하는 세리의 참회와 자복을 보라(눅 18:13,

시 51:10~13). 기도는 구원의 확신을 가지고 감사와 찬송과 하나님의 영광을 위하여 하나님께 구하는 것이다.

2. 어떻게 기도할까?

① 기도는 하나님과의 대화이다. 그러나 인간은 죄가 있으므로 하나님께 직접 기도할 수 없으므로 그리스도의 이름만으로 가능하다(요 16:23~24).

② 모든 기도에 대하여 그리스도는 유일하신 중보자시다(요 14:13~14). 우리의 모든 기도와 간구는 그를 통해서만 하나님께 상달되기 때문이다. 이것이 이교도의 기도와 근본적으로 다른 점이다(히 7:25~27).

③ 그리스도의 이름으로 구하는 것은 그의 공로를 의지함이고, 자격 없는 인간이 자격을 부여 받음을 의미한다. 그러므로 우리는 그리스도의 청구권을 신뢰하며, 하나님의 뜻에 합당한 것을 구해야 할 것이다(롬 12:2).

3. 누구에게 기도할까?

① 예수님은 기도의 대상을 "하늘에 계신 우리 아버지"(마 6:9)라고 하셨다. 기도는 반드시 하나님께 해야 한다(행 12:5). 하나님은 창조주시며 전능자이시며 하늘에 계신 우리 아버지이시기 때문이다(롬 8:15).

② 이기적인 목적으로 드리는 기도는 응답이 없다(약 4:3). 그러므로 "그의 뜻대로"(요일 5:14), 또 성령으로 기도해야 한다(롬 8:26~27).

③ 아무것도 염려하지 말고, 오직 모든 일에 기도와 간구로 너희 구할 것을 감사함으로 하나님께 아뢰라(빌 4:6). 또 믿음으로 구하고(마 7:7), 간절한 마음으로 구하라(눅 11:8).

문 99 : 하나님께서 우리의 기도를 지시하시려고 주신 법칙이 무엇인가 ?

답 : 하나님의 모든 말씀이 우리의 기도를 지시함에 유용한 것이나, 특별히 지시하신 법칙은 그리스도께서 그 제자들에게 가르치신 기도니 보통으로 "주기도문"이라 하는 것이다(딤후 3:16~17, 요일 5:14, 마 6:9, 시 119:170, 롬 8:26).

〈 문답 해설 〉

1. 이렇게 기도하지 말라

① 너희가 기도할 때에 외식하는 자와 같이 되지 말라(마 6:5). 예수님 당시의 바리새인들은 기도할 때에 사람에게 보이려고 회당과 큰 거리 어귀에 서서 했다.

② 골방에 들어가 문을 열고 기도하지 말라(마 6:6). 골방은 은밀한 기도의 처소이다. 그러므로 하나님과 나만의 은밀한 장소가 되도록 문을 닫고 기도해야 한다.

③ 기도할 때에 이방인과 같이 중언부언 하지 말라(마 6:9~7). 이 방인들은 말을 많이 하여야 들으실 줄로 생각했다. 그러나 하나님은 기도의 양을 보시지 않고 그 질을 보신다.

2. 너희는 이렇게 기도하라

① 주님의 제자 중의 하나가 우리에게 기도를 가르쳐 달라고 했을 때(눅 11:1), 주께서 "너희는 이렇게 기도하라"고 하셨다. 이것은 이와 같은 방법으로 기도하라는 의미요, 또한 이러한 정신과 이러한 자세로 기도하라는 뜻이다.

② 주기도는 제자들의 요청에 의해서 주님이 친히 가르치신 유일한 기도이다. 주님은 우리의 요구를 아시며, 하나님의 뜻도 아신다. 때문에 참된 기도를 드릴 수 있고, 또 가르치실 수도 있다(마 4:1~11, 히 4:15). 따라서 주기도는 우리의 기도의 모범이고 지침이 된다.

3. 대요리 문답과 기도

문 178 : 기도가 무엇입니까?

답 : 기도는 그리스도의 이름으로(요 16:23), 성령의 도우심으로

말미암아(롬 8:26), 우리의 소원을 하나님께 올리는 것인데(시 62:8), 우리 죄를 자백하고(시 32:5,6, 단 9:4), 그의 긍휼을 감사하게 생각하면서 하는 것입니다(빌 4:6).

〈 문답해설 〉

① 기도는 예수의 이름으로 하나님께 소원을 올리는 것이다.

요한복음 16:23 "그날에는 너희가 아무것도 내게 묻지 아니하리라 내가 진실로 진실로 너희에게 이르노니 너희가 무엇이든지 아버지께 구하는 것을 내 이름으로 주시리라."

시편 62:8 "백성들아 시시로 저를 의지하고 그 앞에 마음을 토하라 하나님은 우리의 피난처시로다(셀라)."

② 기도는 성령의 도우심을 얻어 하나님께 구하는 것이다.

로마서 8:26 "이와 같이 성령도 우리 연약함을 도우시나니 우리가 마땅히 빌 바를 알지 못하나 오직 성령이 말할 수 없는 탄식으로 우리를 위하여 친히 간구하시느니라."

③ 기도는 먼저 우리 죄를 자백하여 회개하고 소원을 올려야 한다.

시편 32:5~6 "내가 이르기를 내 허물을 여호와께 자복하리라 하고 주께 내 죄를 아뢰고 내 죄악을 숨기지 아니하였더니 곧 주께서 내 죄의 악을 사하셨나이다(셀라) 이로 인하여 무릇 경건한 자는 주를 만날 기회를 타서 주께 기도할지라 진실로 홍수가 범람할지라도 저에게 미치지 못하리이다."

다니엘 9:4 "내 하나님 여호와께 기도하며 자복하여 이르기를 크시고 두려워할 주 하나님, 주를 사랑하고 주의 계명을 지키는 자를 위하여 언약을 지키시고 그에게 인자를 베푸시는 자시여"

④ 기도는 하나님의 긍휼을 감사히 여기면서 하는 것이다.

빌립보서 4:6 "아무것도 염려하지 말고 오직 모든 일에 기도와 간구로 너희 구할 것을 감사함으로 하나님께 아뢰라."

4. 웨스트민스터 신앙고백

제21장 예배와 안식일

1. 본성의 빛(light of nature)은 하나님이 계시다는 것을 보여 준다. 그 하나님은 만물에 대하여 통치권과 주권을 행사하신다. 그는 선하시며, 만물에게 선을 행하신다. 그러므로 인간은 마음을 다하고, 성품을 다하고, 힘을 다하여 그를 경외하며, 사랑하며, 찬양하며, 부르며, 신뢰하며, 그리고 섬겨야 하는 것이다(롬 1:20, 행 17:24, 시 119:68, 렘 10:7, 시 31:23, 18:3, 롬 10:12, 시 162:8, 수 24:14, 막 12:33). 그러나 참되신 하나님을 예배하는 합당한 방법은 그 분 자신이 친히 정해 주셨으므로 그 분 자신의 계시된 뜻 안에 한정되어 있다. 그러므로 사람들의 상상이나 고안, 또는 사탄의 지시에 따라 어떤 가견적(可見的)인 구상(具象)을 사용하거나, 성경에 규정되어 있지 않는 다른 방법을 따라서는 하나님을 예배할 수 없다(신 12:32, 마

15:9, 행 17:25, 마 4:9,10, 신 15:1~20, 출 20:4~6, 골 2:23).

2. 종교적 예배는 성부와 성자와 성령 하나님께 드려야 하며 또한 오직 그에게만 드려야 한다(마 4:10, 요 5:23, 고후 13:14). 천사나, 성자들이나, 다른 어떤 피조물들에게도 드려서는 안 된다(골 2:18, 계 19:10, 롬 1:25). 그리고 아담의 타락 이후로는 중보가 없이 드릴 수가 없고, 또한 다만 그리스도 이외의 어떤 다른 중보로도 드릴 수가 없다(요 14:6, 딤전 2:5, 엡 2:18, 골 3:17).

3. 감사함으로 드리는 기도는 종교적 예배의 한 특별한 요소로서 (빌 4:6), 하나님께서 모든 사람들에게 요구하신다(시 65:2). 기도가 열납되도록 하기 위해서는 성자(聖子)의 이름으로(요 14:13,14, 벧전 2:5), 성령의 도우심을 받아(롬 8:26), 하나님의 뜻을 따라서(요일 5:14), 사려 분별과 경외심과 겸손과 열심과 믿음과 사랑과 인내를 가지고 하되(시 47:7, 전 5:1,2, 히 12:28, 창 18:27, 약 5:16,1:6,7, 막 11:24, 마 6:12,14,15, 골 4:2, 엡 6:18), 만일 소리를 내어 하는 경우에는 알 수 있는 말로 해야 한다(방언금지)(고전 14:14).

4. 기도는 합당한 것들과(요일 5:14) 모든 종류의 생존하는 사람들이나, 장차 생존하게 될 자들을 위해서 하되(딤전 2:1,2, 요 17:20, 삼하 7:29, 룻 4:12), 죽은 자들이나(삼하 12:21~23, 눅 16:25,26, 계 14:13) 사망에 이르는 죄를 지은 것으로 알려진 자들을 위하여는 하지 말 것이다(요일 5:16).

5. 경건한 마음으로 성경을 읽는 것과(행 15:21, 계 1:3), 흠 없는 설교와(딤후 4:2), 하나님께 순종하여 사려 분별과 믿음과 경외심을 가지고 하나님의 말씀을 정성껏 듣는 것과(약 1:22, 행 10:33, 마 13:19, 히 4:2, 사 66:2), 마음에 은혜로 시편을 노래하는 것과(골 3:16, 엡 5:19, 약 5:13), 그리스도께서 정하신 성례를 합당하게 집행하고 값있게 받는 것은 하나님께 드리는 통상적인 종교적 예배의 모든 요소들이다(마 28:19, 고전 11:23~29, 행 2:42). 이것들 외에도, 종교적 맹세와(신 6:13, 느 10:29), 서원과(사 19:21, 전 5:4,5), 엄숙한 금식과(욜 2:12, 에 4:16, 마 9:15, 고전 7:5), 특별한 경우에 드리는 감사 등은(시 107, 에 9:22) 몇 차례 적당한 시기에 거룩하고 종교적인 방식으로 실시할 것이다(히 12:28).

6. 지금 복음 시대에서, 기도나 기타의 다른 종교적인 예배 행위는 그것이 시행되는 장소가 고정되어 있는 것이 아니고, 어떤 장소를 향하여 드릴 필요가 없으며, 그 장소 여하에 따라서 기나 예배 행위가 더 잘 열납되는 것도 아니다(요 4:21). 하나님께도 어디에서나(말 1:11, 딤전 2:8), 신령과 진리로 예배드려야 한다(요 4:23,24). 각 가정에서(렘 10:25, 신 6:6,7, 욥 1:5, 삼하 6:18,20, 벧전 3:7, 행 10:2), 매일(마 6:11), 그리고 은밀한 중에 개별적으로 드릴 수도 있고(마 6:6, 엡 6:18), 더욱 엄숙하게 공적인 모임들에서 드릴 수도 있으나, 하나님께서 자기의 말씀이나 섭리에 의하여 기도나 예배를 드리도록 요구하신 때에, 경솔하게 행하거나 고의적으로 소홀히 하거나 저버려서는 안 된다(사 56:6,7, 히 10:25, 잠 1:20,21,24,8:34, 행

13:42, 눅 4:16, 행 2:42).

7. 일반적으로 하나님께 예배하기 위하여 일정한 시간을 정하는 것은 자연의 법칙에 합당한 것이다. 그래서 하나님은 그의 말씀을 통하여 적극적이고 도덕적이며 영구적인 명령으로써, 모든 시대의 모든 사람들에게, 특별히 이레(七日) 중 하루를 안식일로 택정하여 하나님께 거룩하게 지키도록 명하셨다(출 20:8,10,11, 사 56:2,4,6,7). 그 날은 창세로부터 그리스도의 부활까지는 한 주간의 마지막 날이었으나, 그리스도의 부활 이후로는, 한 주간의 첫째 날로 바뀌어졌다(창 2:2,3, 고전 16:1,2, 행 20:7). 성경에는 이 날이 주의 날(主日)로 불려져 있다(계 1:10). 이 날은 세상 끝 날까지 기독교의 안식일로 지켜져야 하는 것이다(출 20:8,10, 마 5:17,18).

8. 그러므로 안식일은 주님께 거룩하게 지켜야 한다. 이를 위해서 사람들은 그들의 마음을 합당하게 준비하고, 그들의 일상적인 일들을 미리 정돈한 연후에, 그날에 하루 종일 그들 자신의 일과, 그들의 세상적인 일에 대한 말이나 생각, 그리고 오락을 중단하고 거룩하게 안식할 뿐만 아니라(출 20:8, 16:23,25,26 ,29,30,31:15~17, 사 58:13, 느 13:15~19,21,22), 모든 시간을 바쳐서 공적으로 개인적으로 하나님께 예배하는 일과 부득이 해야 할 필요가 있는 일과 자비를 베푸는 일을 해야 한다(사 58:13, 마 12:1~13).

5. 하이델베르크 요리문답

문 116 : 왜 그리스도인들은 기도해야 하는가?

답 : 기도란 하나님께 드리는 우리의 가장 큰 감사이기 때문이다. 또한 하나님께서는 은혜와 성령을 계속해서 간절히 구하며, 응답해 주심을 믿고 감사하는 자들의 기도를 들어주시기 때문이다.

문 117 : 어떻게 기도해야 하나님께서 우리의 기도를 들어 주시는가?

답 : 첫째, 말씀을 통하여 자신을 계시하신 유일하신 참 하나님께 그의 뜻에 합당한 것들을 진심으로 구해야 한다. 둘째, 우리의 가난하고 비참한 상태를 인정하고 아무것도 숨기지 말며 존귀하신 하나님 앞에서 겸손해야 한다. 셋째, 비록 우리는 무가치한 존재일지라도 하나님께서는 우리 주 그리스도의 공로로 말미암아 우리의 기도를 들어주신다는 확고한 신앙을 지녀야 한다. 이것이 바로 말씀을 통해서 우리에게 주신 하나님의 약속이다.

문 118 : 하나님께서는 무엇을 위해서 기도하라고 하셨는가?

답 : 우리 주 그리스도께서 가르쳐 주신 기도에 내포되어 있는 것처럼 우리가 영육간에 필요로 하는 모든 것들을 위해서 기도하라고 하셨다.

VIII. 기도에 관한 명언

마음에서부터 나오지 아니한 것은 결코 마음에 이를 수 없으며, 생명의 양심에서부터 나오지 아니한 것은 결코 양심을 꿰뚫을 수 없다.

- 윌리암 펜 -

이른 아침이면 나는 마음보다는 머리를 위해 준비하기에 바쁘다. 이는 흔히 느끼는 나의 결점이요, 특히 기도할 때면 더욱 절실해 진다. 오! 주여, 이런 저를 고쳐주시고 마음 문을 열어 주시사, 그로써 전도하게 하옵소서.

- 로버트 맥체인 -

나는 현재의 나의 무력함의 원인이 개인적인 경건을 위한 충분한 시간과 고요함의 결여라고 단정한다. 더 많은 독서와 은거와 개인적인 경건의 결여 때문에 나는 내 자신의 급격한 성품도 제대로 절제하지 못하고 있다. 내게 있어서 불행했던 때는 홀로 기도하는 시간이 부족한 때였다. 만일 할 일이 있고, 또 내가 하지 않은 채 방치한 것이 있다면 그것은 내가 기도에 있어서 온전하게 되는 것이다. 결국 하나님께서 명한 것이 무엇이든 기도는 큰일이다. 오, 나로 기도의 사람이 되게 히소서!

- 헨리 마틴 -

기도는 그리스도인들을 풍요롭게 하는 비장의 기술이다. 홀로 기도하라. 기도를 아침을 여는 열쇠로 그리고 밤을 닫는 자물쇠로 삼으라. 죄와 싸우는 최선의 방법은 무릎으로 싸우는 것이다.

- 필립 헨리 -

수많은 영혼을 회심시키는 설교를 한 어떤 설교자는 그것이 전혀 자신의 설교나 행위에 의한 것이 아니라 강단 층계에 앉아서 한 성공적인 설교자가 될 것을 위해 간절히 기도한 어떤 문맹의 평신도 형제의 기도에 의한 것임을 하나님께로부터 계시 받게 되었다. 모든 것이 드러나는 날에는 우리도 마찬가지일 것이다. 우리는 길고 힘에 겨운 노고 끝에 모든 영예가 다른 사람에게 돌려지는 것임을 믿어야 할 것이다. 기도와 동떨어진 우리의 설교는 풀과 짚일 뿐인데 비해 그들의 기도는 금이나 은이나 보석 같은 것이다.

- 찰스 스펄전 -

당신 자신이 기도에 가장 적합하지 못하며 기도에 자신을 드리지 못한다고 느낄 때 그리고 당신이 기도할 수 없다고 생각할 때라도 기도에 애쓰며 힘쓰라.

- 힐더 샘 -

파르디아 사람들에게는 자녀들의 얼굴에 땀이 나 있는 것을 보기 전에는 아침에 어떠한 음식도 주지 않는 습관이 있었다. 그와 마찬가지로 하나님의 자녀들이 하나님의 좋은 것을 땀을 흘려 추구하기 전까지는 좋은 것을 맛볼 수 없다는 사실을 당신은 발견하게 될 것이다.

- 리처드 백스터 -

그리스도인들이 감당해야 할 모든 의무 중에서 기도보다 더 근본적인 것이 없는데도 그것보다 더 무시되고 있는 것은 없다. 대부분의 사람들은 기도의 실천을, 피곤케 하는 의식으로 간주하고는 기도를 최대한도로 축소시키는 일에 있어서 자신들을 정당화 시키고 있다. 작업상 혹은 두려움 때문에 기도한다 해도 무기력함과 마음의 방황으로 기도하기 때문에 그들의 기도는 축복을 끌어내기 보다는 오히려 자신의 저주를 증가시킬 뿐이다.

- 페넬론 -

주 예수여, 나로 나의 매일의 경험 속에서 아름다움을 알게 하옵시고, 나의 기도 속에서 그것을 어떻게 사용할지 가르쳐 주옵소서. 그리할 때 하나님과 겨루어 이긴 이스라엘처럼 되오리이다. 당신의 이름은 나의 통행증이요 하나님께 가게 하는 보증입니다. 당신의 이름은 나의 간구요, 기도 응답의 보증입니다. 복된 이름이여, 당신은 나의 입의 꿀이요, 나의 귀의 음악이요, 내 마음의 천국이요, 나의 존재 모든 것 중의 모든 것입니다.

- 스펄전 -

우리가 드리는 모든 기도가 우리가 원하는 대로 정확히 응답된다는 의미는 아니다. 그렇다면 그것은 우리가 하나님께 명령하는 것을 의미하는 것이며 기도는 단지 구하는 하나의 체계로 전락된다. 땅에 있는 아버지가 자녀들의 안녕을 위해 가장 좋은 것이 무엇인지 아는 것처럼 하나님께서도 그 자녀들의 특별한 필요에 대해 고려하고 계시며 그 모든 것을 그의 어마어마한 창고에서 꺼내어 채워 주신다. 우리의 간구가 주님의 뜻과 부합된다면 그리고 우리가 주님의 영광을 구한다면 그 응답은 우리를 놀라게 할 방법으로 올 것이다.

- 화이트 -

진정으로 기도하려면 우리는 성령 안에서 기도해야만 한다. 나는 이것을 당신들의 마음에 호소한다. 당신 자신의 자연적인 힘으로 성취할 수 있는 어떤 일로써 기도에 대하여 언급하지 말라. 그것은 하나님의 일이자 성령님의 일이며 당신에 의한 그리고 당신 안에서의 성령님의 일이다. 그리고 당신은 그 안에서 그와 함께 동역하는 사람이어야 하지만 그것은 성령님의 일이다.

- 트렌취 -

사람의 의지는 작용하지 않고 오직 지성만이 작용하게 되는 정도로도 학문하는 습관을 형성할 수 있다. 그러할 때 의지는 실천과는 거리가 멀게 된다. 그러나 진실된 기도에 있어서는 그렇지가 않다. 만일 사랑이 식어지고 무관심으로 변하며 지성이 우리의 간구에 실상과 열정으로 옷 입힐 아무 재료도 갖추고 있지 못하다면 우리의 기도는 지성의 놀이에 불과할 뿐이며 가치 있는 결과를 성취하지 못한다.

- 호머 핫지 -

하나님의 이름으로 권하노니 당신이 먹는 음식물이 당신의 몸에 영양을 공급하듯 기도가 당신의 영혼을 살찌게 하도록 하라. 당신의 고정된 기도의 시간이 당신을 온 종일 하나님의 임재 중에 있게 하라. 그리고 그 시간을 통해 자주 경험된 하나님의 임재가 늘 새로운 기도의 샘이 되게 하라. 그러한 하나님께 대한 유쾌한 잠시의 회상이 인간의 존재 전체를 새롭게 하며, 그 욕망을 평온하게 하며, 어려움 중에 빛과 조언을 주며 유혹을 점차적으로 줄이며, 자신의 영혼이 인내를 소유하게 하며 혹은 그 영혼이 하나님의 소유가 되게 하라.

- 페넬론 -

우리는 기도의 목표가 하나님의 귀임을 기억해야 한다. 그 곳까지 도달하지 못하면 기도는 완전히 실패한 것이다. 기도의 말은 우리 마음에 경건스러운 감정을 불러일으킬지 모르며 그것을 듣는 것은 우리가 기도하는 사람들의 마음을 위로하고 튼튼하게 해 줄지 모르지만 기도가 하나님의 마음을 얻지 못하면 기도의 기본적인 목적에 있어서 실패한 것이다.

- 스펄전 -

혹 어떤 그리스도인들이 그들의 교역자를 불평하다가 마음을 바꾸어 사람들 앞에서 그들의 말과 행동을 삼가하고 나아가서 그 설교자들을 위해 하나님께 간구하는 일에 전념한다면 또 하늘을 향해 겸손하고 열성을 다한 계속적인 간구를 폭포수와 같이 한다면, 그들은 실로 성공의 첨단을 걷고 있는 것이다.

- 조나단 에드워즈 -

나의 여위고 열매 없는 생활의 근본적인 원인은 말할 수 없는 기도 생활의 퇴보에 있다. 나는 준비된 마음으로 듣고, 이야기하고, 읽고, 쓸 수는 있으나 기도는 그런 것들보다 더 내적인 것이며 더 영적인 것이다. 그리고 우리의 사명이 영적이면 영적일수록 나의 간사한 마음은 기도를 멀리하기 쉽다. 기도와 인내와 신앙은 결코 우리를 실망케 하지 않는다. 만약 내가 목사로서 충분히 할 바를 했다면 그것은 다만 기도와 믿음이 나로 하여금 그것을 가능하게 했다는 것을 오랫동안 배워왔다. 내가 마음의 안정 속에서 아주 자유롭게 기도할 수 있을 때는 그 외의 모든 것도 비교적 쉽게 이뤄진다.

- 리처드 뉴톤 -

오직 죄 외에 아무것도 두려워하지 않고 하나님만을 갈구하는 전도인 백 명만 나에게 달라. 그들이 목사이든 평신도이든 전혀 관계가 없다. 그런 자만이 지옥의 문을 뒤흔들고 지상에 천국을 건설할 것이다. 하나님께서는 오직 기도에 대한 응답을 통해서만 일을 하신다.

- 요한 웨슬리 -

진정으로 기도하려면 우리는 성령 안에서 기도해야만 한다. 나는 이것을 당신들의 마음에 호소한다. 당신 자신의 자연적인 힘으로 성취할 수 있는 어떤 일로써 기도에 대하여 언급하지 말라. 그것은 하나님의 일이자 성령님의 일이며 당신에 의한 그리고 당신 안에서의 성령님의 일이다. 그리고 당신은 그 안에서 그와 함께 동역하는 사람이어야 하지만 그것은 성령님의 일이다.

- 트렌취 추기경 -

축 처진 손을 믿음과 기도로 들어 올리고 있어라. 그리고 어그러진 무릎을 받쳐 주어라. 그대는 금식 기도하면서 날들을 보낸 적이 있는가? 은혜의 보좌를 뒤흔들며 그 안에서 참고 기다리라. 그리하면 긍휼은 임할 것이다.

- 요한 웨슬리 -

나로 하나님을 위하여 불타게 하라. 결국 하나님께서 지정하신 것이 무엇이라 해도 기도가 귀한 일이다. 오, 나로 기도의 사람이 되게 하소서.

- 헨리 마틴 -

당신은 기도의 가치를 알고 있지 않는가? 그것은 모든 것보다 귀중하다. 결코 그것을 게을리 하지 말라. 우리에게 필요한 것은 첫째도 기도요, 둘째도 기도요, 셋째도 기도다. 그렇다면 내 사랑하는 형제여! 기도하라, 기도하라, 기도하라.

- 토마스 벅스톤 -

만일 베드로, 야고보, 요한이 꼭 깨어 있어야 할 때가 있었다면, 그것은 겟세마네 동산에서일 것이다. 만일 그 때 야고보가 깨어있었다면 몇 년 후에 그에게 내려졌던 참수형에서 그는 구원을 받았을 것이다. 만일 베드로가 분발해서 자신과 이들을 위해 참으로 중재했더라면 그는 대제사장 가야바의 집 뜰에서 그 밤에 그리스도를 부인하지 않았을 것이다."

- 호머 핫지 -

기도하기를 두려워하지 말라. 기도는 정당한 것이니라. 소망을 가지고 기도할 수 있다면 기도하라. 그러나 소망이 더디고 약해져도 계속 기도하라. 빛이 없으면 어둠 속에서 기도하라. 그리고 어떤 욕망 때문에 감히 기도하지 못해도 그 욕망이 제거될 것을 위해 하나님께 기도하라.

- 리처드 세실 -

하나님의 오묘한 일들은 다른 어느 곳에서 배울 수 없다. 하나님을 위한 위대한 일들은 위대한 기도에 의하여 이루어진다. 많이 기도하고 많이 연구하고 많이 사랑하고 많이 일하는 사람은 하나님과 사람을 위하여 많은 것을 한다. 복음의 진척과 믿음의 활력 그리고 뛰어난 영적 은혜와 성속은 기도를 기다리고 있다.

- 리처드 뉴톤 -

혼자서 간절하게 기도함으로 보내는 시간이나 욕정과 마음에 있는 간사한 죄와 싸우며 승리하는 시간은, 그러한 경험 없이 학교에서 일 년 간 배우는 것보다 더 효과적으로 우리의 잠재력을 일깨우며, 배운 것을 잘 반사하는 습관을 형성하게 하고 우리에게 더 많은 사상을 가르칠 것이다.

- 콜러릿지 -

돌아가라! 오순절의 다락방으로 돌아가라! 돌아가서 무릎을 꿇어라; 그리고 마음과 습관, 사상과 생활을 회복하라; 주의 성령께서 영혼의 빛을 가득 채우고 위로부터의 능력을 부어 주실 때까지 간청하고 기도하고 기다리던 때로 돌아가라. 그런 뒤에 오순절의 능력을 얻고 그리스도의 생활대로 살며 그리스도의 사역을 수행하라. 너는 감겨진 눈을 뜨게 하며, 더러운 마음들을 깨끗하게 하며, 인간의 속박을 끊어 버리고 인간의 영혼을 구원해야만 한다. 너의 매일의 생활은 성령 안에서 기적을 낳게 될 것이다.

- 허버트 브르크 -

기도와 묵상 중에 하나님과 충분한 교제를 갖는 것을 무시하는 것은 시간을 아끼는 길이 아니며 또한 공적인 사역을 위해서도 내게 적합치 못했다. 우리 모두가 다른 어느 은혜보다 기도의 영이 더욱 부족하다고 생각하고 있다. 하나님께서는 끈질긴 기도를 그토록 사랑하시기에 그것 없이는 하나님께서 우리에게 많은 축복을 주시지 않을 것이다. 하늘과 땅을 연결하는 교량을 건설하는 것이 우리가 할 일이며 기도는 그 일을 하는 강한 도구이다. 그러기에 아주 옛적의 부르짖음이 강렬한 어조로 우리에게 들려온다. "기도하라, 형제들이여, 기도하라."

- 몰간 -

　나는 어떻게 하면 그 행복한 안식처에 안착할지 그 한 가지, 하늘에 가는 길을 알기 원한다. 하나님께서는 그 길을 가르치시기 위하여 친히 이 세상에 내려 오셨다. 이 목적을 위해 그분이 하늘에서 오신 것이다. 그리고 그 길을 한 책에 기록해 놓으셨다. 오, 내게 그 책을 주옵소서! 어떤 대가를 치르고라도 나는 하나님의 그 책을 소유하기 원합니다! 주님, 이것은 당신의 말씀이 아니옵니까? "누구든지 지혜가 부족하거든 모든 사람에게 후히 주시고 꾸짖지 아니하시는 하나님께 구하라." 또 당신은 "사람이 하나님의 뜻을 행하기 원하오니 당신의 뜻을 알게 하소서"라고 기도하라.

- 요한 웨슬리 -

IX. 성경과 교회의 절기

기도할 때 성경과 교회의 절기에 대하여 그 의미를 알고 기도하는 것이 중요하다. 여기에서는 성경에 나오는 절기와 교회가 지키는 중요한 절기만을 소개한다.

안식일(Sabbath)

창세기 2:2, 출애굽기 20:11, 31:7, 신명기 5:14~15, 마가복음 1:21~25에 나타나 있다. 이날은 예배에 참여하며 제물과 기도와 찬송을 하나님께 드린다. 유대교는 금요일 해가 지면서 다음 토요일 해가 질 때까지를 안식일로 하고 있으나, 그리스도가 부활한 이후부터는 안식일의 주인은 그리스도임으로 부활하신 일요일을 안식일로 지킨다(골 2:16, 고전 16:1~2, 행 20:7, 계 1:10, 요 20:19, 막 16:9). 안식일은 하나님이 쉬기 위하여 만든 것이 아니라 인간에게 안식이 필요하여 만들어 주신 것이다.

월삭(New Moon)

매달 초하루, 여호와의 기쁘심과 계약의 영원함을 기리기 위해서 정한 날이다. 민수기 28:11~15, 사무엘상 5:6, 18, 24에 기록되어 있다. 속죄제와 번제를 드리고, 음식을 나누어 먹고 나팔을 불었다. 주의 선지자를 찾아가 일신상의 문제를 의논하기도 하였다(왕하 4:23).

일곱 번째 달 월식

일곱 번째 달월삭은 일반 월삭보다 더욱 큰 규모의 희생 제사를 거행하였다(레 23:24, 25, 민 29:1~6).

속죄의 날

유대력 티쉬리월 7월 10일(양력 9~10월)로, 1년 중 가장 거룩한 날이요 안식일 중의 안식일이다. 이 날은 영적인 요구에 전적으로 헌신하는 날로서 금식을 하며, 대제사장은 희생제사를 드렸다(레 1:6). 속죄양에게 죄를 씌워 들로 내몰았는데, 이 양을 아사셀이라고 한다.

나팔절(feast trumpets)

티쉬리월 7월 1~2일(양력 9~10월)에 성회로 모이고 말씀을 읽었으며, 이 날을 신년으로 나팔을 불었다. 민수기 29:1~6, 레위기 23:23~25에 기록되어 있다.

안식년

7년마다 1년이 안식년이고, 안식년 7번째 되는 다음 해가 희년으로 50년이 되는 해이다. 안식년에는 사람과 땅이 쉬고, 희년에는 연속 2년 쉬며 종을 놓아주며, 저당 잡힌 땅과 모든 소유를 되돌려준다. 그러므로 모든 것이 다시 원점으로 되돌아가 가난한 자도 부자도 없게 되는 좋은 제도이다. 레위기 25:8~17, 출애굽기 21:2~7, 23:10에 기록되어 있다.

희년

그 시기가 안식년이 일곱 번 지난 다음 해인 제50년째 되는 해로서 자유와 해방의 해였다. 이러한 희년에는 팔렸던 토지를 본 임자에게 환원해 주었으며, 노예를 해방하였다(레 25:8~55; 레 27:17~24).

유월절(pass over)

출애굽기 12장에 기록되어 있으며, 지금의 양력 3월 중순에서 4월 중순의 기간에 해당되는 당시의 니산월 14일 저녁에 지켜졌다. 이 날은 문설주에 바른 양의 피를 통하여 재앙이 유대인들에게서 넘어 간 것을 기념하는, 즉 애굽의 종살이에서 해방된 것을 기념하는 날이다. 그리고 이스라엘 자녀들에게는 하나님이 이스라엘의 장자들을 살려 주셨다는 것을 상기시키기 위한 목적을 지니고 있다(출 12:1~28, 43~49, 레 23:5, 민 28:16, 신 16:1~8). 그리스도는 유월절의 어린 양의 예표이다(고전 5:7).

무교절

　유대력으로 1월인 니산월 15일. 즉 유월절 바로 다음날부터 시작하여 1주일간 무교병을 먹으며 시편 113~114장을 노래한다. 이 무교절은 애굽으로부터 급히 빠져 나왔던 당시 이스라엘 백성의 고난과 고생을 기념하기 위한 것이었으며, 이 절기 중에 먹게 되어 있는 무교병은 하나님께 대한 전적인 희생과 봉사를 의미하는 것이었다(출 12:15~20, 출 13:13~10, 레 23:6~8, 신 16:3~8, 민 28:17~25).

칠칠절(맥추절, 오순절, 초실절)

　무교절 동안에 첫 이삭 한 단을 요제로 드린 날로부터 50일째 되는 날에 지켜졌다. 이 칠칠절은 밀 추수의 첫 소산을 바치고 봉헌하기 위한 것으로 성전 파괴 후에는 시내산에서 율법을 받은 것을 기념하는 의미로 지켜졌다. 이날에는 수확물의 첫 열매를 바친 뒤에야 그 밖의 것들을 사용할 수 있었으며, 떡 두 덩어리로 요제를 드렸다. 남자들은 할렐(시 113~118편)을 부르며 가무에 참가하였다(출 23:16, 34:22, 레 23:15~21, 민 28:26~31, 신 16:9~12). 이날을 오순절(pentecost)이라고도 하는데, 이것은 50일의 뜻으로, 유월절 다음날(4월 11일)로부터 50일 후의 맥추 기간을 말한다. 양력으로 6월 첫 일요일이다(출 34:18~26).

초막절(장막절)

　유대력으로 7월 15일(태양력 9~10월)로부터 7일간 들에 나가 장막을 세우고 광야생활을 기념하며 체험하는 날이다. 추수생활과 소박한 생활을 하기 위하여 초막을 세워 초막절이라고도 하고 수장절이라고도 한다(출 23:16, 레 23:24). 초막절은 새벽과 아침과 밤을 구분하여 의식이 거행되었는데, 새벽에는 해맞이와 관련된 의식이, 그리고 아침에는 헌수(獻壽) 의식이, 끝으로 밤에는 축제 의식이 베풀어졌다(레 23:33~43, 민 29:12~38, 신 16:13~17).

수전절

유다 마카비우스의 승리와 그의 지도력 아래 성전이 정화되고 재봉헌한 것을 기념하기 위한 절기로 8일간 행해졌다. 이날에는 반드시 예루살렘으로 올라갈 필요 없이 각자 집에서 지켰으며, 첫날부터 매일 한 개의 촛불을 더해 8일째에는 8개의 촛불을 모두 켰던 것이 특징이다.

부림절(feast of lots)

유대력으로 12월 아달월 14,15일(양력 2~3월 중순)에 지켜진 절기로 아닥사스다 왕 때 유대인이 에스더와 모르드개에 의해 하만으로부터 구출된 것을 기념하기 위해서였다. 이러한 부림절은 유대인들이 구원된 13일에는 축제 준비의 하나로 금식을 하였으며, 14일 저녁부터는 회당에 모여 에스더서를 낭독하였다. 그때 하만의 이름이 나올 때마다 회중은 '그의 이름은 말살될 것이며, 악인의 이름은 소멸될지어다'를 한 목소리로 외쳤다. 낭독은 이튿날에도 계속 행해졌으며 오락을 즐기며 가난한 자들에게 선물도 하였다.

사순절(lent)

부활 전의 금욕 기간으로, 재수요일(Ash Wednesday, 재의 수요일은 타고남은 재를 말하나, 여기서는 재생의 뜻)부터 부활절(Easter)까지의 주일(일요일)을 제외한 40일간을 말한다.

종려주일

예수님이 예루살렘에 입성한 것을 기념하는 날이다(요 12:13).

수난주간

부활 성일 전의 일주일간으로 그리스도의 십자가 고난을 생각하는 주간이다.

부활절

그리스도의 부활하심을 축하하는 날로서, Easter는 '봄의 여신'이란 뜻으로 가장 기쁜 날이고 희망의 날이다. 춘분(3월 21일경) 무렵이나 춘분 다음의 만월(滿月; 부활절 달)이 지난 후 첫 일요일을 부활절로 기념한다.

어린이 주일

1856년 매사추세츠주 세주첼시의 유니버설교회에서 레오나드 목사가 5월 첫 일요일에 시작하였다. 1922년 우리나라는 방정환 선생이 5월 1일에 시작하였으나, 해방 후 1946년 날짜를 5월 5일로 바꾸어 어린이날로 정하였다.

어머니 주일

1907년 안나 M.쟈비스 부인이 시작하여, 5월 둘째 목요일로 정하였으나, 지금은 둘째 일요일을 '어버이 날로' 정하여 부모님의 은혜에 감사한다.

맥추감사절

이스라엘 백성들이 봄에 추수한 곡식을 바친 것 같이, 봄철에 곡식을 거두게 하여 주신 은혜를 감사하는 절기로 지킨다. 날짜는 교회가 형편에 따라 6월말에서 7월 중순 사이에 지킨다.

추수감사절

일 년 동안 농사와 사업과 가정에 내려주신 은혜를 계수하고 감사하는 절기이다. 날짜는 다소간 차이가 있으나 매년 11월 셋째 주일로 지킨다.

1621년 가을, 플리머스의 총독 윌리엄 브래드퍼드가 수확의 풍요함을 감사하며, 그 동안의 노고를 위로하는 축제를 3일 동안 열고, 근처에 사는 인디언들을 초대하여 초기의 개척민들과 어울릴 수 있는 자리를 마련한 데서 유래한다. 미국에서는 1863년 아브라함 링컨이 공식적으로 국경일로 선포하였다. 칠면조 고기와 호박 파이의 축제는 고유한 풍습으로 정착되었다. 우리나라 교회는 11월 셋째주일로 지키고 있으나, 일부 교회에서는 한국 농촌의 추수기와 맞추어 또는 추석을 전후하여 추수감사주일을 지키기도 한다.

성탄절(Christmas)

예수님의 탄생을 기념하여 축하하는 날인데, 크리스마스 혹은 성탄일이라고도 한다. 날짜에 대하여는 여러 가지의 론이 있으나, 주후 4세기경부터 매년 12월 25일을 경축하는 날로 정하였다. 현재 세계적으로 사용하는 서기 연대는 예수님의 탄생을 기점으로 하여 계산한 것이다.

토마스 아퀴나스의 기도

전능하시고 지극히 자비로우신 하나님, 간구하옵나니
주님 기쁘시게 하는 모든 일을 갈망하게 하시고
지혜로이 탐구하게 하시며
그것들을 모두 이루게 하소서.

세상의 지위 있는 제가 주님 이름에 영광 돌리게 하시고
제게 행하도록 명령하신 것들 따라
저의 가는 길 주께 이르게 하시며
제가 해야 할 일 마치기 위하여 간절한 소원과
지식과 힘을 주시옵소서.

또한 완전히 앞만 바라보며 곧바로 가게 하시며
죽는 순간까지 온전하게 하소서.
주여, 무가치한 세상 애정으로 인해 실족해 버리지 않도록
흔들리지 않는 마음 제게 주시고
고통에 지쳐 무릎 꿇지도 않는 굳센 마음 주시며
가치 없는 것을 얻으려 벗어나려는 유혹 받지 않는
고결한 마음 주소서.

주 나의 하나님이시여,
제게 주님을 이해할 수 있는 힘과 주님을 찾는 열심과
주님을 발견하는 지혜와
마지막 날 주께 안길 수 있는 믿음을 내려 주시옵소서. 아멘.

나의 기도 목록

기도대상	기 도 제 목	기도시작일 기도종료일	비고

나의 기도 목록

기도대상	기 도 제 목	기도시작일 기도종료일	비고

나의 기도 목록

기도대상	기 도 제 목	기도시작일 기도종료일	비고

나의 기도 목록

기도대상	기 도 제 목	기도시작일 기도종료일	비고

개인별 기도노트

기도대상자

기 도 내 용	기도시작일	특별사항	비고

기도대상자

기 도 내 용	기도시작일	특별사항	비고

개인별 기도노트

기도대상자

기 도 내 용	기도시작일	특별사항	비고

기도대상자

기 도 내 용	기도시작일	특별사항	비고

개인별 기도노트

기도대상자

기 도 내 용	기도시작일	특별사항	비고

기도대상자

기 도 내 용	기도시작일	특별사항	비고

개인별 기도노트

기도대상자

기 도 내 용	기도시작일	특별사항	비고

기도대상자

기 도 내 용	기도시작일	특별사항	비고

매일 기도목록

기도대상	기 도 제 목	특별사항	비고

(   )요일 기도목록

기도대상	기 도 제 목	특별사항	비고

성경묵상 기도노트

성경본문	
묵상하기	
생각하기	
적용하기	
기도하기	

성경묵상 기도노트

성경본문	
묵상하기	
생각하기	
적용하기	
기도하기	

성경묵상 기도노트

성경본문	
묵상하기	
생각하기	
적용하기	
기도하기	

성경묵상 기도노트

성경본문	
묵상하기	
생각하기	
적용하기	
기도하기	

성경묵상 기도노트

성경본문	
묵상하기	
생각하기	
적용하기	
기도하기	

성경묵상 기도노트

성경본문	
묵상하기	
생각하기	
적용하기	
기도하기	

성경묵상 기도노트

성경본문	
묵상하기	
생각하기	
적용하기	
기도하기	

성경묵상 기도노트

성경본문	
묵상하기	
생각하기	
적용하기	
기도하기	

성경묵상 기도노트

성경본문	
묵상하기	
생각하기	
적용하기	
기도하기	

성경묵상 기도노트

성경본문	
묵상하기	
생각하기	
적용하기	
기도하기